中国人民大学"985"工程国学院青年教师培养计划资助项目

唐宋时期"江南西道"研究

刘新光 著

中国社会科学出版社

图书在版编目(CIP)数据

唐宋时期"江南西道"研究/刘新光著.—北京：中国社会科学出版社，2016.5
　ISBN 978-7-5161-8002-0

　Ⅰ.①唐…　Ⅱ.①刘…　Ⅲ.①江西省—地方史—研究—唐宋时期　Ⅳ.①K295.6

　中国版本图书馆 CIP 数据核字(2016)第 074786 号

出 版 人	赵剑英
责任编辑	吴丽平
责任校对	邓雨婷
责任印制	李寡寡

出　　版	中国社会科学出版社
社　　址	北京鼓楼西大街甲 158 号
邮　　编	100720
网　　址	http://www.csspw.cn
发 行 部	010-84083685
门 市 部	010-84029450
经　　销	新华书店及其他书店

印刷装订　三河市君旺印务有限公司
版　　次　2016 年 5 月第 1 版
印　　次　2016 年 5 月第 1 次印刷

开	本	710×1000　1/16
印	张	13.25
插	页	2
字	数	215 千字
定	价	48.00 元

凡购买中国社会科学出版社图书，如有质量问题请与本社营销中心联系调换
电话：010-84083683
版权所有　侵权必究

中国人民大学历史地理学丛书甲种第贰号

目　　录

绪论 …………………………………………………………………（1）

第一章　江南西道自然地理环境概述 ……………………………（17）
　　第一节　东部亚区的山川水系 ……………………………………（17）
　　第二节　西部亚区的山川水系 ……………………………………（21）
　　第三节　南界五岭与北界长江 ……………………………………（23）
　　第四节　气候、降水及土壤等 ……………………………………（26）

第二章　江南西道政区的变迁 ………………………………………（28）
　　第一节　"山川形便"与"关河近便"——贞观十道 ……………（28）
　　第二节　开元江南西道 ……………………………………………（31）
　　第三节　从"江南西道"到"江南西路" …………………………（35）
　　第四节　对唐"江南西道"的再思考 ……………………………（38）
　　第五节　宋代江南西道的军 ………………………………………（41）

第三章　江南西道城市的发展 ………………………………………（48）
　　第一节　唐代江南西道新增县邑考述 ……………………………（55）
　　第二节　五代至宋新增县邑考述 …………………………………（64）
　　第三节　唐宋县邑增置的原因 ……………………………………（77）
　　第四节　旧城拓展的个案分析 ……………………………………（79）

第四章　江南西道交通格局的演变 …………………………………（90）
　　第一节　"五岭"考 …………………………………………………（92）

第二节 湘、赣水流域交通地位的演变——过岭交通述论 …… (105)
第三节 江南西道内部主要交通路线 …………………… (133)

第五章 江南西道的内部亚区 ……………………………… (139)
第一节 湖南:南通岭峤,唇齿荆雍 …………………… (141)
第二节 江西:襟江带湖,控蛮荆而引瓯越 …………… (145)
第三节 鄂、岳:湖湘之要地、吴蜀之腰膂 …………… (149)
第四节 宣、歙:地控荆吴 ……………………………… (158)
第五节 朗(鼎)、澧:控制蛮猺、捍御荆楚 ………… (167)

结语 ……………………………………………………………… (180)

参考文献 ………………………………………………………… (189)

后记 ……………………………………………………………… (203)

绪　　论

一　区域选择与研究选题

本书研究的唐宋时期的"江南西道"，以唐开元二十九年（741）的江南西道辖境为准（见图1）。唐开元二十九年江南西道的地域范围，约当今江西省全境，湖南省雪峰山以东地区，湖北省东南部的鄂州、黄石、咸宁全境及武汉市的部分地区，安徽省的宣城、池州、铜陵及马鞍山市境以及江苏省南京市的部分地区[①]。在具体的研究过程中，视实际研究需要偶有盈缩，特别是本属开元江南东道的歙州（治今安徽歙县）与江南西道的宣州（治今安徽宣城市）于唐初的"贞观十道"中同属江南道，于自然、经济、人文等方面颇多相似之处，关系极为密切。安史之乱以后，唐廷设宣歙观察使，至唐末，宣、歙往往并提，故本书对宣、歙二州一并进行分析。除特指外，本书"江南西道"即指上述地域范围。

这里首先要对本书所采用的"行政区划"这一概念进行交代。行政区划，即政区，有广义与狭义之分。狭义的行政区划是指国家划定的正式的行政管理区域，如先秦已经产生的郡、县及汉末以后的州，元明清的省等；广义的则指一切具有行政管理区域职能的区域。其中有些区域本来或为临时性质，或为局部范围内施行的制度，或为其他职能性质的区域，但在实际运作中又兼有部分或全部的行政管理职能。这些区域包括监察区域、军事管制区、财政督理区等[②]。

众所周知，无论是唐代的道制还是宋代的路制，绝非严格意义上的行

[①] 本书所用今日行政区划，统以中华人民共和国2000年底为准，详参《中华人民共和国行政区划简册（2001）》，中国地图出版社2001年版。

[②] 周振鹤：《行政区划史研究的基本概念与学术用语刍议》，《复旦学报》（社会科学版）2001年第3期，第33页。

政区划，特别是两个王朝前期，仅仅是承担某种或某些特定行政职能的区划，但随着时间的推移，王朝中后期开始具备行政区划的特征。典型如唐代的道，安史之乱以后逐渐形成了道（方镇）、府（州）、县三级地方行政区划的层级，然则这一演变轨迹本身便是地域不断发展的体现，故本书借用"辖境"这一行政区划术语，后文还有详论，特此说明。①

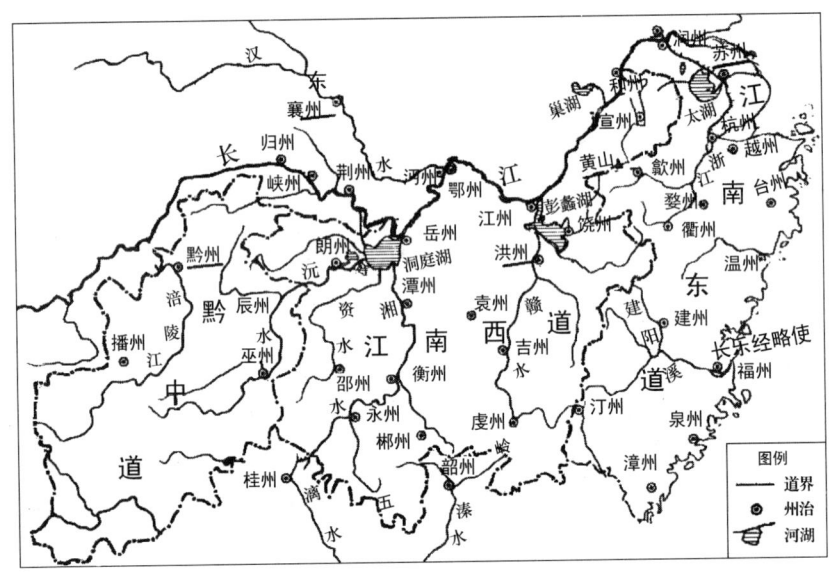

图1　唐开元江南三道示意图（开元二十九年，741）

开元末年的江南西道，实际上是监察道；宋代的路制，则一般理解为转运使或安抚使路，两者同属广义的行政区划范畴。而且，随着时间的推移，无论是唐代的道制，还是宋代的路制，到了后来都越来越具备狭义行政区划的功能。值得注意的是，在宋人的言论中，已将道、路视作一种一以贯之的制度了，如："唐贞观十三年（639），天下州府三百五十八，始分为十道。一云在元年（627），并省州县，始因关河近便分置也。《唐会要》云，贞观元年三月十日也。开元中又为十五道。宋朝曰'路'，又分为二十四路矣。"②监察道与转运使路并称，是宋人的一种思维定式。以

---

①　江南西道，当时也被称为"江西道"，后文若非特别说明，江南西道或江西道即指开元二十九年的江南西道，与"唐宋江南西道"一词互用。

②　（宋）高承：《事物纪原》卷七《州郡方舆部第三十五·路》，中华书局1989年点校本，第356页。

❧ 绪 论 ❧

"道"或"路"来按区域划分全国的州县,甚至直接将其作为高层政区,已是唐宋人的习惯做法,本书依照这个原则,把"道"和"路"看作高层政区,展开对唐宋"江南西道"发展的讨论。

由唐至宋,"江南西道"行政区划的剧烈演变,是一个值得关注的现象。唐贞观元年(627),因关河近便,分天下为十道,其八曰"江南道"(见图2)。其范围,"东临海,西抵蜀,南极岭,北带江"[1],地域范围过大。至玄宗开元二十一年(733),分天下为十五道,原江南道一分为三:东部为江南东道,西部置黔中道,中部地区为江南西道,是为开元江南西道。至德(756—758)以后,为应付安史之乱,唐廷将全国划为四十多个方镇。其中,江南西道主要拆分成宣歙[2]、江西、湖南及鄂岳四个观察使辖区(见图3)。宣歙观察使辖区约当今皖南地区;江西观察使辖区则与今天江西省境基本一致;湖南观察使辖区相当于今湖南中南部地区,与湘、资二水流域基本一致;鄂岳观察使辖区约当今鄂东南及湘东北的岳阳等地;西北一隅的朗、澧二州则北属荆南节度。

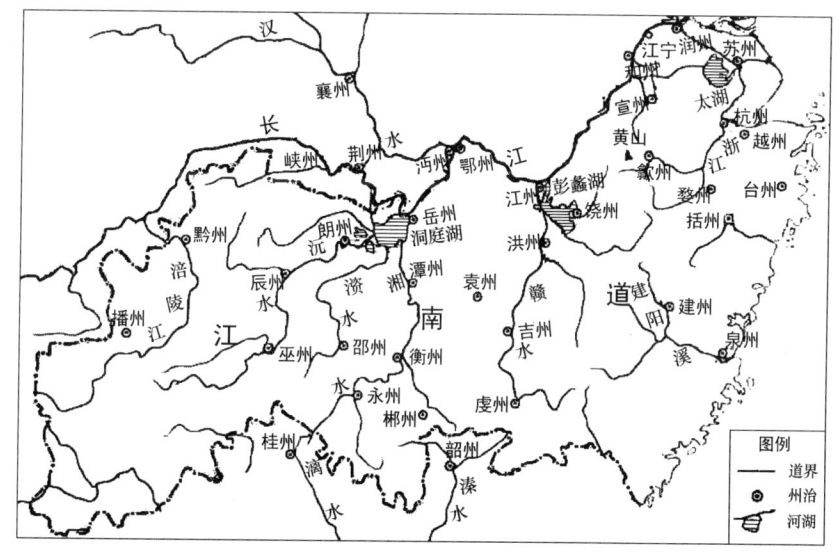

图2 唐初江南道示意图(总章二年,669)

---

[1] (唐)李林甫等:《唐六典》卷三"户部郎中"条,中华书局1992年点校本,第70页。
[2] 据(唐)李林甫等:《唐六典》及《旧唐书·地理志》,开元江南西道不包括歙州,《新唐书》卷四一《地理志五》所记相反,当以前者为是。如本书开篇所言,宣、歙两州本身相似之处甚多,后又合为一个观察使辖区,故放在一起讨论,详见第五章论述。

安史之乱以后，"天下四十余道，大者十余州，小者二三州……兵甲、财赋、民俗之事，无所不领，谓之都府。权势不胜其重，能生杀人，或专私其所领州，而虐视支郡"①，道逐渐成为凌驾于州以上的高层政区。随着唐中央集权的衰落，地方分裂倾向日趋明显，大的节度使纷纷僭号，终于导致唐王朝的灭亡和五代十国分裂局面的形成。江西观察使辖区演变为十国中吴和南唐的疆土，而湖南道观察使辖区则成为马楚的前身。

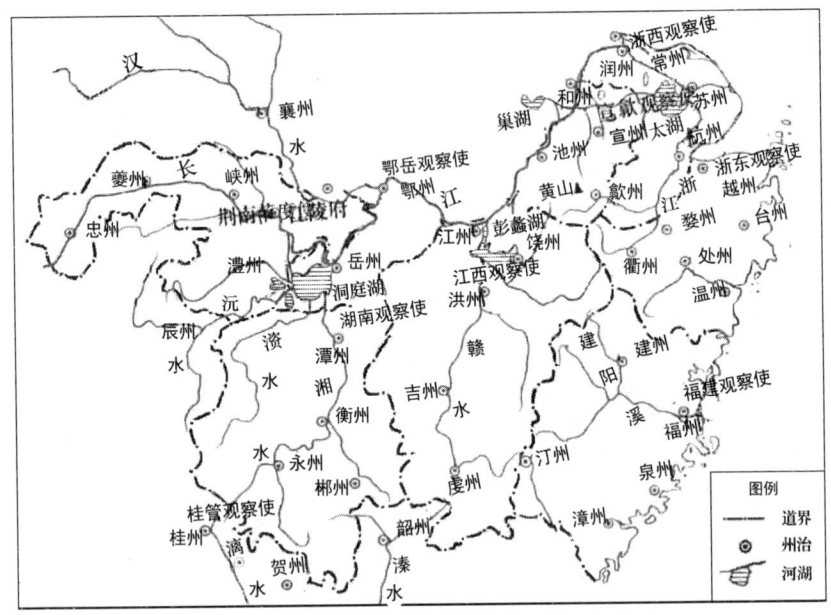

图3 唐元和江南方镇示意图（元和十五年，820）

宋代广泛推行路制，但太宗至道三年（997）以前，"以转运使领诸路事，其分合未有定制"。至道三年，方正式分天下为十五路。唐江西观察使辖区与江南的东部地区整合为江南路，湖南观察使则变成荆湖南路（见图4）。真宗天禧四年（1020）四月，又"分江南转运使为东、西路"②。此后，除南宋建炎四年（1130），江南东、西路再度合一，至绍兴元年（1131）复分为二（路以）外，终宋一代，除统县政区偶有调整，

---

① （宋）洪迈：《唐观察使》，《容斋三笔》卷七，中华书局2005年点校本，第509页。
② 《宋史》卷八《真宗本纪》，中华书局1977年点校本，第168页。

☙ 绪 论 ☙

江南路一直分为东、西二路。而荆湖南路，自荆湖路分南北后，终宋一代始终没有合为一路。鄂、岳二州与朗（鼎）、澧二州则大部分时间隶属荆湖北路；宣、歙二州则一直隶属江南东路。

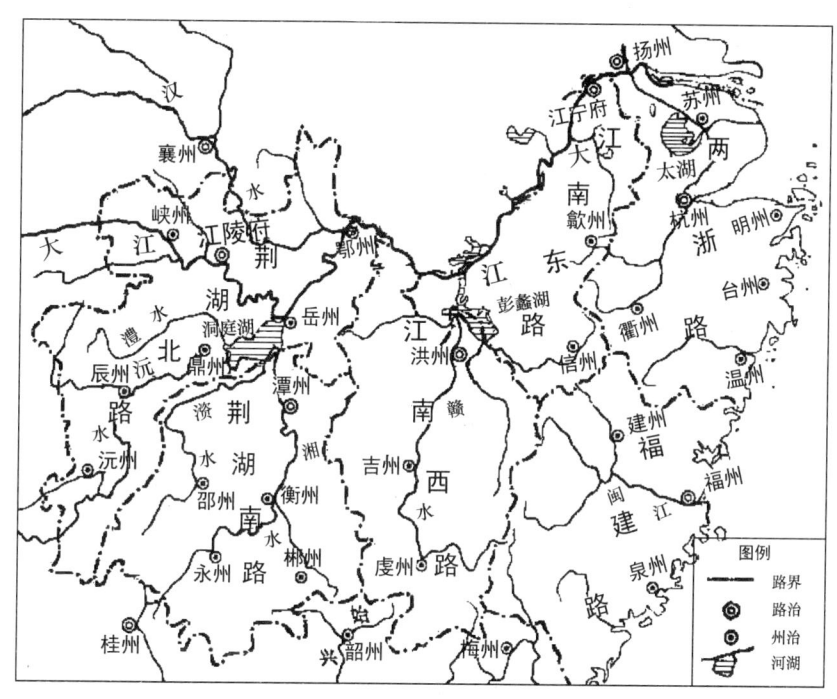

图 4　北宋江南诸路示意图（政和元年，1111）

在唐以前的历代地方行政区划中，"江南西道"一直没有整合为一体，即像江南西道这样整合为一个完整区域的记录。王朝势力一般对其分而治之，汉、晋乃至三国的吴，对该地区的划分，几乎都是以中间的罗霄、武功、万洋等山脉为界，将江南西道西部亚区划归荆州，东部亚区则划属扬州。降至李唐，江南道将这两个区域首次捏合在一起。而且，开元江南西道的辖境远远大于江南东道。此后，由幅员过广的江南道到江南西道，经历了一百多年的承平时期。安史之乱爆发后，江南西道一分为四，始有后世湘、赣二省雏形。其后历五代十国，到北宋的江南东、西二路，再经元明的湖广行省和江西行省，至清，湘、赣二省最终确立。

由此可见，唐开元末的"江南西道"的划分可谓空前绝后，唐代是今江西和湖南地域分化与整合史上的关键阶段，宋代则是这种新分化的发展及初步定型的时期。宋代的"路"制表面上看是对李唐"道"制的一个扬弃，实则体现了继承与发展。并且，以"贞观十道"为代表的唐"道"的地域划分，后世尤其是五代及宋，依旧盛行。[①] 然则以"道"的地理范围讨论该地域在唐宋时期的演变，能够更好地把握其内在动因与影响。本书不拘泥于一朝一代，以唐、五代、宋作为一个完整的研究时段，首先将江南西道在唐宋时期政区分化演变的过程描述出来，为进一步的研究提供最基本的线索。

其次，江南西道行政区划剧烈调整的背后，又与这一区域内交通的发展有极为密切的关系。江南西道内部有湘水及赣水两条南北贯通、逾越五岭的交通大动脉。秦汉时期，湘江水道的地位要比赣江水道的地位重要得多。六朝时期，赣江水道的地位开始上升。随着隋代开通大运河，唐代赣江水道的地位开始超过湘江水道，宋代赣江水道的这种交通重心地位则得到进一步确立，奠定了宋以后过岭交通的格局。本研究除对唐宋时期该地区交通路线进行整理之外，对于这两条南北大动脉地位的变迁，展开深入的讨论，以期反映出唐宋湘、赣地域发展的特点。另外，对于交通路线所涉及的"五岭"进行了考证，提出了与前人不同的观点。

最后，江南西道的发展，在城市方面也有突出表现。唐宋时期该地区县邑的增置是一个值得关注的现象，这反映了该地区开发的深入，经济实力的增强。比较而言，江南西道内部东部亚区县邑增置的数量要比西部亚区多一些，除了反映出该地区经济的发展速度较快、水平较高外，还能体现出帝国交通重心地位的确立对地区经济发展的推动作用。城市面貌的变化，特别是城墙的扩筑，也是唐宋时期该地区发展的一个表征，较大的城

[①] （宋）王溥：《五代会要》卷二〇《选事》："后唐同光二年八月，中书门下奏：吏部三铨下省南曹废置、甲库格式、流外铨等司公事，并系《长定格》、《循资格》、《十道图》等格式"（上海古籍出版社1978年点校本，第333—334页）；（宋）王应麟：《玉海》卷一四《景德重修十道图》："淳化四年，分天下为十道。景德四年八月己酉，命知制诰孙仅、龙图阁待制戚纶重修十道图。祥符六年十月戊子，判吏部真从吉言，格式司用《十道图》，考郡县上下紧望，以定俸给法，官亦以定制，而户口岁有登耗，请校定新本"（江苏古籍出版社、上海书店联合出版1987年影印本，第272页下栏）。宋淳化四年（993）一度分天下为十道，又《十道图》本为唐修，不仅有十道域分之图，且包含大量铨选、定赋、土贡等方面的文字材料，应该是类似图经一类的总志书，不管怎样，《十道图》以"道"为纲并为五代及宋沿用是没有问题的，后文还有论及。

绪　论

市如南昌、长沙等都有扩城的记录。

交通、城市及经济的发展，对唐宋江南西道地域政区的调整，起到了推波助澜的作用。例如交通路线的便利与否，城市的位置等因素，必然影响到政府对州县的析置、改属甚至废弃等举措的制定与实施。而唐宋江南西道地域的发展，又以交通、城市两个方面表现得最为明显。所以，本书以唐宋时期湘赣地域发展与政区演变为研究中心，除了对唐、五代及两宋江南西道的政区演变进行梳理外，还要从城市及交通两方面的变化来展开讨论，并试图分析三者之间的相互关系。

把唐宋江南西道地域当作一个整体来讨论，又有自然地理上的依据。在中国地势图上，我们可以明显地看出，长江中游洞庭湖、鄱阳湖以南，有两块都是中间低，东、西、南三面高，总体呈"U"形、较为完整的自然区域。这两块区域与今日湖南、江西两省政区基本吻合，而将这两个 U 形区整合起来，又会呈现出一个"W"形，基本与本书所要研究的地域范围，即唐开元末年的江南西道相对应。以自然地势论，江南西道三面阻山，西界武陵，东临武夷，南面更是东西横亘近千公里的南岭山区①，大江是江南西道的北界。江、山相合，在这个"W"上又加了一道横线，从而形成一个近乎密闭的区域。这个区域中部以幕阜、九岭、罗霄等山脉为界，又可分成东、西两个近似的亚区。区域内的水系，西部亚区主要以湘江流域为中心，辅以资江、沅江、澧水等流域组成；东部亚区则以赣江流域为中心，辅以抚河、信江、修水以及饶河等流域组成。唐宋时期江南西道（路）的发展及其在后世的演变，如安史之乱以后的四个观察使区及宋代的江南西、荆湖南路，乃至发展至今日的湘、赣两省，其间种种发展变化，就是在这样一个大的区域内展开的。

综上所论，选择唐开元末年江南西道的辖境作为研究区域，体现了五个方面的有机结合：①唐宋江南西道地域相对完整的"W"状自然地势；②以唐、五代及宋为时段，注意到了江南西道区域分化与整合的过程；③无论是对整合的江南西道，还是对其以后地域分化的分析，都能够在一个完整的区域背景下探讨其整合与分化的规律；④江南西道地域在唐宋时期

---

① 现代地理学中"南岭"东西长约 600 公里，南北宽约 200 公里（《中国大百科全书·中国地理》卷，中国大百科全书出版社 1993 年版，第 342 页），若要讨论历史时期的"五岭"，则要将今天赣闽粤三省交界的山区考虑在内，则南岭东西绵延近千公里，详本书第四章第一节考证。

的发展变化，孕育了后世湘、赣二省的雏形；⑤湘、赣二省今日发展的诸种差异，甚至都可以从唐宋时期该地域发展的轨迹中找到根源。

二 过往研究及存在的问题

对于开元末"江南西道"的研究，属区域历史地理学的研究范畴。区域历史地理学是近年来研究的热点之一，产生了大量成果。作为历史地理学的分支学科，对区域历史地理学科本身的探讨也受到了重视，首先综述一下这方面的成果。

（一）区域历史地理学理论的探讨

对于区域历史地理学理论，国外学者关注的较早。如美国学者普林斯顿·詹姆斯认为，在具体的区域历史地理学研究中，区域是一个按一定的指标划定的可供思考的空间实体①。苏联地理学家 B. C. 热库林则说："区域的完整性提供了将所获得的结论与其他时期的资料进行比较的可能性。历史学家的许多奠基性著作由于研究区域的不一致，就难于和地理学对象的现代研究作比较。……因此，应当建议研究地理学对象发展全过程的历史地理学家从工作一开始就确定研究区域的界线。"② 美国学者布朗的《美国历史地理》，着重从美国某些不同的地区，来揭示其地理的前后变化③。

国内老一辈学者，如谭其骧、黄盛璋等先生，虽没有专门的论著对区域历史地理学理论进行阐述，但他们在著作中适时提出了自己的观点。如谭其骧先生认为："以中国疆域之辽阔，要想一动手就写好一部完整、全面的中国历史地理，大概是不可能的。只有先从区域历史地理入手，一个地区一个地区地先做好具体而细致的研究，才有可能再综合概括成为一部有系统有理论的中国历史地理。"④谭先生阐述区域历史地理研究的必

---

① [美] 普林斯顿·詹姆斯：《地理学思想史》，李旭旦译，商务印书馆1982年版，第423页。
② [苏联] B. C. 热库林：《历史地理学：对象与方法》，韩光辉译，北京大学出版社1992年版，第90页。
③ [美] 拉尔夫·亨·布朗：《美国历史地理》，秦士勉译，商务印书馆1973年版。
④ 谭其骧：《东北历史地理·序》，黑龙江人民出版社1989年版，第1页。

绪 论

要性,意在最终建立系统的中国历史地理学,这一观点对于进行某一时期区域历史地理的研究同样具有指导意义。1964年,黄盛璋发表《论历史地理学一些基本理论问题》,提出历史地理学研究范围的新四分法:历史自然地理、历史人文地理、历史区域地理和历史地图学。他对历史区域地理学的界定为:"历史地理学的研究是从地区上各种现象的分布开始,而最后必须综合到地区之上,所以除了部门的研究外,还必须有区域的综合研究,这就是历史区域地理学。"[1] 前辈学者的这些观点和见解,为后来中国区域历史地理的研究提供了指导。

在近些年的研究成果中,鲁西奇《历史地理研究中的区域问题》及《再论历史地理研究中的"区域"问题》[2] 两篇论文较为全面和系统地回顾了区域历史地理学的研究现状,提出了历史地理研究中"区域"的划分与设定的原则,并对区域历史地理学的研究内容、研究思路、区域多样性与历史发展的关系等问题提出了自己的看法。综合国内外历史地理学界对研究"区域"的设定与划分的依据,鲁西奇将其归纳为四种情况:一是先秦时期(主要是战国时)诸侯国的疆域;二是行政区(包括以某一历史阶段的行政区或现行行政区作为研究区域划分的标准);三是民族聚居区域;四是某些特殊的地理景观特征(如黄土地貌、盐产区、黄泛区以及各种农业经济形态)[3]。对于历史地理研究中区划选择的依据,鲁西奇提出了四个原则:第一,以自然地理区划作为基本构架;第二,注意研究区域的历史连续性;第三,保持区域的完整性;第四,考虑区域的现实性问题。"我们将以上四点分别称为历史地理研究中区域划分的自然性、历史性、完整性与现实性原则,如何将这四个原则有机地结合起来,是历史地理研究中区域划分的关键所在。"[4] 专著《区域历史地理研究:对象与方法——汉水流域的个案考察》是他将区域历史地理研究的思路与方

---

[1] 黄盛璋:《论历史地理学一些基本理论问题》,《地理集刊》第七号,科学出版社1964年版,第1—17页。
[2] 鲁西奇:《历史地理研究中的区域问题》,《武汉大学学报》1996年第6期,第81—86页;《再论历史地理研究中的"区域"问题》,《武汉大学学报》(人文社会科学版)2003年第3期,第222—228页。
[3] 详参鲁西奇《历史地理研究中的区域问题》,《武汉大学学报》1996年第6期,第83—84页。
[4] 同上书,第85页。

法运用到个案研究的集中体现①。

(二) 有关唐宋时期政区沿革的研究成果

史念海先生的《论唐代贞观十道和开元十五道》②，从历史地理学的角度对唐代十道与十五道的划分、道与军事的关系及道内户口等问题进行了论述。对于江南西道，史先生认为该道从江南道析置出来，基本与唐初划分十道时一样，大体仍遵循"山川形便"的原则。唐代，江南西道的与江南东道的经济都是相当良好的，唯有黔中道较差。严耕望《景云十三道与开元十六道》③一文对唐代十道的析置进行了详细考证，他认为开元年间并不是十五道，应是十六道，而且江南西道的分置，亦不在一般志书上记载的开元二十一年（733），而是在与山南道分东、西的同一年，即景云二年（711）。郭峰《唐代道制改革与三级制地方行政体制的形成》④一文则主要从制度演变的角度，分两个阶段分析了唐代道制改革过程，探讨了道制改革与三级制地方体制形成的积极与消极意义。张家驹《宋代分路考》⑤、王文楚《北宋诸路转运司的治所》及李昌宪《宋代诸路的辖区与治所沿革研究》《宋代的军、知军、军使》等，分别对宋代诸路的沿革，北宋转运司路的治所，诸路辖区与治所的沿革，宋代军、知军、军使及其关系进行了考证。

(三) 有关唐宋时期江南西道的研究成果

现有的研究成果中，对江南西道进行过系统研究的，主要有以下三部

---

① 鲁西奇：《区域历史地理研究：对象与方法——汉水流域的个案考察》，广西人民出版社 2000 年版。相关论著还可以参考朱圣钟《简论区域历史地理学研究的若干问题》，《唐都学刊》2003 年第 3 期，第 87—89 页；李治安《综合性区域史研究前景美好》，《南开学报》（哲学社会科学版）2002 年第 6 期，第 10—11 页；侯甬坚《区域历史地理的空间发展过程》，陕西人民教育出版社 1995 年版，等等。

② 史念海：《论唐代贞观十道和开元十五道》，《唐代历史地理研究》，中国社会科学出版社 1998 年版，第 27—62 页。

③ 严耕望：《景云十三道与开元十六道》，《史语所集刊》第三十六本，1964 年，又收录于《严耕望史学论文选集》，台北联经出版事业公司 1991 年版，第 193—200 页。

④ 郭峰：《唐代道制改革与三级制地方行政体制的形成》，《历史研究》2002 年第 6 期，第 95—108 页。

⑤ 张家驹：《宋代分路考》，《禹贡》半月刊，1935 年第 4 卷第 1 期，第 25—44 页。

绪 论

专著：张伟然《湖南历史文化地理研究》[①]、黄玫茵《唐代江西地区开发研究》[②]、刘锡涛《宋代江西文化地理研究》（博士学位论文）[③]。《湖南历史文化地理研究》以今湖南省辖境为限，对自先秦至清末该区域文化发展的背景、格局，及其地理环境、行政建置和移民等因素所产生的影响，从历史文化地理的角度进行通代的研究。黄玫茵和刘锡涛两位进行的都是断代性区域历史地理研究。《唐代江西地区开发研究》以今江西省境为限，讨论了唐代该地区户口、经济、人文等方面的发展情况，进一步探讨了唐代江西的发展成果对于宋代江西地区的影响。《宋代江西文化地理研究》从历史地理学的角度对宋代江西地区的文化事业的发展进行了探索。在叙述宋代江西文化迅猛发展的同时，着力揭示宋代江西文化发展的地区不均衡性以及导致这种不均衡性的因素。

在区域的选择上，三位学者都是选择一个当代省级行政区为界定范围，进行专题研究。这种选择区域的办法，正是当前学界在开展区域历史地理研究时，一个普遍存在的现象。假如说以现代政区范围进行通代研究尚可以接受的话，以现在的政区进行断代性区域历史地理研究，其结果往往不能真实地反映出当时当地的真实情况，如唐代的湖南道以及宋代的荆湖南路，都是北面不含岳州（治今湖南岳阳市），西面不包括雪峰山以西地区。以当今湖南省区去讨论当时的人文现象，就显得不够专业，而且，由于采取了这种区域选择的办法，可能会忽视一些隐藏在区域分合背后的潜在因素，既有可能人为地割裂一些时代、地域特征非常明显的文化现象，更多地则可能会出现为了迁就今天的政区而生拉硬拽、勉强拼凑。区域选择方法的不当，可能会导致最终的研究结论出现较大的偏差[④]。一些著名学者，在进行区域史的研究过程中，十分注意区域的时代性，如韩国磐《唐代江西道的经济和人文活动一瞥——读唐史札记》[⑤]，就是以唐代的江西道，而不是今江西省境为限进行研究，这种方法值得肯定。

对唐宋"江南西道"进行通代的研究，除《湖南历史文化地理研究》

[①] 张伟然：《湖南历史文化地理研究》，复旦大学出版社1995年版。
[②] 黄玫茵：《唐代江西地区开发研究》，台湾大学出版社委员会1996年版。
[③] 刘锡涛：《宋代江西文化地理研究》，博士学位论文，陕西师范大学，2001年。
[④] 参考李刚《唐代江西道教考略》，《世界宗教研究》1992年第1期，第52—59页；毛炳汉：《论唐代的湖南文学》，《云梦学刊》2000年第11期，第84—86页。
[⑤] 韩国磐：《唐代江西道的经济和人文活动一瞥——读唐史札记》，《江西社会科学》1982年第4期，第78—88页。

外，相关论文的数量也相当可观，代表作有：肖华忠《隋唐以前江西地区的建置与沿革概述》①，肖华忠、刘有鑫《江西古代的政区建置与历史沿革》②，对江西古代政区的沿革进行了梳理。

此外，对一些较大的区域如江南，以及唐、宋两代全国性的专题研究中，也常常涉及江南西道。交通方面：史念海《隋唐时期运河和长江的水上交通及其沿岸的都会》③、刘希为《隋唐交通》④、曹家启《宋代交通管理制度研究》（博士学位论文）⑤、曹家启《唐宋时期南方地区交通研究》（博士后出站报告）⑥、全汉昇《唐宋帝国与运河》⑦ 等。

经济史方面：何汝泉《唐代转运使初探》⑧、郭正忠《宋代盐业经济史》、张剑光《唐五代江南工商业布局研究》⑨、冻国栋《唐代人口问题研究》⑩、翁俊雄《唐代区域经济研究》《唐代人口与区域经济》⑪、韩茂莉《论宋代小麦种植范围在江南地区的扩展》⑫ 等。

人口和移民方面：葛剑雄、曹树基、吴松弟《中国移民史》（第三卷、第四卷）⑬，傅宗文《宋代草市镇研究》⑭，翁俊雄《唐初政区与人口》《唐朝鼎盛时期政区与人口》《唐后期政区与人口》⑮，郭正忠《宋

---

① 肖华忠：《隋唐以前江西地区的建置与沿革概述》，《江西师范大学学报》（哲社版）1994年第3期，第76—81页。
② 肖华忠、刘有鑫：《江西古代的政区建置与历史沿革》，《江西师范大学学报》（哲社版）1995年第3期，第42—47页。
③ 史念海：《隋唐时期运河和长江的水上交通及其沿岸的都会》，《中国历史地理论丛》1994年第4期，又收入《唐代历史地理研究》，中国社会科学出版社1998年版。
④ 刘希为：《隋唐交通》，台北新文丰出版公司1992年版。
⑤ 曹家启：《宋代交通管理制度研究》，博士学位论文，杭州大学，1997年。
⑥ 曹家启：《唐宋时期南方地区交通研究》，博士后出站报告，浙江大学，2001年11月。
⑦ 全汉昇：《唐宋帝国与运河》，上海商务印书馆，民国35年（1946）版。
⑧ 何汝泉：《唐代转运使初探》，西南师范大学出版社1987年版。
⑨ 张剑光：《唐五代江南工商业布局研究》，江苏古籍出版社2003年版。
⑩ 冻国栋：《唐代人口问题研究》，武汉大学出版社1993年版。
⑪ 翁俊雄：《唐代区域经济研究》，首都师范大学出版社2001年版；《唐代人口与区域经济》，台北新文丰出版公司1995年版。
⑫ 韩茂莉：《论宋代小麦种植范围在江南地区的扩展》，《自然科学史研究》1992年第4期，第353—357页。
⑬ 葛剑雄、曹树基、吴松弟：《中国移民史》，福建人民出版社1997年版。
⑭ 傅宗文：《宋代草市镇研究》，福建人民出版社1989年版。
⑮ 翁俊雄：《唐初政区与人口》，北京师范学院出版社1990年版；《唐朝鼎盛时期政区与人口》，首都师范大学出版社1995年版；《唐后期政区与人口》，首都师范大学出版社1999年版。

∽ 绪 论 ∾

盐业经济史》①，等等。

（四）其他相关研究成果

其他相关研究主要包括：对该地区自然地理的研究，非唐宋时段的专题研究，个案研究如城市，对其他区域的历史地理研究，等等，成果同样丰硕，如高冠民、窦秀英《湖南自然地理》②，江西农业地理编写组《江西农业地理》③，沈兴敬《江西内河航运史（古、近代部分）》④，刘馨珺《南宋荆湖南路的变乱之研究》⑤，魏嵩山、肖华忠《鄱阳湖流域开发探源》⑥，杨果《宋代两湖平原地理研究》⑦，施坚雅《中华帝国晚期的城市》⑧，斯波义信《南宋米市场分析》与《宋代江南经济史研究》⑨，田边健一《都市的地域结构》⑩，等等。

综观现有成果，目前学界对唐宋"江南西道"的研究取得了大量的成果，内容涉及政区沿革、社会经济、城市面貌及交通路线等方面，使唐宋"江南西道"发展的研究达到了一定的高度，对于本书的写作也大有裨益。同时，其局限性也较为明显，主要有以下几个方面的问题。

第一，在研究区域的选择上，基本上以现有省级行政区为限，将"江南西道"分开来讨论，未见到有将"江南西道"视作一个区域的。有的学者，如黄玫茵在进行唐代江西地区的研究时，虽然提到江西与邻近的湖南有很多相似之处⑪，可惜并没对这一问题展开深入讨论。

第二，对历史自然地理，特别是历史自然地理与区域人文现象间的互

---

① 郭正忠：《宋代盐业经济史》，人民出版社 1987 年版。
② 高冠民、窦秀英：《湖南自然地理》，湖南人民出版社 1981 年版。
③ 江西农业地理编写组：《江西农业地理》，江西人民出版社 1982 年版。
④ 沈兴敬：《江西内河航运史（古、近代部分）》，人民交通出版社 1991 年版。
⑤ 刘馨珺：《南宋荆湖南路的变乱之研究》，台湾大学出版委员会 1994 年版。
⑥ 魏嵩山、肖华忠：《鄱阳湖流域开发探源》，江西教育出版社 1995 年版。
⑦ 杨果：《宋代两湖平原地理研究》，湖北人民出版社 2001 年版。
⑧ ［美］施坚雅主编：《中华帝国晚期的城市》，叶光庭等译，陈桥驿校，中华书局 2000 年版。
⑨ ［日］斯波义信：《南宋米市场分析》，原载《东洋学报》三九—三，1956 年，收入《日本学者研究中国史论著选译》第五卷《五代宋元》，中华书局 1993 年版，第 271—310 页；《宋代江南经济史研究》，东京汲古书院 1988 年版，方健、何忠礼译本，江苏人民出版社 2001 年版。
⑩ ［日］田边健一：《都市的地域结构》，东京大明堂 1982 年版。
⑪ 黄玫茵：《唐代江西地区开发研究·绪论》，台湾大学出版社委员会 1996 年版，第 1 页。

动关系分析不够。区域自然环境，如地质地貌、河湖水系以及气候等，是进行区域历史地理研究的基础。在研究的过程中，尤其要注意历史时期该区域的自然地理状况。区域内部自然地理环境的不同，随着社会生产的发展，导致人类在该地区的活动产生了差异，如城市的选址、城池的迁移以及城市内外部形态特征、城市的总体拓展及分布情况等。人类活动的结果反过来又对区域的自然环境产生了什么样的反作用？尽管有的学者注意到了这些问题，但研究的力度还远远不够。

第三，区域内部各地（亚）区间没有进行适当比较。多数学者虽然注意到了区域内部的差异，但大多仅限于对这种差异的描述，对于各地（亚）区间的差异并没有进行比较，对于这种差异的深层次原因，也没有给予足够的重视。实际上，要进行亚区间的比较，参照区域历史地理的研究内容进行，是比较容易做到的。

第四，静态研究较多而缺少动态观察。这里所说的动态观察，是指从事物发展变化的角度进行探索，注重某一事物本身产生的前因后果及与其他事物间的关系等，从而对事物有整体、深入的了解。以唐宋时期中央政府对"江南西道"政区的设置为例，六百多年间产生了很多新的行政区划名称。它们表面上看起来是静态、孤立的，实际上彼此间的关系非常密切。目前的研究普遍存在这样的问题，即无论是断代性的研究，还是通史性的研究，都往往注重李唐或赵宋出现的行政区划，对于不同朝代不同行政区划之间的前后衔接，特别是这种分化演变的深层次原因，未能给予足够的重视。况且，唐、宋之间还有一个五代十国，行政区划的演变也相当剧烈。过往的研究似乎最终只是告诉我们"是什么"，而不是"为什么"，以及"怎么样"，这种现象需要着力改变。

三 研究方法、目的及意义

从前引江南西道的现有研究成果来看，在研究区域的选择上，以往的研究多以现行省级行政区为限，将江南西道分开来讨论。大一些的区域选择，如长江中（下）游地区，则不仅囊括江南西道，同时将江北，如湖北、安徽以及江苏等省的部分地区也划在其中，未见有将江南西道视作一个区域进行研究的。江南西道最初从江南道中析置出来，除有江南道辖境过大的原因之外，也反映出时人，特别是位于北方的李唐统治者对于南方

绪 论

的一种地域发展现状的认识，即以今武夷、怀玉等山，而不是以界限更为明显的罗霄、武功、万洋等山为界，东、西两部可以明显分为两个亚区。再到开元年间又从江南西道中析置出民族杂居、经济相对落后的黔中道。从黔中道的析出，可以看出开元末年的江南西道，实际上是一块发展较为均衡的地区，因而在时人的眼中是可以划作一块完整的地理区域的。对这一区划出现的内在动因、所体现出的地域发展及其深远影响，过往的研究并未给予充分的关注。

以往研究方法问题主要存在于：区域的划分与选择的原则错位，缺乏充分的比较以及静态的研究较多等方面。为尽量避免这些情况的发生，本书将在继承前人研究成果的基础上，采用与以往不同的区域划分原则，选取唐宋江南西道地域作为一个完整的区域进行研究，对唐宋这个充满社会变动与秩序整合的时段进行动态的观察和探讨；注重该区域与其他地区间的互动关系，区域内部差异及区域内部不同亚区间的比较。在具体研究中，在充分使用现有史料的基础上，运用统计学、现代地理学、社会学、考古学及地图学等方法进行研究。

本研究目的有三：一是了解处于转型时期的唐宋江南西道地域发展的诸种变化和表现，对该时期江南西道的面貌进行整体把握；二是探讨唐宋时期江南西道地域的发展，与当时政治、经济、文化诸因素之间的互动关系；三是进一步探讨这种转型在整个中古中国社会中的地位及作用，特别是对两宋以后中国社会的发展所起到的作用。

本选题的意义有三。首先，选择唐宋江南西道地域，即开元末江南西道这样一个当时长期存在的行政区进行研究，这是以往学者没有尝试过的。从自然地理的角度来看，江南西道在开元十五道中也是较为特殊的一个地区。江南西道的最初整合为一体，有内在必然性。但由于中部山系的分隔，江南西道可以截然分成东西两个相对完整的地理亚区。这两个亚区在自然条件上又颇有相似之处，但是唐宋时期的发展却存在着差别。这种差别又成为江南西道后来分置的根源。选择江南西道作为研究的区域，便于在对各个要素深入研究的基础上，进行充分的对比，尽可能地避免出现偏差。其次，搞清楚唐宋江南西道的相关历史地理问题。如行政建置的演变及原因、特殊政区与新增建制城市的设置原因及分布特点、交通路线的拓展与交通重心的变移、旧有城市的繁荣以及个别具体问题的考证，等等。进而在这个基础上分析江南西道内部亚区发展的异同之处，揭示唐宋江南西道地域发展的根源。最后，从新的视角，重新审视唐宋时期江南西道的发展面貌，试图揭示其发展的深刻根源，为研究唐、宋区域社会的秩序与流动做出应有的贡献。

第一章

江南西道自然地理环境概述

江南西道位于秦岭和南岭之间，北以长江为界，南逾五岭，西起武陵、雪峰山，东至武夷、天目等山脉，地处北纬 24.1°—31.7°、东经 109.6°—119.6°，是一个相对完整的地理区域。在这个大区的中部，以幕阜、九岭以及罗霄等山脉为界，又明显分为两个相对完整的地理亚区：东部亚区主要以汇入彭蠡湖的诸条水系，如赣、饶、信、抚及修等为脉络；西部亚区则以汇入洞庭湖的诸条水系，以湘、资、沅、澧四大水系为主干。这两个地理亚区的自然条件，除地貌较为相似之外，在气候、温湿度以及降水等方面也颇有相同之处，但同时又存在着自身的一些特点。下面主要依据相关的地理著作及研究成果，结合个人分析，首先对江南西道内部东、西两个亚区的山川水系，其次对南界五岭及北界长江，最后对气候、降水及土壤等自然地理因素进行讨论①。

第一节 东部亚区的山川水系

江南西道东部亚区，包括江、洪、袁、吉、虔、抚、饶及宣八州，其范围除包括今江西省全境（婺源县除外），还向东北延伸到皖南部分地

---

① 本章的写作，参考了以下论著，竺可桢：《中国历史上气候之变迁》，原载《东方杂志》1925年第3期，收入《竺可桢文集》，科学出版社1979年版，第58—68页；沈兴敬：《江西内河航运史（古、近代部分）》，人民交通出版社1991年版；中国科学院《中国自然地理》编辑委员会：《中国自然地理历史自然地理》，科学出版社1982年版；邓美成、屈运炳：《湖南省地理》，湖南出版社1994年版；湖南省志编纂委员会：《湖南省志》第二卷《地理志》，湖南人民出版社1982年版；中国科学院地理研究所：《中国省（区）地理》，商务印书馆1977年版；《中国大百科全书·中国地理》卷，中国大百科全书出版社1993年版。本章着眼于从整体上把握江南西道的自然地理条件，对于局部地区的细节，如小气候、微地貌等因素在后面章节中视具体需要再做详细讨论。

区。该区总地势是南部及东西两侧山峦起伏，中部为河谷丘陵，北部为鄱阳湖平原，较为平坦，大体是由四周渐次倾向鄱阳湖低落的盆地地形。边境山区一般是岭谷交错，在破碎的低山丘陵之间，有大小不等的红层盆地，河流贯穿其间，形成冲积平原，有利于耕垦与交通。主要山脉分布于境内周围地区，平均高度在海拔1000米以上，并构成区域的天然分界和分水岭。东部自北向南，为近乎平行排列的黄山余脉、怀玉山和武夷山脉。怀玉山，是鄱阳湖水系和钱塘江水系的分水岭，武夷山是境内最大的山地，赣、闽两省的界山，古代东西方向的交通都曾利用了赣东北山脉的走势。武夷山脉绵延于江南东、西道界，长约500公里，山势高峻，山隘较少，北部山地海拔在500—1000米。武夷主峰黄岗山海拔2158米，为本区最高峰。南部为南岭山地，有九连山、大庾岭等。大庾岭既是江南西道与岭南道之间的屏障，山间谷地又为赣粤两省交通的必然通道，岭上的梅关是过岭交通的咽喉所在。

西面诸山，包括幕阜、九岭、武功、万洋等山脉，是江南西道内部东、西两区的自然分界，也是当今鄂、湘、赣三省的界山。其地貌是在燕山运动产生北东—南西褶皱断陷构造基础上，经受近代中度隆起和流水侵蚀剥蚀作用形成一系列北东、北北东走向的山岭和谷地。山脉之间发育着与其延伸方向一致的断陷谷地，彼此雁行排列，岭谷相间，形成"多"字形构造的特点，使江西道内东、西部亚区之间并未完全封闭。谷中发育着切割山地两翼的河流，这种山势的河流被约束成近乎东西走向。这些山体又往往成为不同流域间的分水岭，如九岭山是境内修水和绵江的分水岭；幕阜山则成为境内修水与西部汨罗江的分水岭。这些横谷一般宽度不超过400米，但是它往往成为山区农业耕地的所在，同时也成为两区之间的重要交通孔道。山内多发育瓶状谷，谷地上端宽广，下端狭窄，且深切成"V"字形，多瀑布。低山中，冲谷纵横交错，基岩风化较深；易于开垦，但水土流失比较严重。

三面大山的内侧，由南而北散列着600米至200米的丘陵，盆地错杂其间，其中以吉泰盆地最大，是区内仅次于鄱阳湖平原的重要农业区。北部以鄱阳湖为中心，亦称豫章平原或鄱阳盆地，是长江中下游平原的一部分。面积较大，约2万平方公里，为冲积、湖积平原，大部分地域在海拔50米以下，地势平坦，河网密布，土层深厚、肥沃。

区内河流多发源于境内东、南、西三面山地，主要有赣江、抚河、信江、修水和饶河五大水系，并依地势向中部和北部汇聚于我国第一大淡水湖——鄱阳湖，然后经湖口注入长江。河湖水量丰盈，有利于灌溉与航运，境内河流大多有通航能力。据统计，当代江西全省河流总数达527条，总长1.84万公里。全省通航河道，据1979年普查的结果，枯水0.3米以上、10公里以远，可通行专业运输船的河流和航线达62条、4937公里。其中水深1米以上航道983.5公里。但因受降水季节分配不均的影响，水量季节变化大，洪枯水位差较显著，所以对灌溉与航运又有一定限制。

本区各主要河流均汇注鄱阳湖后经湖口入长江，瑞昌、彭泽等地部分河流直接入长江，萍乡、寻乌和定南部分河流则分属湘水和珠江流域。赣江、抚河、信江、修河和饶河为江西五大河流。

赣江为境内最大河流，也是长江的第二大支流，全长751公里，流域面积8.35万平方公里，占今江西省总土地面积的一半以上。赣江由南而北流贯全省，整个水系航程达2300多公里，历史时期便是境内的主要航道。赣江源头主要有二：发源于武夷山黄竹岭的东支——贡水；由池江和上犹江汇合而成的西支——章水。二水在赣州汇合后始称赣江。赣江及其支流呈树枝状分布，但是仅有赣江及章水是历史时期贯穿五岭南北交通的大道。赣江水量极为丰富，年平均径流量达687亿立方米，是黄河水量的1.5倍和淮河水量的2倍。

抚河，又名旴水、汝水，发源于广昌县境武夷山脉。临川以上，水流落差较大，不宜航行。临川以下为平坦开阔的赣抚平原，江面变宽，又支流纳入，水量增大，是理想的航道。

信江，又名余水，发源于赣东北玉山县怀玉山区。上饶以上为上游，以中低山为主；上饶至鹰潭为中游，为信江盆地；鹰潭以下为下游，属鄱阳湖平原，地势平坦开阔。

饶河，又名鄱江，由乐安江、昌江南北两大支流汇合而成。乐安江发源于婺源县怀玉山区；昌江发源于安徽祁门。南北两支流在波阳县饶公渡汇合后称饶河。汛期鄱阳湖水往往漫至饶公渡以上。

修河，源于湘、鄂、赣边境的幕阜山区。修河上游崇山峻岭，河谷下切，水道曲折，湾多滩险，不利通航。柘林以下进入平原区，河道交错，水运便利。

历史时期的鄱阳湖，又称"彭蠡泽"，经历过沧桑巨变。远古代时期为海槽，中生代早期结束海浸历史而陆续断裂陷落，逐渐出现湖盆雏形，随后进一步形成湖盆基本轮廓，同期鄂、皖地区的黄梅、宿松、望江一带亦形成彭蠡盆地。第四纪晚更新世后，古赣江水系发育，鄱阳盆地成为河网交织的平原洼地，但尚未出现连片水域。长江水流自武穴以下，脱离两岸丘陵山地夹持的约束，江流游荡，形成广阔的洪积冲积平原。今天沿江天然堤的后面有成串的洼地，积水成湖，发育的江心洲随处可见。西周以前，受全球性冰后期海浸影响，彭蠡盆地渚水成为泽地，同时逐渐南扩至今湖口地区，长江穿泽而过。此时彭蠡泽大面积水体在长江北岸。三国时彭蠡泽终于被长江分为南北两部分。5世纪以后，受地质沉降作用及长江汛期泥沙泛滥的双重影响，北岸的彭蠡泽萎缩，江北部分不断演化而成为今日湖北、安徽境内的龙感湖和大官湖，今湖口以南逐渐形成的水面不断扩大，并逐渐扩展成为独立的大湖泊。唐末五代至北宋彭蠡湖迅速向东向南扩展，宋初彭蠡湖区已超过婴子口、松门山，迫近鄱阳（今波阳）县城，彭蠡湖始有鄱阳湖之称。此时的湖水南侵直抵南昌樵舍，位于赣江下游的海昏等县先后没入湖底而消失于版图。此时的鄱阳南湖仍为吞吐型湖，水量受季节影响较大。

东北部的宣州地区，地势主体为江南低山丘陵，位于长江以南，由西南的低山向东北的丘陵逐渐下伏。由火山喷发的花岗岩组成的黄山、九华山，山势雄伟挺拔，其岩性易被侵蚀成柱状，峭壁千仞。平原多分布在长江沿岸，随江水流向略呈东北—西南走向，主要是由长江及其支流的冲积作用和湖泊的淤积作用而成。沿江平原面积虽不大，却与长江水道一同构成宣州与东部其他地区交往的主要途径。此外，与肥沃的鄱阳湖平原适宜农耕不同，皖南丘陵地狭，仅种植粮食作物难以养活众多的人口，但凭借山区经济作物发达的优势，导致当地历史上早已形成兴盛的茶叶经济和外出经商的习俗。

从东部亚区自然地理的区域特征来看，总的地势是南部及东西两侧比较高峻，而中部则比较平坦旷豁。鄱阳湖水系切割山地与各个丘陵、盆地相通，把这几种地貌单元联系在一起，构成了不规则的环状结合的地貌格局。而以五大水系为中心，其间的山脉构成各大水系之间的天然分水岭，形成了各自相对独立的地理单元，但同时各大水系又以鄱阳湖为联系中枢，通过水道把不同流域的地貌单元联系在一起，产生天然的连通。分布于省境周围的山脉，既构成省际的天然分界和分水岭，又不乏山隘关口。

清人顾祖禹认为："江西地当吴、楚、闽、越之交，险阻既分，形势自弱，安危轻重，常视四方。然规其大略，本非无事之国也。……夫庐阜为之山，彭蠡为之泽，襟江带湖，控荆引越，形胜有由来矣。"[①] 因此，该地区看似封闭的地理环境，自古以来却与外部始终保持着畅通的水陆交通联系，其军事地位也十分重要。唐宋时期该地区通过沟通南北，促进交流，在帝国交通大动脉中承担了重要任务，同时也导致该地区社会经济的大发展，这又与其良好的自然地理条件息息相关。

第二节 西部亚区的山川水系

江南西道西部亚区，包括鄂、岳、潭、衡、郴、连、道、永、邵、朗及澧十一州，其范围除今湖南大部分地区外，还南越五岭，延伸到今广东省；东北扩展到江滨，囊括今湖北省东南部分地区。该区北临大江，西以雪峰、武陵山脉与黔中道为界，南以五岭与岭南道相接，地貌轮廓与东部亚区相似，东、西、南三面山地环绕，逐渐向中部及东北部倾斜，基本形成三面环山、朝北开口的马蹄形盆地。雪峰山脉呈北北东—南南西走向，它的南段海拔高达 1500 米左右，北段则较低，在 500—1000 米；从城步起向北延伸，直到益阳，没于洞庭湖平原。雪峰山以西，属云贵高原的东缘，地势较高，是我国第二级阶梯。西北有武陵山脉，北东—南西走向，海拔 1000 米以上，最高的石门壶瓶山达 2009 米。二山的东部开始属于第三级阶梯，低山丘岗连绵，盆谷镶嵌多断块残山，丘陵岗阜面积较大，中、低山盆地谷地广布。湘中大部为丘陵起伏和河谷两岸的冲积平原。地势为南高而渐向北低降，一般海拔 500 米以下，丘陵面积大。其中也有些山峰高于 500 米，如衡山的祝融峰，海拔 1289 米。北部主要为湘、资、沅、澧四水尾闾汇入的洞庭湖湖积平原，地势较为平坦，海拔大多在 50 米以下。南面从南岭山地大约 1500 米逐渐向北降低为 500 米左右的山丘，转而降低至洞庭湖湖滨为 50 米以下的冲积、湖积平原，形成南部高北部低的斜面。地貌上的过渡性，导致地表形态的多样性和区域的差异性。

湘江，源于今广西兴安海洋山龙门界，全长 844 公里，流域面积

---

① （清）顾祖禹：《读史方舆纪要》卷八三《江西一》，中华书局 2005 年点校本，第 3889—3890 页。

94660平方公里，涉及湘、桂、赣、粤四省区。干流于永州以上为上游，河道较直，水急滩多；永州至衡阳为中游，处丘陵地区，河谷较开阔，台地发育；衡阳以下为下游，属低矮丘陵及平原区，河道蜿蜒曲折。自湘潭以上较大的支流，多发源于五岭北麓，集中分布在湘水干流右侧，使湘江水系形成掌状分布。沿湘水及其支流南下，有多条道路可过五岭，历史时期便成为南北交通的要道。

资水，分南、西两源，南源夫夷水为主源，源于广西资源县越城岭北麓的桐木江，蜿蜒北流于邵阳县双江口，汇合西源赧水后始称资水。流域地势西南高东北低，南北长东西窄。流域多为山地和丘陵，上游至邵阳一带为丘陵区，其间有若干大小盆地，这一地区西部边缘和南部一角为高山峻岭，东南边缘与湘江的分水岭则较低。中游地区大部为崇山峻岭，仅新化附近地势较平缓，有丘陵和小块冲积平地。下游河谷开阔，两岸多台地和丘陵，益阳以下则属洞庭湖滨湖冲积平原。

沅江，源出自今贵州都匀云雾山，东流至湖南洪江市始称沅水。由于源出我国第二阶梯的云贵高原，沅水自沅陵以上干流西岸，多崇山峻岭，河谷切割高原，坡度大，险滩多，水流湍急，成为沅水的显著特点。沅陵以下，地势逐渐开阔，进入洞庭湖尾闾，河道更为平缓。

澧水，位于江南西道的西北部，较前三条水为短。石门以上，处于由高山峻岭向丘陵过渡地区，仅能通航小舟。石门以下，进入平原地带，地势开阔。沅、澧二水地跨江南西道和黔中道，特别是沅水，大部分河段处于黔中道境。黔中道是非汉民族聚居的地方，汉人数量少，开发较江南西道为晚。

汨罗江，发源于江西修水县境黄龙山。地势东、北、南三面高，西面低，整个流域由山地到丘陵至洞庭平原过渡。平江以上水土流失严重，不利航运；平江以下为季节性航道。

洞庭湖为我国第二大淡水湖，属构造湖。湖盆继承地质历史的演变，至今仍在下沉。洞庭湖西岸和南岸为湘、资、沅、澧四水的冲积平原和三角洲。平原上分布着很多大小湖泊，尤以湘、资二水尾闾为最多。平原之间广泛分布着低级堆积阶地，有时候阶地直接与湖泊相连，形成谷状的湖泊。历史时期洞庭湖演变剧烈，经历过一个由小到大，由大到小的演变过程，即由河网割切的平原地貌景观，演变为"八百里洞庭"的浩渺无边的湖沼景观，最后又淤塞为陆上三角洲占主体的平原—湖沼地貌景观。

先秦时期，今洞庭湖区还是一个河网割切的平原景观。从 1957 年安徽寿县出土的鄂君启节铭文中，可知当时湘、资、沅、澧四水在洞庭平原上分别流入长江，不存在后世所见的洞庭湖。但其时随湖盆地区的缓慢下沉，开始向沼泽化方向发展。故虽在新石器时代这一地区已有人类频繁活动的痕迹，而秦汉时代却未在此基础上设置郡县，无疑是受了沼泽化的影响。从公元 4 世纪开始，受地质沉降作用与长江荆江段筑堤的影响，原存在于长江北面的大湖——云梦泽已经演变为星罗棋布的小湖群，有逐渐消失的趋势。长江分流之水开始汇入洞庭平原，原来的沼泽平原逐渐演变成浩渺的湖泊。唐、宋时期，云梦泽主体为星罗棋布的小湖沼所代替。洞庭湖区正处在沉降时期，形成湘、资、沅、澧四水入湖的局面。到唐宋时期，是洞庭湖扩展的全盛期，水面不断扩大，汛期湖水面积约为现今湖面的二到三倍，水深也有增加。《元和郡县图志》载："洞庭湖，在（巴陵）县西南一里五十步，周回二百六十里。"[1] "八百里洞庭"开始现于这一时期的诗文中，例如"周极八百里，凝眸望则劳。水涵天影阔，山拔地形高。贾客停非久，渔翁转几遭。飒然风起处，又是鼓波涛"[2]，"风帆美满八百里，夕从岳阳楼上看"[3]，以及"洞庭八百里，幕阜三千寻"[4]，等等，是对广袤水面的真实写照。

第三节　南界五岭与北界长江

江南西道的南界是南岭山脉，亦称五岭，即大庾岭、骑田岭、萌渚岭、都庞岭、越城岭。南岭是珠江水系和长江水系的分水岭，横亘在江南西道与岭南道之间，东西长约 600 公里，南北宽约 200 公里。南岭是中国著名的纬向构造带之一，基底由加里东运动形成。燕山运动成为穹隆构造和背斜构造，形成南岭。核心为花岗岩体，上覆岩层多为泥盆纪硬砂岩和

---

[1] （唐）李吉甫：《元和郡县图志》卷二七《江南道三》，中华书局 1983 年点校本，第 657 页。

[2] （唐）可朋：《赋洞庭》，《全唐诗》卷八四九，中华书局 1960 年版，第 24 册，第 9611 页。

[3] （宋）梅尧臣：《送李推官之岳州》，《宛陵先生文集》卷一七，《宋集珍本丛刊》，线装书局 2004 年影印本，第 3 册，第 641 页下栏。

[4] （宋）王象之：《舆地纪胜》卷六九收唐代佚名古诗，中华书局 1992 年影印本，第 2368 页。

石炭纪灰岩，其中硬砂岩多形成尖削的峰岭，如帽子峰等；但硬砂岩被侵蚀后，花岗岩体完全出露，常形成浑圆的山峦，如骑田岭、香花岭等。山体走向或呈东北—西南，如萌渚岭、都庞岭及越城岭；或呈正东西，如大庾岭；骑田岭则为块状山，山纹已不清晰，但就宏观而言，南岭仍不失为东西走向的山地。

南岭山地花岗岩体受长期侵蚀作用，致使岩体裸露，构成南岭山脉的主轴。由于花岗岩的节理发育风化显著，因而使山峰陡立，地势显得非常雄伟；局部仍有沉积岩层覆盖，形成穹隆山地。第三纪以来，南岭山地不断上升，又不断剥蚀夷平，逐渐形成多层地形。大致出现有1000米、800米和600米三级剥夷面。地势不高，海拔仅千余米，地形较破碎，最高峰是越城岭的猫儿山，海拔2142米。萌渚岭长约130公里，宽约50公里，最高峰山马塘顶海拔1787米。都庞岭海拔800—1800米，最高峰韭菜岭海拔2009米。骑田岭最高峰海拔1570米。岭与岭之间都有低谷分布，有的是构造断裂盆地，历史上这些谷地均为南北交通要道。

越城岭是最西面一岭，山体大都为花岗岩所组成，除加里东期花岗岩外，尚有燕山运动时期的侵入体，以后即被剥蚀夷平，成为平地。上新世喜马拉雅造山运动时才再上升，再被切割成今天高山深谷形态。但是山顶上还有缓顶面保存。秦代灵渠的开凿，横贯谷地，沟通了湘江和漓江。

都庞岭在越城岭东南，当湘、桂边界。花岗岩体出露较为狭窄，仅在湘、桂边界上，四周则为古生代地层包围，山体周围有峰林石山地形[①]。

萌渚岭，位于都庞岭东南。山地周围被峰林石山地形包围，它是潇水与连江的分水岭。

骑田岭为花岗岩体侵入构成的山地，没有形成山脉状，山峰陡峻，山岭一般呈锯齿形，有侵蚀很深的山谷。山峰海拔多在1000米以上，如主峰骑田岭，海拔1439米。骑田岭外围的北侧和西侧，主要是由褶皱山所构成，呈北北东至南南西走向。

大庾岭位置最东，海拔一般约千米，东北—西南走向，山势陡峻，为花岗岩断块山地。

---

① 按："都庞岭"一名的具体所指发生过变移。今世都庞岭至迟在唐代得到确定，此前都庞岭当位于今萌渚、骑田岭之间，详见第四章第一节考证。

第一章 江南西道自然地理环境概述

总的看来，南岭山地并不是一条连贯的山脉，而是由一连串的花岗岩体形成的山簇，湘江、北江、桂江皆发源于此，成为长江水系与珠江水系的分水岭。在本区内河流的上游，即五岭山地北麓，河谷一般较狭窄，山地往往迫近，丛立于河流两岸，因而冲积平原和阶地均不甚发育。另一面珠江水系溯源侵蚀较长江水系强烈，部分河流切穿岭脊，袭夺南岭北坡的河流，因而分水岭甚为曲折而且逐渐向北推移。由于水流的切割，致使地面支离破碎。在山岭之间往往也有较大的山谷平原，为农业生产的主要耕作区。河流多属山溪性质，沿岩层较弱地进行侵蚀，形成宽谷和盆地。盆地之间，往往是坚硬的岩层，致使河流流过盆地时，常切蚀造成峡谷。如武水的上游由石英砂岩、石灰岩山地下切，造成700米左右深峡的乐昌峡谷。在耒水上游也有深达300多米的断层谷。在河谷里，往往为峡谷与盆地交替，因而形成许多小盆地，如武水上游的武水盆地和坪石盆地，在北江上游有曲江盆地和英德盆地，都是沟通南北的重要通道与落脚点。

长江为区域内主要水系，支流发育繁茂，干支流水量均很丰富。长江干流自湖北宜昌至江西湖口，为中游段，自江西湖口至长江口为下游段。长江从宜昌脱离三峡之后，水面落差减小，水流缓慢，江面变宽至2000—650米不等，河道分叉曲折，摆荡不定，构成典型的陆上三角洲地貌景观。自先秦至唐宋时期，江陵以西的荆江分汊河道，受两岸地形控制，最终都在江陵汇集成大江，然后以分流的形式流经云梦泽地区。而长江主泓，大体沿今荆江流路至城陵矶合洞庭四水。类似的分叉弯曲河道还出现在长江武穴至湖口江段，由于受两岸山地丘陵的夹峙，下陷新地质构造的影响，自龙坪长江发育出第二个陆上三角洲地貌，即九江冲积扇。长江中游的这两个陆上三角洲冲积扇导致大量类似的鹅颈式分汊河道，长江主河道自北向南的偏转，地貌上分别在长江北岸出现过两个古湖泊：云梦泽和彭蠡泽。由于同样的河床演变，又导致长江南侧的湘、赣二省北部先后出现了洞庭湖与鄱阳湖。从而影响了历史时期人类社会的活动。

总体说来，整个长江中下游江段，河道的特征为叉流多、曲流多、沙洲多；两岸的湖泊多、矶头多，给长江行船、津渡、码头的选址既有利也有不便。湖泊在汛期时则起着容蓄调洪的作用。

25

第四节　气候、降水及土壤等

当代江西、湖南的气候，较为温暖湿润，基本属于当代中国综合自然区划中"江南与南岭山地丘陵"区，属中亚热带季风湿润气候[①]。气候较为温和，四季分明，热量充足，降水丰沛；春温多变，夏秋多旱；严寒期短，暑热期长。1月平均气温在3.4℃—9.5℃，7月平均气温摄氏29℃至30℃以上，年平均气温在16℃—19℃。全年日平均气温大于等于10℃的累积温度有5000℃—6000℃。无霜期为260—300天，日平均气温稳定高于10℃的积温为5000℃—5500℃，对于双季稻、棉花、油茶、油桐以及杉、松、茶、桔等作物和林木的生长均为有利，生长期自北向南达9—11个月。但是每年清明前后，寒潮频繁，秋分前后又常有寒露风天气，致使双季稻的早稻育秧和晚稻的抽穗扬花受到一定影响。年降水量一般在1500毫米左右。降水季节分配很不均匀，全年降水40%—50%集中在4—6月，且暴雨较多，常引起山洪及土壤冲刷。进入7月以后，降水明显减少，气温高、蒸发量大，易形成秋旱。鄱阳湖平原地区受地形的影响，7月平均气温在30℃以上，是我国夏季高温地区之一。赣南地区，特别是"三南一乌"（定南、全南、龙南、寻乌），由于纬度较低，又有云山山脉对寒潮的阻挡，终年罕见冰雪。充足的热量与丰沛降水，十分有利于水稻等亚热带作物与经济林木的生长。在南部边境诸县，甚至还具有栽培热带作物的有利环境。

据竺可桢先生对中国五千年来气候变迁的研究[②]，唐至北宋前期，江南地区的气候条件要优于当代，年平均气温比今日高1℃左右，特别是公元8—9世纪，气候较为温和。但在10世纪下半叶，中国气候开始转寒，公元1111年第一次记载江苏、浙江之间的太湖全部结冰。寒冷的气流盛行于华南，福州是我国东海岸生长荔枝的北界，1110年和1178年那里的荔枝曾两次全部死亡，这是一千多年仅有的两次。13世纪，多冰雪的杭州开始回暖，公元1200年、1213年、1216年和1220年，杭州无任何的

[①] 黄秉维：《中国综合自然区划纲要》，《地理集刊》第21卷《自然区划方法论》，科学出版社1990年版，第11页。

[②] 竺可桢：《中国历史上气候之变迁》，原载《东方杂志》1925年第3期，收入《竺可桢文集》，科学出版社1979年版，第61—63页。

第一章 江南西道自然地理环境概述

冰和雪。不过，整个唐宋时期，江南西道的降水要比现在丰沛。

土壤类型多样，其中以红壤分布面积最广，500米以下的山丘，绝大多数为红壤所覆盖。边境山区岭谷交错，在破碎的低山丘陵之间，有大小不等的红层盆地，河流贯穿其间，形成冲积平原，有利于耕垦与交通。东部武夷山区，山地内侧，从南到北散列着600—200米的丘陵。丘陵中有众多的盆地与河谷交错，其中以吉泰盆地为最大，是省内仅次于鄱阳湖平原的重要农业区。鄱阳湖平原位于北部，是江西最大的平原，面积达2万余平方公里，大部分地域在海拔50米以下，地势平坦，河网密布，土层深厚、肥沃。西部湘、资、沅、澧四水下游和滨湖地区，土壤大部分是在冲积物上形成的沙泥和潮汐泥，土质肥沃，利于耕作。岗、丘、坡、麓和谷地，大部分已辟为水田。土壤以黄泥田为主。但在沟谷滞水或山荫冷泉流灌地带，分布有青夹泥和冷浸田等，邵州、郴州等石灰岩地区分布有鸭屎泥，这些土壤不利于农作物生长。岗、丘地区除发展粮食作物外，经济作物十分发达。据《元和郡县图志》及《太平寰宇记》等书的记载，唐宋江南西道向中央所进贡物，有麻、布、茶以及丝等，表明唐宋时期，江南西道已经盛产这些经济作物了。

当代湖南、江西的森林覆被率在20%左右，南部山地尚有局部原始次生林，森林资源比较丰富，是我国南方主要林区之一。唐宋时期的江南西道，同样是森林茂密，天然植被发育良好。唐人的诗中写道："湘水永州路，水碧山崒兀。"[1] 此外，唐人记载中还提及这一带富于"篁竹""荒茅"等，说明这个地区森林、竹林兼有草地的植被概况。宋靖康之难后，北人大量南迁，江南西道内户口大幅度增加。人类活动的加剧，使南方天然植被面积逐渐缩小。

---

[1] （宋）潘自牧：《记纂渊海》卷一三《荆湖南路·永州》引唐李谅诗，《文渊阁四库全书》，台北商务印书馆1986年影印本，第930册，第328页上栏。

第二章

江南西道政区的变迁

唐宋600多年间，即便除去中间的五代分裂割据数十年，在唐宋两个大一统的王朝中，江南西道政区的演变依然是十分剧烈的。由最初面积广袤的江南道，到初分的江南西道（含后来的黔中道），再到开元末的江南西道，江南西道的分化演变已经历了一百多年。不过这种分化的趋势并没有结束，安史之乱以后，江南西道一分为四，经过五代十国的割据到宋代也再没有重新整合。而且，宋代江南西道的行政区划与前代又大有不同，反映出在经历唐末方镇割据及五代十国割据之后，宋廷对于经营该地区的新思路。宋代还在该地区设置了多个统县军，对于这些统县军逐一进行分析其特点，并从整体上把握军的空间分布，可以加深对军的认识，从而更好地理解江南西道在宋代的发展。

第一节 "山川形便"与"关河近便"——贞观十道

《通典·州郡典》："自因隋季分割州府，倍多前代。贞观初，并省州县，始于山河形便，分为十道：一曰关内道，二曰河南道，三曰河东道，四曰河北道，五曰山南道，六曰陇右道，七曰淮南道，八曰江南道，九曰剑南道，十曰岭南道。"[①] 对于贞观十道，史无异说。而道的划分原则，两《唐书·地理志》与《通典》略同。《唐会要》则谓："贞观元年（627）三月十日，并省州县。始因关河近便，分为十道。"[②] 细玩二文，贞观十道的划分原则，《通典》等书谓"山河形便"，《唐会要》则曰"关河近便"，一字之差，初看无甚差别，实际则别有内涵。

---

① （唐）杜佑：《通典》卷一七二《州郡二》，中华书局1984年点校本，第4478页。
② （宋）王溥：《唐会要》卷七〇《州县分望道》，中华书局1955年版，第1231页。

第二章 江南西道政区的变迁

史念海先生在《论唐代贞观十道和开元十五道》一文中论述关内道时，说："这样的山川形便，以之拱卫关内道，自然极为有利。不过当时似还感到未能就此有恃无恐。唐初为了配合各方军事活动，在各地设关置守，以补山川形便的不足。"① 这一观点为我们理解《唐会要》的记载提供了线索。据《唐六典》："司门郎中员外郎。掌天下诸门及关出入往来之籍。赋而审其政。凡关二十有六，而为上、中、下之差。京城四面关有驿道者，为上关；余关有驿道，及四面关无驿道者，为中关；他皆为下关焉。"② 山川之间往往未必完全密合，而且，两山之间的隘口，或者山川之间的交接处，常成为交通驿道的必经之处。在此设关，关与山河相接，恰好可以形成一个密闭的完整区域，可以方便地进行对外守御和对内管理，如关内道就设有潼、散、蓝田、子午等关，关与山川紧密结合，"有了这样一些设施，作为都城长安所在的关内道，就可能固若金汤，不虞外来的侵扰和攻击了"③，正所谓："所以限中外，隔华夷，设险作固，闲邪止暴者也。"④ 由此可见，对于贞观十道的划分原则，《唐会要》言"关河近便"更为贴切。

关于十道的具体范围，在《唐六典》中对贞观十道的划分有明确的记载：

> 郎中、员外郎，掌领天下州县户口之事。凡天下十道任土所出，而为贡赋之差，分十道以总之。一曰关内道……东拒河，西抵陇坂，南据终南之山，北边沙漠……二曰河南道……东尽于海，西距函谷，南濒于淮，北薄于河……三曰河东道……东距恒山，西据河，南抵首阳、太行，北边匈奴……四曰河北道……东并于海，南迫于河，西距太行、恒山，北通渝关、蓟门……五曰山南道……东接荆楚，西抵陇蜀，南控大江，北据商华之山……六曰陇右道……东接秦州，西逾流

---

① 史念海：《论唐代贞观十道和开元十五道》，《唐代历史地理研究》，中国社会科学出版社1998年版，第36页。
② （唐）李林甫等：《唐六典》卷六"司门郎中员外郎"条，中华书局1992年点校本，第195页。二十六关详参同条唐人李林甫注。唯二十六关无一在江南西道境内，故不展开论述。
③ 史念海：《论唐代贞观十道和开元十五道》，《唐代历史地理研究》，中国社会科学出版社1998年版，第37页。
④ （唐）李林甫等：《唐六典》卷六"司门郎中员外郎"条，中华书局1992年点校本，第196页。

沙，南连蜀及吐蕃，北界朔漠……七曰淮南道……东临海，西抵汉，南据江，北距淮……八曰江南道……东临海，西抵蜀，南极岭，北带江……九曰剑南道……东连牂牁，西界吐蕃，南接群蛮，北通剑阁……十曰岭南道……东、南际海，西极群蛮，北据五岭。①

因"关河近便"所划分的区域，朝廷的官员在地方巡察时，不至于跋高山涉深水。这种主要依照自然区界划定的地域范围，不仅使地理范围本身，亦使十道之名称成为一种固定的地理概念，对当时及后世产生了重大影响。

贞观十道，既无固定治所，亦无稳定编制，只是大体划分了道的区划、范围和境内的州数量，并非实际的高层政区。朝廷虽然因实际需要，会派遣使者分道执行某些政务，但都是临时措置，事毕即罢。尽管如此，这种大的自然区域划分，看起来十分方便快捷，但在实际运作中，却存在重大缺陷，即地域范围过大，以及由此带来的行政效率低下。贞观十道时期，平均每道管州三十左右，尤其是剑南、江南、岭南诸道，管州都在四十以上，甚至更多。每道的管理幅度太大，朝廷若遣使巡察这几个道，往往很难走完全程，势必影响其行政效率②。《唐会要》记曰：

> 万岁通天元年（696），凤阁舍人李峤上疏曰："陛下创置左右台，分巡天下，察吏人善否，观风俗得失，斯政途之纲纪，礼法之准绳，无以加也。然犹有未折衷者，臣请试论之。夫禁网尚疏，法令宜简，简则事易行而不烦杂，疏则所罗广而无苛碎。窃见垂拱二年（686），诸道巡察使科目，凡四十四件，至于别作格敕令访察者，又有三十余条。而巡察使率是三月之后出都，十一月终奏事，时限迫促，簿书委积，昼夜奔逐，以赴限期。而每道所察文武官，多至二千余人，少尚一千已下，皆须品量才行，褒贬得失，欲令曲尽行能，皆所不暇。此非敢惰于职而慢于官也，实才有限而力不及耳。"③

---

① （唐）李林甫等：《唐六典》卷三"户部郎中员外郎"条，中华书局1992年点校本，第64—72页。
② 郭峰：《唐代道制改革与三级制地方行政体制的形成》，《历史研究》2002年第6期，第101页。
③ （宋）王溥：《唐会要》卷七七《巡察按察巡抚等使》，中华书局1955年版，第1414页。

❧ 第二章 江南西道政区的变迁 ❧

七八个月时间就要跑完一个地域广袤的道，每道需要巡察的文武官员又多至一两千人，考察内容更是极为烦琐。巡察官并非惰慢，而是疲于奔命，根本无暇无力在限期内完成全部任务。十道之中又以山南、江南等道的问题尤为突出。因此，出于实际行政能力的需要，随着时间的推移，唐廷开始将一些较大的道进行拆分，道的数量开始突破十个。如山南道，"景云二年（711）五月，出使者以山南控带江山，疆界阔远，于是分为山南东、西两道；又自黄河已西，分为河西道"①。

第二节 开元江南西道

至开元二十一年（733），唐廷正式分天下为十五道，并于每道置采访使以检察非法，同时规定确立了十五道的治所，常设不撤。据《通典》卷一七二《州郡二》②：

京畿，理西京城内；
都畿，理东都；
关内，多以京官遥领；
河南，理陈留郡；
河东，理河东郡；
河北，理魏郡；
陇右，理西平郡；
山南东，理襄阳郡；
山南西，理汉中郡；
剑南，理蜀郡；
淮南，理广陵郡；
江南东，理吴郡；
江南西，理豫章郡；
黔中，理黔中郡；
岭南，理南海郡。

---

① （宋）王溥：《唐会要》卷七〇《州县分望道》，中华书局1955年版，第1233页。
② （唐）杜佑：《通典》卷一七二《州郡二》，中华书局1984年点校本，第4479页。

两《唐书·地理志》略同。但是，严耕望先生据成书于开元二十六年（738）的《唐六典》及《册府元龟》考证，此时十五道中尚无黔中道（治今重庆彭水县）而有河西道，《通典》所记不确①。据《元和郡县图志》卷三〇"黔州"："开元二十六年，又于黔中置采访处置使，以（黔中）都督浑瑊为使。"② 至此，唐代的道制已增为十六道。对于江南道析置为东、西二道，严耕望先生在《景云十三道与开元十六道》一文中也做了详细考证。他认为，江南道析置东、西二道，亦不在开元二十一年，而在与山南道分东西的同一年，即景云二年（711）③，此说甚是。然则江南西道的出现，不至于晚到开元二十一年，在此之前，早已经存在了二十多年！

实际上，对于贞观十道至开元二十一年的十五道，我们不妨这样理解，即开元二十一年的十五道并非一次骤然完成的析置，而应是根据实际需要逐渐划分出来的。这一点由开元二十六年，黔中道从江南西道中分离出来可得一旁证。因此，所谓开元二十一年分天下为十五道应是唐廷对这种既成事实的一种官方正式肯定而已。正因为如此，此事意义极大，以至在时人的脑海中形成一种意识，开元十五道遂成为一种潜在观念。后人修书时不审，故出此纰漏④。由贞观十道至开元十五道，道的范围变小，境内州数减少，平均每道内有州二十左右，大大方便了官员的巡察。

贞观十道的划分原则为"关河近便"，十五道主要由十道分置而来，其划分原则也大体若是。如山南东道与山南西道的分界线，北段上部沿着汉中盆地的西侧，中段则以大巴山为界，基本上是今天川、陕、鄂三省的省界，南侧则以成都平原西侧山脉为界；江南东道与江南西道的分界线，北段以天目山、怀玉山东侧为界；南段以武夷山为界，基本与今天闽、赣两省的省界相似。

尚有值得注意者，前引诸书记"山川形便"与《唐会要》"关河近

---

① 严耕望：《景云十三道与开元十六道》，《史语所集刊》第三十六本，1964年，又收录于《严耕望史学论文选集》，台北联经出版事业公司1991年版，第195页。
② （唐）李吉甫：《元和郡县图志》卷三〇《江南道六》，中华书局1983年点校本，第736页。
③ 严耕望：《景云十三道与开元十六道》，《严耕望史学论文选集》，台北联经出版事业公司1991年版，第195—196页。严氏认为，开元分十五道在二十二年，而非《通典》、两《唐书·地理志》所记二十一年，拙见不敢苟同，仍暂取二十一年，待考。
④ 此事仍有探讨的余地，唯此处不再讨论这种观念，俟后再做探讨。

第二章 江南西道政区的变迁

便"中的"便"字的含义。这里是否还可以这样理解，即除依照山川的自然区来分界外，道的划分在细节上还要考虑朝廷官员出行的距离远近及便利与否，也就是交通的近便因素。尤其开元以后，巡察使多由地方刺史兼任，因此巡察路途远近及便利与否势必作为考虑的因素之一。这种例子有很多，如虢州（治今河南灵宝市）原属河南道，"开元初，以巡按所便，属河东道"①，时河东道按察使多由蒲州（治今山西永济市西南蒲州）都督兼任，蒲州南下由风陵津渡黄河即是虢州②，路程很近；与此相比，当时河南道按察使多由汴州（治今河南开封市）刺史兼任，由汴州至虢州，距离就较为迂远，这样虢州改属河东道就打破了单纯依照自然区划的原则。江南西道内部也有较为典型的例子，如南部所辖连州（治今广东连州市）跨过五岭，延伸到岭南地区；东北角的宣州（治今安徽宣城市）一直延伸到江南东道内部。特别是宣州，在江南道初分东、西二道时，甚至"统江南之西"，以宣州来巡察包括谭、衡等十六州在内的江南西道③。宣州能够"统江南之西"，是与其优越的交通区位分不开的，关于这一点后文还将展开论述。

开元二十六年（733），江南西道析置出黔中道后，江南道已被一分为三：江南东道、江南西道与黔中道。江南东道理苏州，江南西道理洪州，黔中道理黔州。江南西道简称江西道。江南西道采访使的理事范围，《唐六典》《旧唐书》与《新唐书》的记载不同。

成书于开元年间的《唐六典》，记"江南道"：

> 江南道。古扬州之南境。今润、常、苏、湖、杭、歙、睦、衢、越、婺、台、温、明、括、建、福、泉、汀、宣、饶、抚、处、洪、吉、郴、袁、江、鄂、岳、潭、衡、永、道、邵、澧、朗、辰、叙、锦、施、南、溪、思、黔、费、业、巫、夷、播、溱、珍，凡五十有一州焉。④

---

① 《旧唐书》卷三八《地理志一》，中华书局1975年点校本，第1429页。
② （唐）李吉甫：《元和郡县图志》卷二《关内道二》，"潼关，在县（华州华阴县）东北三十九里……河之北岸则风陵津"，河即黄河，中华书局1983年点校本，第35页。
③ （唐）陈简甫：《宣州开元以来良吏记》，《文苑英华》卷八三〇，中华书局1966年影印本，第4380页下栏。
④ （唐）李林甫等：《唐六典》卷三"户部郎中员外郎"条，中华书局1992年点校本，第64页。

李林甫注《唐六典》，于"汀"之后注"已上东道"，但后面33州再未出注。史念海先生以《新唐书》所记，认为此处注文可能有脱漏，后面33州应分属江南西与黔中道，这个观点十分恰当。然此33州究竟如何分属又是一个问题。考"叙州"，《新唐书·地理志》载："本巫州，贞观八年（634）以辰州之龙标县置，天授二年（691）曰沅州，开元十三年（725）以'沅''原'声相近，复为巫州，大历五年更名。"①"叙州"虽出现于唐初，但天授年间即改他名，至大历五年（770）才又恢复原名，而《唐六典》为开元年间张九龄等人撰，成于开元二十六年（733），李林甫随后奉敕作注，次年完成②。林甫卒于天宝十一载（752），知《唐六典》成书之时，尚无叙州之名，该书此处不仅注文脱漏，33州正文亦极有问题，因此《唐六典》不能作为开元末江南西道辖境的依据。

两《唐书·地理志》对勘，又有问题。《旧唐书》记歙州归江南东道，而《新唐书》则记在江南西道下。《唐六典》所记江南东道有歙州，与《旧唐书》合，开元时歙州当属江南东道。至此，开元江南西道所含州目，可以得知，即：

宣州（治宣城，今安徽省宣城市）
饶州（治鄱阳，今江西省鄱阳县）
洪州（治豫章，今江西省南昌市）
虔州（治赣县，今江西省赣州市）
抚州（治临川，今江西省抚州市西北）
吉州（治庐陵，今江西省吉安市）
江州（治浔阳，今江西省九江市）
袁州（治宜春，今江西省宜春市）
鄂州（治江夏，今湖北省武汉市）
岳州（治巴陵，今湖南省岳阳市）
潭州（治长沙，今湖南省长沙市）

---

① 《新唐书》卷四一《地理志五》，中华书局1975年版，第1074页。
② （清）纪昀等：《〈唐六典〉提要》，《文渊阁四库全书》，台北商务印书馆1986年影印本，第595册，第2页上栏。

衡州（治衡阳，今湖南省衡阳市）

澧州（治澧阳，今湖南省澧县东南）

朗州（治武陵，今湖南省常德市）

永州（治零陵，今湖南省零陵市）

道州（治营道，今湖南省道县西）

郴州（治郴县，今湖南省郴州市）

邵州（治邵阳，今湖南省邵阳市）

连州（治桂阳，今广东省连州市）

总计十九州。相其地理范围（见图1），约当今江西省全境，湖南雪峰山以东地区，湖北省东南部的鄂州、黄石、咸宁全境及武汉市的部分地区，安徽省的宣城、池州、铜陵及马鞍山市境以及江苏省南京市的部分地区。

第三节 从"江南西道"到"江南西路"

唐中期于边境置节度使，设置军事统理区，加强对边境的军事防务。天宝十四载（755）安史之乱爆发后，中原连年战乱，刺史皆治军戎，遂有防御、团练、制置等名称。要冲大州，都设立节度使。这些节度使管的州多，有兵权、财权，往往拥兵自重，形成尾大不掉、与朝廷对抗的局面。在藩镇割据形势转趋缓和以后，节度使多半改为观察使。江南西道整体上一分为四，略述于后[①]：

1. 湖南观察使。至德二年（757），"置衡州防御使，领衡、涪、岳、潭、郴、邵、永、道八州，治衡州（治今湖南衡阳市）"。广德二年（764），"置湖南都团练守捉观察处置使，治衡州，领衡、潭、邵、永、道五州，治衡州"。至"大历四年（769）湖南观察使徙治潭州（治今湖南长沙市）"[②]。

[①] 朗、澧二州则归荆南节度，详见第五章第五节。有关唐后期方镇建置沿革，详参赖青寿《唐后期方镇建置沿革研究》，博士学位论文，复旦大学，1999年。

[②] 《新唐书》卷六九《方镇表六》，中华书局1975年点校本，第1938页。按涪州（治今重庆市涪陵区），《元和郡县图志》卷三〇《江南道六·涪州》："元和三年（808），中书侍郎平章事李吉甫奏曰：'涪州去黔府三百里，输纳往返，不逾一旬。去江陵一千七百馀里，途经三峡，风波没溺，颇极艰危。自隶江陵近四十年，众知非便，疆理之制，远近未均，望依旧属黔府。'"涪州与湖南道相距甚远，疑有误，待考，中华书局1983年点校本，第737页。

2. 江南西道观察使。乾元元年（758），"置洪吉都防御团练观察处置使，兼莫徭军使，领洪、吉、虔、抚、袁五州，治洪州（治今江西南昌市）"。上元元年（760），"洪吉观察使增领信州（治今江西上饶市）"。广德二年（764），"洪吉都防御团练使观察使，更号江南西道"。贞元四年（788），"江南西道观察使增领江州（治今江西九江市）。"①

3. 宣歙观察使。乾元元年（758），"置宣歙饶观察使，治宣州"。二年，"废宣歙饶观察使"，宣州并入浙江西道。至大历元年（766），"浙江西道观察使罢领宣、歙二州。复置宣、歙、池等州都团练守捉观察处置使兼采石军使"②。

4. 鄂岳观察使。乾元二年（759），"置鄂、岳、沔三州都团练守捉使，治鄂州（治今湖北武汉市）"。上元元年（760），"岳州（治今湖南岳阳市）隶荆南节度"。永泰元年（765），"升鄂州都团练使为观察使，增领岳、蕲、黄三州"③。

这样，江南西道被调整为宣歙、江西、湖南以及鄂岳四个观察使辖区，朗、澧二州则北属荆南节度。这其中，江西观察使已经和今天的江西省境基本一致，是一块完整的自然地理区域；湖南观察使则对应于湘、资二水流域；宣歙观察使则将今安徽南部山区与长江南岸沿江平原包括在内；鄂岳观察使则辖洞庭湖周围以及幕阜山与长江之间的地带。

宋人欧阳修说："自唐有方镇，而史官不录于地理之书，以谓方镇兵戎之事，非职方所掌故也。然而后世因习，以军目地，而没其州名。又今置军者，徒以虚名升建为州府之重"④，五代时期出现了以军的名号代替州名的区划，并统辖数县。在某地建立"军"或改某州为"军"，表示对该地的重视，这种措置，一直延续至宋代。

北宋初因循唐代的道制，太平兴国四年（979）曾分天下为十三道，

---

① 《新唐书》卷六八《方镇表五》，按由此以下二道引文出处同，不一一出注，中华书局1975年点校本，第1910页。莫徭，《隋书》卷三一《地理志下》："长沙郡又杂有夷蜒，名曰'莫徭'，自云其先祖有功，常免徭役，故以为名。……武陵、巴陵、零陵、桂阳、澧阳、衡山、熙平皆同焉"，中华书局1973年点校本，第898页。
② 《新唐书》卷六八《方镇表五》，中华书局1975年点校本，第1905页。
③ 同上。
④ 《新五代史》卷六〇《职方考第三》，中华书局1974年点校本，第745页。

第二章　江南西道政区的变迁

其中有江南西道。而十三道中转运使所领道，又被称为路①，江南西路此时开始出现。同唐代的道相似，宋代的转运使路制的演变也相当频繁，但宋廷亦有明确统一分路的规定。太平兴国四年，宋分全国为二十一路，此后历经变化，到了至道三年（997），始定天下为十五路。唐开元末的江南西道的主体部分，被划为江南西路、荆湖北路，原宣、歙、池等州属江南东路，鄂、岳二州则归荆湖北路。此后路制演变虽剧，但该地区的分属，除个别州、军外，变化并不大。至道三年以后，从这十五路中又陆续分出一些新的路。天禧四年（1020），之前短暂合并成的江南路，复分江南为东、西二路，于是共为十八路。

宋初，太祖、太宗两朝为防范西、北二敌，为维护漕运河道等交通命脉，加强对广大南方地区的控制，先后于川峡、河北、河东、陕西及京东、江南、淮南、福建等地设置了四十余军，以控扼冲要之地。这一时期的军大多有属邑，少则一二县，多则三四县，军治所在地原有的县，基本不撤销。开元末江南西道在宋代所含统县政区，除州以外，也有军、监等特殊政区出现。军有南安、南康及武冈等七个；监则仅桂阳一个，但南宋时升为军。北宋政和元年（1111），总计开元末江南西道所含统县政区，江南西道中，除朗州更名鼎州外②，还有以下12个：

　　池州（治贵池，今安徽池州市）
　　太平州（治当涂，今安徽当涂县）
　　信州（治上饶，今江西上饶市）
　　南康军（治星子，今江西星子县）
　　筠州（治高安，今江西高安市）
　　兴国军（治永兴，今湖北阳新县）
　　建昌军（治南城，今江西南城县）
　　南安军（治大庾，今江西大余县）
　　临江军（治清江，今江西樟树市西南临江镇）

---

① 此外又有淳化四年（993）分天下为两京十道，翌年即罢，见《玉海》卷一八六及《宋史》卷一六二《职官志》。宋初分道及历朝诸路，详张家驹《宋代分路考》，《禹贡》半月刊，1935年第4卷第1期，第25—44页。

② 《宋史》卷八八《地理志四》"常德府"："鼎州……本朗州，大中祥符五年（1012）改今名"，中华书局1977年点校本，第2194页。

37

全州（治清湘，今广西全州县）

桂阳监（治平阳，今湖南桂阳县）

武冈军（治武冈，今湖南武冈市）

降至南宋，统县政区的数目较为稳定，其变化主要体现在名号上。例如将一些州更名为府：洪州更名隆兴府、鼎州更名常德府等。此外，虔州于绍兴二十二年（1152）更名为赣州①。

较之李唐，宋代是中央集权高度发展的朝代，中央政府显然有意识地使作为高层政区的某些路的辖境，偏离"山川形便"的原则，以利于中央对地方的控制。宋代的江南西路并不和唐后期自成一地理区域的江南西道一致，而是缺去东北一隅的南康军、江、饶及信三州，并在西北边越过幕阜山而领有兴国军（今湖北省的东南部）。江州、饶州、信州、南康军等四州军属江南东路，与长江南岸的江宁府（今南京市）、宣州、歙州、池州、太平州、广德军等共为一个大行政单位。这样一来，江南西路就不再是一个完整的地理区域了。江南西道统县政区，由唐代的"关河近便"到宋代的"犬牙交错"的演变，体现了两个中央集权王朝对地方管理的思路的转变。

第四节 对唐"江南西道"的再思考

"道"作为行政区划概念的使用可以溯源至汉，"凡县，主蛮夷曰'道'"②，当时是一种设于少数民族居住区的、与县同级的管理单位。至唐贞观元年（627），以"关河近便"，分天下为十道，重新划分全国的疆域。长江以南地区被整合为一个面积广袤的江南道。这种区域划分并非地方行政区划，严耕望先生甚至认为："彼时十道仅为地理名称，至于施政无大关系。"③ 十道划分以后又有分道巡察之举，这种分道巡察并非唐代

---

① 《宋史》卷八八《地理志四》及校勘记，中华书局1977年点校本，第2189页。雍正《江西通志》卷三《沿革》引明郭子章《郡县释名》："绍兴间，因虔州多盗，以'虔'为虎头，改赣州"，《文渊阁四库全书》，台北商务印书馆1986年影印本，第513册，第166页下栏。

② （晋）司马彪：《续汉书》志二八《百官志五》，中华书局1965年点校本，第3623页。

③ 严耕望：《景云十三道与开元十六道》，《严耕望史学论文选集》，台北联经出版事业公司1991年版，第193页。

第二章　江南西道政区的变迁

首创，应是效仿了汉代分天下为十三州部刺史巡察天下的办法。可是，以十道巡察不久，巡察官便纷纷因"疆界阔远"而"力不及"，在规定的时间内无法完成巡察任务。于是十道得以再分，其中江南道最初被一分三：江南东道、江南西道及黔中道。

三道相比，江南西道的特点有二：幅员最广；中间被纵向的高山隔断。如果说对监察区而言，这个幅员尚可以接受，中间的隔断可以凭借山间孔道及长江航道连通的话，随着生产的发展，区域间特别是东、西部亚区之间的差异，开始变得明显。在江南西道逐步演变为统县政区的过程中，加之幅员太广与高山阻隔，使其有再被划分的可能。尤其是安史之乱以后，出于内部军事的需要，江南西道终于被分离。安史之乱以后，唐廷对地方的管理，"道一级建制的管理区划在战时调整中变小，但道作为一级中间权力机构、行政管理单位实体的地位和作用进一步加强，并通过与节度使制的结合，增加了军事管理方面的功能。随着道的实体化发展过程的完成，唐廷的地方行政管理逐渐形成了中央—40余道—300余州、府—1400余县的三级制体制"。[①]

不过，反过来考虑，江南西道的最初整合又有其内在的合理因素。除幅员仍较为广阔，却适合官员巡察外，交通便利与军事需要又都促成其整合为一体的重要原因。交通的便利，主要体现在过岭交通这一南北交通大动脉上，对这一问题将在后面的章节中详细论述，此不赘述。军事控守的客观要求，并非安史之乱以后，主要出于加强江南西道内部控制的需要，而是江南西道对唐代控制岭南地区的重要作用。这个作用可以从江南西道一分为四后，逢岭外有事，唐廷的措置可以为证。

唐懿宗咸通年间（860—874），南诏兵乱，"康承训至京师，以为岭南西道节度使，发荆、襄、洪、鄂四道兵万人与之俱……诸道兵援安南者，屯聚岭南"[②]，又"征诸道兵赴岭南，诏湖南水运自湘江入澪渠，并江西水运，以馈行营诸军。湘、澪溯运，功役艰难"[③]。粮运为湖南、江西两路并进，"以馈行营诸军"，说明军队也是如此行进。秦汉时期对岭

[①] 郭峰：《唐代道制改革与三级制地方行政体制的形成》，《历史研究》2002年第6期，第103页。

[②] （宋）司马光：《资治通鉴》卷二五〇"唐懿宗咸通四年"，中华书局1956年点校本，第8104、8105页。

[③] （宋）王溥：《唐会要》卷八七《漕运》，中华书局1955年版，第1599页。

南用兵，同样需要在湖南、江西两路并进来完成，开元末的江南西道，正是将这两路纳入一个巡察体系之中。这种措置至宋代亦常常用到。

宋皇祐时（1049—1054）岭南侬智高反，沿珠江一路东下，围困广州多时。孙沔以"广，天下宝货之储，而蕃舶之家，常以亿万计"，被任命为"江南西路荆湖南路安抚使"，统一征讨，后又加"安抚池、江、饶、太平四州"①。孙沔安抚的地区，与开元末的江南西道相差无几。但是，岭南地区毕竟不是唐宋的军事重心所在，特别是宋代，其外部压力主要来自北方，两路并举的措置只有岭南有大乱时才会用到，基于前述原因，江南西道析置以后，再没有整合在一起，实是势所必然。

唐代的十道与十五道的影响都较为深远。唐元和年间成书的《元和郡县图志》，五代、北宋修撰的旧、新《唐书·地理志》，都以十道为纲，分全国为十个大区，再以十五道为目对统县政区分别记载。由十道而十五道，十五道应是对十道的细化，是区域内部差异的表现之一，江南道分为江南东道、江南西道及黔中道是最好的证明。史念海先生甚至认为："这十五道区划的沿用时期，远较十道区划为长久。"②

此外，唐代江南西道是中央重要的财赋来源，宣州及鄂、岳二州则是东南贡赋北运的重要通道。元和二年（807）李吉甫上国计簿，称"总计天下方镇四十八，州府二百九十五，县千四百五十三……每岁赋税倚办止于浙江东西、宣歙、淮南、江西、鄂岳、福建、湖南八道四十九州，一百四十四万户"③。杜牧曾上书言："江淮赋税，国用根本，今有大患是劫江贼耳"，"濠、亳、徐、泗、汴、宋州贼多劫江南、淮南、宣、润等道，许、蔡、申、光州贼多劫荆襄鄂岳等道"。④

开元末年的江南西道，仅占据了沅水流域的下游地区，其上游则归黔中道属。江南西道与黔中道以雪峰山为分水岭。安史之乱以后，又由江南西道析置出湖南观察使，仅据有湘、资二水流域，"湖南"却逐渐成为约

---

① （宋）滕甫（元发）：《孙威敏征南录》，《全宋笔记》第一编八，郑州大象出版社2003年版，第5页。

② 史念海：《论唐代贞观十道和开元十五道》，《唐代历史地理研究》，中国社会科学出版社1998年版，第32页。

③ （宋）司马光：《资治通鉴》卷二三七"唐宪宗元和二年"，中华书局1956年点校本，第7647页。

④ （唐）杜牧：《上李太尉论江贼书》，《全唐文》卷七五一，中华书局1983年影印本，第7788页。

定的称谓。至宋代在该地区设荆湖南路，简称"湖南"，仍旧只有湘、资两个流域，沅水及其北面的澧水流域归荆湖北路管辖，这种情况延续到清代才得到改变。更令人瞩目的是，"江西"的地域所指，在这次析分过程中发生了天翻地覆的改变。按唐以前"江西"多指今天安徽中部合肥周边地区，如《三国志》记曹操强令江西居民内迁一事："初，曹公恐江滨郡县为权所略，徼令内移。民转相惊，自庐江、九江、蕲春、广陵户十馀万皆东渡江，江西遂虚，合肥以南惟有皖城。"① 开元年间，江南道分东、西外加黔中三道，从区划上根本改变了过去江西的地域空间概念，即由江北移到了江南；安史之乱后，再由开元末江南西道析置出的江西观察使道，"江西"已经演化成与今天江西省辖境大致一致的地域范围，形成了今天人们印象中的"江西"地域空间。

第五节 宋代江南西道的军

宋代地方行政区划中，统县政区除州外，又有"军"这一特殊政区，"宋朝之制，地要不成州而当津会者，则为军，以县兼军使；民聚不成县而有税课者，则为镇，或以官监之"。② 可见，军的设置有三个特点：一是"地要"，即地理位置险要；二是"当津会者"，即交通枢纽；三是"不成州"，即级别地位比州低。军的地位虽比州低，但其设置却表明其主要功用在于掌握山川险要，进而牢牢控制军其及周围的地区。因此，对宋代军的分布进行分析，对于更好地把握军这种地方建置的功能有极为重要的意义。在唐江南西道这个区域范围内，宋廷设置了南康、兴国、南安、临江、广德、建昌、武冈、桂阳军八个较为稳定的军③，具体而言，诸军又各有其特点及历史使命，下面对其进行详细讨论。

南康军（治今江西星子县），"理星子县。本江州星子镇……太平兴

---

① 《三国志》卷四七《吴书·吴主传第二》，中华书局1982年点校本，第1118—1119页。
② （宋）高承：《事物纪原》卷七《州郡方舆部第三十五·镇》，中华书局1989年点校本，第358页。
③ 如常德军，《宋史》卷八八《地理志四》："政和七年（1117）升为军，建炎四年（1130）升鼎、澧州镇抚使。绍兴元年（1131）置荆湖北路安抚使，治鼎州，领鼎、澧、辰、沅、靖州。三十二年，罢"；又同卷《寿昌军，本鄂州武昌县。嘉定十五年（1222），升寿昌军使，续升军。端平元年（1234）以武昌县还隶鄂州"，存在时间不长，故不单独讨论，中华书局1977年点校本，第2194—2195、2198页。

国三年（978），以地当要津，改镇为星子县。至七年，以县置南康军，领星子县。仍割江州之都昌、洪州之建昌等县以属焉"。①宋代南康军属江南东路。此军的设置，与星子的地位不断上升有关。而星子地位的上升，又因其"地当要津"，与前引宋人高承所言吻合，应是设置南康军最直接的缘由。由第一章的介绍可知，宋代彭蠡泽在流入长江之前有一段较为狭长的河道，所有汇入彭蠡泽的水系，都最终由此入江。南康军恰好控扼了这个类似于瓶颈的狭长河道，星子又正位于这个由宽广的湖面转为狭窄河道的节点附近，战略地位的重要性自不待言。除此以外，南康军的辖境还包括敷浅水、修水及其支流华林水的下游地带，借此直接控制了洪州及江州的部分地区。

南安军（治今江西大余县），"淳化元年（990），以虔州大庾县建为军"②。建置南安军的直接动因是广盐北运的问题。宋廷规定江西食淮盐，是为官盐，"虔州官盐卤湿杂恶，轻不及斤，而价至四十七钱"，从而导致岭南私盐北上，"岭南盗贩入虔，以斤半当一斤，纯白不杂，卖钱二十，以故虔人尽食岭南盐"。紧邻虔州的福建汀州也存在这种问题，"虔州地连广南，而福建之汀州亦与虔接。虔盐弗善，汀故不产盐"，对盐的大量需求导致"二州民多盗贩广南盐以射利。每岁秋冬，田事才毕，恒数十百为群，持甲兵旗鼓，往来虔、汀、漳、潮、循、梅、惠、广八州之地。"③ 民间就近私贩岭南海盐售于岭北。淳化元年（990），广、连都巡检使杨允恭"以海盐盗入岭北，民犯者众，请建大庾县为军，官榷盐市之。诏建为南安军，自是冒禁者少"。④ 东部诸军，南安位置最南，它控制了赣江上游支流整个章水流域，南以大庾岭与广南东路分界。六朝时期，便有人说此地是"三州之喉舌"⑤，唐代大庾

---

① （宋）乐史：（宋本）《太平寰宇记》卷一一一《江南西道九》，中华书局2000年影印本，第179页下栏。按《太平寰宇记》诸版本差异较大，宋本《太平寰宇记》最善，但仍有缺佚，今人王文楚先生的点校本最为详尽。姑以宋本为先，缺佚内容，以王先生点校本，即中华书局2007年点校本为准，分别出注。
② 《宋史》卷八八《地理志四》，中华书局1977年点校本，第2191页。
③ 《宋史》卷一八二《食货下四》，中华书局1977年点校本，第4441、4443页。
④ 《宋史》卷三〇九《杨允恭传》，中华书局1977年点校本，第10160页。
⑤ 《南齐书》卷四八《刘绘传》："南康是三州喉舌，应须治干"，中华书局1972年点校本，第841页。按南康郡，治今江西赣州市。宋南安军辖境在南齐南康郡，"三州喉舌"的南康大概正是以南安军为重中之重。

第二章 江南西道政区的变迁

岭道是五岭道路中最为繁忙的道路。由广南东路的南雄州北上，通过大庾岭，南安军治大庾县（治今江西大余县）就控守在章水上游。章水上游切割山地较深，两岸阶地狭窄，顺章水西北行，刚一进入赣州平原，南安军的南康县便控扼在这个平缓的水道上，所以"南安军在江西穷处，国小地狭，而地望乃特重"①。宋人庄绰说分军之事时，也说到"（南安军）州之四傍皆连山，与庾岭、循、梅相接，故其人凶悍，喜为盗贼，犯上冒禁，不畏诛杀"。② 以军来控制大庾岭这个道路冲要，既保证官方物资的运输，又能平息"盗贼"。

临江军（治今江西樟树市西南临江镇），"淳化三年（992），以筠州之清江建军"。③ 临江军位居赣水中游，江西路首府洪州之南，与北面的南康、南面的南安二军，将赣江水道上、中、下游串接在一起。又此段赣水有支流渝水汇入，治所清江县正位于渝水与赣水交汇处。由渝水西行入袁州境，继而可以进入潭州境，这条水陆结合的道路是洪州与潭州间最为便捷的道路之一，淳化三年，时张鉴为江南转运使，"建议割瑞（筠）州清江、吉州新淦、袁州新喻三县置临江军，时以为便"。④

广德军（治今安徽朗溪县），"本宣州广德县，伪唐保大八年（950）改为广德制置。皇朝太平兴国四年（979）建为军，管广德一县"。⑤ 广德军的东面是牛头山，牛头山与南面的天目山间有一狭长的隘道，北面又当太湖水道，都是江南西道与东道联系的重要途径。广德军位于牛头山西麓，"为江东之尽头"⑥，设军很可能就是为了扼守这两条重要的道路。

建昌军（治今江西南城县），"理南城县。本抚州南城县。开宝二年（969），伪唐置建武军。皇朝太平兴国四年（979）改为建昌军"。⑦ 建昌

---

① （元）刘埙：《前代军垒》，《隐居通议》卷二九，《丛书集成初编》，中华书局1985年版，第304页。
② （宋）庄绰：《鸡肋编》卷下，中华书局1983年点校本，第96页。
③ 《宋史》卷八八《地理志四》，中华书局1977年点校本，第2191页。
④ 《宋史》卷二七七《张鉴传》，中华书局1977年点校本，第9416页。
⑤ （宋）乐史：（宋本）《太平寰宇记》卷一〇三《江南西道一》，中华书局2000年影印本，第132页上栏。
⑥ （元）刘埙：《前代军垒》，《隐居通议》卷二九，《丛书集成初编》，中华书局1985年版，第303页。
⑦ （宋）乐史：《太平寰宇记》卷一一〇《江南西道八》，中华书局2007年点校本，第2239页。

军位于盱水上游，溯盱水，翻越武夷山进入福建路的邵武军，由邵武军可达福州或杭州，五代十国时期，是南唐防御吴越的前线地区。北宋建昌军本辖南城及南丰两县，南宋时增置两县，"江西安抚使李纲、转运使逢汝霖合奏略云，伏睹本路建昌军两县繁剧为最，非各添一县，则难以督租赋、息盗贼。制曰，可。于是分南城上五乡就黎滩镇建县邑，号'黎川'以此"。① 所置县邑，据《宋史·地理志》"新城，绍兴八年（1138）析南城五乡置。广昌，绍兴八年析南丰南境三乡置"。②

兴国军（治今湖北阳新县），"太平兴国二年（977），以鄂州永兴县置永兴军。三年，改兴国"，辖永兴、大冶、通山三县③。兴国军本属唐代鄂州东境，位于幕阜山西北，北临长江，处在与淮南西、荆湖北交界之处。南宋王质言："兴国地多山谷，其稍夷衍者，则漫为深潴浅泽，不得尽为民赀。又当江淮走集之冲，往尝与东南巨寇桀贼为巢窟，蹂躏戕圮，较一道十州独甚。"④ 宋代江南西路跨幕阜山辖兴国军，打破了山川形便的原则。南宋胡安国说，"以鄂渚隶江西，接洪抚之境，则地里连属，形利势便，合于魏武置都督，不欲相远之意，亦于今日事宜，颇为相协"。⑤ 这种"不欲相远之意"，点出兴国军设置的初衷。

武冈军（治今湖南武冈市），"崇宁四年（1105）以郡州（邵州）疆境广漠，析武冈、绥宁二县置武冈军"⑥。武冈为异族杂居之地，"县左右二冈对峙，重岨齐秀，间可二里。旧传东汉伐五溪蛮，蛮保此岗，故曰武冈"⑦，又绥宁，"本溪峒地，本朝（宋）置县"⑧。建置武冈军的主要目

---

① 雍正《江西通志》卷三《沿革·建昌府·新城县》，《文渊阁四库全书》，台北商务印书馆1986年影印本，第513册，第153页下栏。
② 《宋史》卷八八《地理志四》，中华书局1977年点校本，第2192页。新城建县经过详后。
③ 同上书，第2191页。
④ （宋）王质：《汪参政生祠堂记》，《雪山集》卷六，《宋集珍本丛刊》，线装书局2004年影印本，第61册，第597页上栏。
⑤ （明）杨士奇：《历代名臣奏议》卷四七《治道》 "宋高宗时中书舍人胡安国上时政论"，上海古籍出版社1989年影印本，第1册，第638页上栏，按中华书局1993年容肇祖点校本胡寅《斐然集》所录不全。
⑥ （宋）潘自牧：《记纂渊海》卷一三，《文渊阁四库全书》，台北商务印书馆1986年影印本，第930册，第330页上栏。
⑦ （宋）欧阳忞：《舆地广记》卷二六《荆湖南路·武冈县》，四川大学2003年点校本，第760—761页。
⑧ （宋）潘自牧：《记纂渊海》卷一三，《文渊阁四库全书》，台北商务印书馆1986年影印本，第930册，第329页下栏。

第二章 江南西道政区的变迁

的就在于"控制溪洞,弹压诸蛮"①。武冈军辖境地跨雪峰山南段,此段山体是资水上游与沅水支流洪江溪的分水岭,中间有陆路连通,这条道路是资水上游与沅水间最便捷的交通道路,由武冈西下,进入荆湖北路靖州境,南下又可抵广南西路桂州、融州等地,武冈军将这两个流域控扼住,地理位置自然十分重要。由于交通的便利,商业随之发展,"疆境阔,户口繁,市井稠密,商旅往还"。②随着经济的发展,文化教育也开始兴起,文天祥在《武冈军学奎文阁记》中说,武冈"在禹贡为荒服外。至唐中世,犹烦天子下铜兽符,诞告威命。惟我有国,渗漉天泽踰三百年。今则习气质厚,文物兴起,投牒赴岁,贡寝增广。虽洞窟林鹿,人去其陋,遣子就学"。③

桂阳军(治今湖南桂阳县),"本桂阳监,同下州。绍兴元年(1131),隶荆湖东路,二年,复故。三年,升军"。④桂阳军的前身是桂阳监,与前述几军略有不同。唐宋时期,一般在矿区、铸钱处及产盐区等地设"监"进行管理。郴州平阳等地因有铜、银、锡等矿,唐代就设有桂阳监,⑤后废,宋"天禧元年(1017),复置桂阳监"⑥,既要负责矿山事务,又管理民政,但地位低于"军"。桂阳监地跨湘水支流春水中上游与耒水支流栖凤水的上游,南界五岭。这一地区既有异族杂居,民又多凶悍,同时又是南北交通要道。宋人蔡戡言:

> 郴州宜章县太平、宜章二乡有莽山诸峒,邻接连、英、韶州之境。桂阳军临武县有乌峒等处,又接于莽山之傍。其间山岭峻险,民

---

① (宋)潘自牧:《记纂渊海》卷一三引《崇宁敕牒》,《文渊阁四库全书》,台北商务印书馆 1986 年影印本,第 930 册,第 330 页上栏。

② 同上。

③ (宋)文天祥:《武冈军学奎文阁记》,康熙《湖广通志》卷一〇六《艺文志》,《文渊阁四库全书》,台北商务印书馆 1986 年影印本,第 534 册,第 709 页。

④ 《宋史》卷八八《地理志四》,中华书局 1977 年点校本,第 2200 页。

⑤ (宋)王溥:《唐会要》卷八九《泉货》:"(元和)三年五月,盐铁使李巽上言:得湖南院申,郴州平阳、高亭两县界,有平阳冶及马迹、曲水等古铜坑,约二百八十余井。差官检覆,实有铜锡。今请郴州旧桂阳监置炉两所,采铜铸钱,每日约二十贯,计一年成七千贯,有益于民。从之。"中华书局 1955 年版,第 1629 页。《元和郡县图志》卷二九《江南道五》"银坑,在(平阳)县南三十里。所出银,至精好,俗谓之'偶子银',别处莫及。亦出铜矿,供桂阳监鼓铸",中华书局 1983 年点校本,第 708 页。《宋史》及《太平寰宇记》等典籍亦有载,从略。

⑥ (宋)欧阳忞:《舆地广记》卷二六《荆湖南路·平阳县》,四川大学 2003 年点校本,第 761 页。

多凶悍，素为盗贼渊薮。岁有小歉，则百十为群，出没劫掠，大则千数，金鼓旗帜，冲突广东，连州首被其害。

为防止"诸峒"及"盗贼"，除"猖獗之甚者，必合广东、湖南两路兵力，然后可以剿戮"，宋廷还特地从鄂州调来军队屯驻镇守，"屯鄂州大军几及千人"。"桂阳旧为监，近陞而为军，其民方窃欣幸"，从"民方窃万幸"可知桂阳由监升为军，军事控御强度有所提高。①

从整体分布而言，江南西道全境中，除临江军外，其余七军都位于江南西道的四周边境地区：南安、桂阳及武冈处南部山区；南康、兴国二军居北界江湖之滨；建昌与广德军在东部边境山区；只有临江军控守在赣江的中游地区。以东、西两个亚区视之，江西道东部亚区，南康位置最北，临江居中，南安最南，广德、建昌最东，而兴国偏在西北；西部亚区，桂阳最南而武冈偏西南。"有临江军则居江西之腹，兴化军则处闽海之滨，茶陵军亦在湖南内地（原注：今考之，亦接吉安界），又不尽居接境处，又是一例"②，以宋代路制而言，军的分布除具备前述特点外，特殊的情况有：南康军隶江南东路，其形势就像楔子一样插入江南西路；兴国军隶江南西路，使江南西路的势力延伸至荆湖北路地区。

宋代江南西道境内诸"军"，首先位于交通要道，军事战略地位都比较重要，其次又多处宋代诸路交界地区，异族丛居、"盗贼"易于出没之地，"军"担负着抚安异族的特殊使命。称其为"军"，突出了军事的意味。元人刘埙论"军"：

> 独有数小垒名之曰"军"者，未悟其义，其治所又多在各道授（接？）境去处。如建昌军、邵武军（治今福建邵武市）则江西、福建界上也。如南安军则江西、广东界上也……如桂阳军、武冈军则湖南之沿界。岂非当时诸州地理阔远，绥御不及，故于接境聚军，以控

---

① （宋）蔡戡：《割属宜章、临武两县奏状》，《定斋集》卷一，《文渊阁四库全书》，台北商务印书馆1986年影印本，第1157册，第570、572页。

② （元）刘埙：《隐居通议》卷二九《前代军垒》，《丛书集成初编》，中华书局1985年版，第304页。茶陵军："绍兴九年（1139），升县为军，仍隶衡州。嘉定四年（1211），析康乐、云阳、常平三乡置酃县，亦尝隶衡州。县一：酃"，是茶陵复为县，《宋史》卷八八《地理志四》，中华书局1977年点校本，第2200页。

第二章 江南西道政区的变迁

扼之？其初不过营垒，久则因以军为名，且从而例视若州府之类矣。

最后一句，又点出了"军"的地位比州低的特点。尽管如此，知军却是不少仕宦的香饽饽，刘氏又言："宋时仕宦应得郡而资浅者，未授以州府，首命知军。而军之地望，亦自不等，如南安军在江西穷处，国小地狭，而地望乃特重，为守臣者，率年岁升迁。为部使者，如提刑、提举之类，其平迁亦得佳郡，盖以郡当东广之冲，地有蛮峒之扰，苟抚治有功，则因优之也。"军的地位虽低于州，但因地当要冲，控御多方，能够获得更多历练，尽快得到升迁而备受青睐。[1]

又前述诸军，不仅本身的设置往往打破了山川形便的原则，其上一级政区也有这种措置，如依自然分野，南康军应属江南西路，宋代却隶东路，江南西路西北角的兴国军也存在这种情况。宋廷这种做法，体现出其为加强中央集权的良苦用心。还有值得注意的，除军事因素之外，这些当津要的山川重地，又是地区间商业贸易往来的必经之途，宋廷以军进行重点控守，既保障了商贸的安全，又能够相对容易地控制贸易活动，进而开展征收商税等行为。

---

[1] （元）刘埙：《隐居通议》卷二九《前代军垒》，《丛书集成初编》，中华书局1985年版，第303、304页。

第三章

江南西道城市的发展

唐宋时期江南西道的城市获得了重大发展，主要表现在建置城市数量的大量增加，城市分布的扩展及密度的增长以及城池的扩筑等方面。以唐宋两朝比较而言，唐代江南西道新增城市分布较为集中，江南西道内部东、西两个亚区新增数量相对均衡；宋代新增建制城市更多，但内部分布却并不均匀，东部亚区新增城市数量远远超过西部亚区；等等。这些特点，除与江南西道的自然地理条件有关外，还与城市自身的区位、交通优势、政治军事形势、经济条件乃至自然资源等问题有关。县邑的增加，反映了江南西道社会经济的发展。经济的发展对旧有城市的面貌也产生了深刻的影响，突出的表现便是城池的修缮与扩筑，第四节中分别对长沙、岳阳、南昌及赣州四个城市，于唐宋时期的发展进行个案研究，从旧有城市面貌的变化中同样能够反映出唐宋江南西道的地域发展。

日本学者佐竹靖彦曾依据《太平寰宇记》所载开元至五代宋初新置州县资料，列出过一览表。冻国栋先生在讨论唐代人口迁移问题，特别是大量中原人口南下，对江南地区的社会经济发展所发挥的积极作用的表现之一，便是"新置州县"数量的增加之时，参以《唐会要》《新唐书》等相关资料为补充，在佐竹氏一览表的基础上，重新制出"唐开元至宋初新置县名一览表"。[①] 可惜未能涵盖整个唐五代两宋六百多年，本章对唐宋时期江南西道新增县邑重新做了梳理，并且，以朝代为限，李唐制一表，五代及宋合制一表（分别是表3-1唐代江南西道新增县级政区一览及表3-2五代至宋江南西道新增县级政区一览）并就此展开讨论。

---

① 冻国栋：《唐代人口问题研究》，武汉大学出版社1993年版，第297—299页。

第三章 江南西道城市的发展

表3-1　　　　　　　　唐代江南西道新增县级政区一览

	县名	属州	《元和郡县图志》	《新唐书·地理志》	备注
1	宁国（治今安徽宣城宁国市南）	宣州	后汉末分宛陵南乡置……其后武德中废，天宝三年（744）复置。	武德三年（620）析宣城置，六年省，天宝三载析宣城、当涂复置。	
2	太平（治今安徽黄山市黄山区）	宣州	本泾县地，天宝四年（745），宣城郡太守李和上奏，割泾县西南十四乡置。	天宝十一载（752）析当涂、泾置，大历中省，永泰中复置。	
3	旌德（治今安徽旌德县）	宣州	本太平之地，以县界阔远，永泰（765—766）初，土贼王方据险作叛，诏讨平之。奏分太平置旌德县。	宝应二年（763）析太平置。	
4	婺源（治今江西婺源县）	歙州	本休宁县西南界，开元二十六年（738），平妖贼洪氏始置此县。	开元二十八年（740）析休宁置。	
5	绩溪（治今安徽绩溪县）	歙州	梁大通元年（527）于此置梁安县，武德中废，大历二年（767），刺史长孙全绪奏分歙县置。	本北野，永徽五年（654）析歙置，后更名。	
6	祁门（治今安徽祁门县）	歙州	本古昌门地，汉黟县之南境，永泰元年草贼方清从此伪置昌门县，以为守备。刺史长孙全绪讨平之，因其旧城置县，耻其旧貌，以县东北一里有祁山，因改为祁门县。大历五年（770）又移于东，面临大溪，西枕小山。	永泰二年（766）平方清，因其垒析黟及饶州之浮梁置。	
7	青阳（治今安徽青阳县）	池州	本汉泾县地，天宝元年（742）洪州都督徐辉奏，于吴所立临城县南置，属宣州，在青山之阳为名。永泰二年隶池州。		

续表

	县名	属州	《元和郡县图志》	《新唐书·地理志》	备注
8	至德（治今安徽东至县东北）	池州	本汉石城，至德二年（757）刺史宋若思奏置，因年号为名。初属浔阳郡，乾元元年（758）改属饶州，永泰三年（767）割属池州。		
9	石埭（治今安徽石台县东北）	池州	本汉丹阳郡地，至吴大帝封韩当为石埭城侯，因此置县。其后屡有废兴，永泰二年（766）洪府都督李勉奏割秋浦、青阳、泾三县，于吴所置陵阳城南五里置。		
10	新吴（治今江西奉新县）	洪州	后汉灵帝中平中分海昏县置。隋开皇九年，省入建昌。	永淳二年（683）析建昌复置。①	
11	武宁（治今江西武宁县）	洪州	长安四年（704）割建昌界置。		
12	分宁（治今江西修水县）	洪州	贞元十六年（800），刺史李巽奏分武宁县西界置，因以名焉。	贞元十五年（799）析武宁置。	
13	浮梁（治今江西浮梁县）	饶州	武德五年（622）析鄱阳东界置新平县，寻废。开元四年（716），刺史韦玢再置，改名新昌，天宝元年（742）改名浮梁。		

---

① 《新唐书》卷四一《地理志五》："建昌，紧。武德五年置南昌州，又析置龙安、永修、新吴三县。八年州废，省永修、龙安、新吴，以建昌来属。"是故"新吴"下言"复置"，中华书局1975年点校本，第1068页。

第三章　江南西道城市的发展

续表

	县名	属州	《元和郡县图志》	《新唐书·地理志》	备注
14	乐平（治今江西乐平县东）	饶州	本汉馀汗县地，后汉灵帝于此置乐平县，南临乐安江，北接平林。	武德四年（621）置，九年省，后复置。	按《太平寰宇记》卷一〇七："顾野王《舆地志》：'陈天嘉元年（560）尝废'。唐朝建立亦在银城，后因歙寇程海亮飘掠，兼山势险峻，垄地高下，权以常平水口置为乐平县。"
15	安远（治今江西安远县）	虔州	梁大同（535—546）中，于今县南七十里安远水南置安远县，隋开皇中废。贞元四年（788），刺史路应重奏分雩都县地置。		
16	信丰（治今江西信丰县）	虔州	永淳元年（682）析南康更置南安，天宝元年（742）改为信丰。		
17	大庾（治今江西大余县东北）	虔州		神龙元年（705）析南康置。	
18	都昌（治今江西都昌县东北）	江州	本汉彭泽县地，武德五年（622）分置都昌县。		
19	永新（治今江西永新县）	吉州	本汉庐陵县地，吴归命侯所置，属安城郡，隋开皇中废，显庆四年（659）又依旧置。	显庆二年（657）析太和置。	
20	上饶（治今江西上饶市）	信州	本吴所置，隋平陈省，乾元元年（758）重立。	乾元元年，租庸使洪州刺史元载奏置。	

51

续表

	县名	属州	《元和郡县图志》	《新唐书·地理志》	备注
21	玉山（治今江西玉山）	信州	证圣元年（695），分常山、须江等县置。乾元元年（758），自衢州割入信州。		
22	贵溪（治今江西贵溪市）	信州	永泰元年（765），洪州观察使李勉奏割乐平、馀干二县置。	永泰元年析弋阳置。	
23	南丰（治今江西南丰县）	抚州	本汉南城县之地，吴少帝分以为南丰县。隋平陈，省入南城。景云二年（711）又置，先天二年（713）又废，开元八年（720）复置。		
24	昌江（治今湖南平江县东南）	岳州	后汉分长沙为汉昌县，孙权改为吴昌县。神龙三年（707），析湘阴于故吴昌城改置昌江县。		《元和郡县图志》附《考证》：宜有脱误，顾祖禹曰："春秋罗国地，秦为罗县，汉因之，属长沙国，后汉属长沙郡。建安十五年，吴析置汉昌县，寻改曰吴昌，开皇九年省入罗县，唐又省罗县入湘阴，神龙二年，复分置昌江县。"
25	醴陵（治今湖南醴陵市）	潭州	本汉临湘县地。……隋平陈，省入长沙，武德四年（621）复置。		
26	浏阳（治今湖南浏阳）	潭州	本汉长沙国临湘县地，吴置浏阳，因县南浏阳水为名。隋平陈废，景龙二年（708）复置。		

第三章　江南西道城市的发展

续表

	县名	属州	《元和郡县图志》	《新唐书·地理志》	备注
27	湘乡（治今湖南湘乡）	潭州	本汉湘南县之湘乡也，后汉立为县……隋省入衡山县，武德四年（621）复置。		
28	攸（治今湖南攸县东北）	衡州	本汉旧县，武德四年（621）分湘潭县置，以北带攸溪为名。		
29	茶陵（治今湖南茶陵县）	衡州	本长沙国界……隋开皇九年（589）为湘潭县。武德四年（621）置茶陵县，贞观九年（635）废，圣历元年（698）复旧。		
30	义章（治今湖南宜章县）	郴州	本汉郴县地，隋末萧铣分置，属郴州，武德因而不改。开元二十三年（735），自县北移于今理，却据层岭，前临通江。	萧铣析郴置，武德七年（624）省，八年复置。	
31	高亭（治今湖南永兴县西南）	郴州		本安陵，开元十三年（725）析郴置，天宝元年更名。	《记纂渊海》卷一三《郴州》："隋入省郴县，唐开元置安陵县，天宝改高亭县。"
32	平阳（治今湖南桂阳县）	郴州	本汉郴县地，东晋陶侃于今里南置，属平阳郡。至陈俱废。隋末萧铣分置，武德因而不改。七年省（624），八年复置。		
33	资兴（治今湖南资市西南）	郴州	本汉郴县地，后汉于此置汉宁县……贞观废，咸亨三年（672）又置，改为资兴。		
34	蓝山（治今湖南蓝山县东北）	郴州	本汉南平县，至隋废。咸亨中复置于今理，天宝元年（713）改为蓝山县。		

53

续表

	县名	属州	《元和郡县图志》	《新唐书·地理志》	备注
35	祁阳（治今湖南祁县西）	永州	本汉泉陵县地，属零陵郡，吴分泉陵置。武德四年（721），复置于今理，贞观元年（627）省，四年又置。	《考证》：上宜有脱，欧阳忞曰隋省入零陵县。今按：《隋志》"零陵，旧曰泉陵，平陈，又废祁阳入焉"。此盖脱隋平陈省祁阳县一事，致武德四年复置不可通。	
36	灌阳（治今广西灌阳县）	永州	本汉零陵县地，隋大业末，萧铣析湘源县置。武德七年（624）废，上元二年（675）吕諲奏置。		
37	永明（治今湖南江永县南）	道州	本汉营浦县，隋改为永阳县。武德四年（621）移于州西南，贞观八年（634）省，天后又置，天宝元年（713）改为永明。	本永阳，贞观八年省入营道，天授二年（691）复置，天宝元年更名。	
38	延唐（治今湖南宁远县）	道州	本溪泠道县地，属零陵郡……至隋自奔巢水口移营道县于此，武德四年移营道于州郭内，于此置唐兴县，天宝元年（713）改为延唐县。		
39	大历（治今湖南宁远县东北）	道州	本汉营道县地。大历二年（767）观察使韦之晋奏析延唐县于州东置。		
40	江华（治今湖南江华东南）	道州	本汉冯乘县地，故城在县南七十里，至隋不改。武德四年（721），分冯乘县置江华县，属营州，八年属道州。		

注：1.《新唐书·地理志》与《元和郡县图志》记载略同者，未入。

2. 以州为纲，唐代新置县列于前。

3. 所列县以唐末仍然存在的为准，包括三种情形：a. 唐代初置县；b. 唐以前废，唐代复置；c. 唐代有废置，但唐末依旧存在。

第三章　江南西道城市的发展

第一节　唐代江南西道新增县邑考述[①]

由表 3-1 可知，唐代江南西道境内共增设 40 县，其中东部亚区新增 23 县，西部亚区新增 17 县。若将歙州 3 县、信州（由饶州析置）1 县去掉，则东、西部亚区新增县邑数量相近。再若以安史之乱后的观察使辖区论，江西观察使新增 14 县，湖南观察使新增 16 县，两者新增县邑也较相近。但是，鄂岳观察使仅新增 1 县，幅员相对较小的宣歙（含池州）观察使新增县邑数量则达到了 9 县！

唐代江南西道新增县邑的分布主要集中在两个重心：一是东北部地区的宣、歙、饶、江等州；二是南部五岭的北部地区。这两个地区新增县邑数量分别达到 15 个和 14 个，占唐代江南西道新增县邑总数的 72.5%！另外 11 县中，又有 8 个分布在江南西道中部山区的两侧，其他 3 县则零星分布在其他地区。若以流域论，湘江流域新增县邑远远超过赣江流域，而资、沅、澧三水流域则无一县新置；又新增县邑，多分布于一些干流的上游地区，干流的支流也有县邑的增加，尤其是湘江上游是新增县邑的集中分布地区之一。下面对唐代江西道新增县邑数量的上述特点展开论述。

一　宣、歙、饶、江等州

唐代宣、歙、饶、江四州共新增县邑 15 个，是江南西道新增县邑最多的地区，除县邑增加外，甚至还从饶州析置出信州。

宣、歙二州县邑的增加，一个很重要的原因是该地区"盗贼"较多，如歙州婺源县，"开元二十四年（736）乡人洪贞叛，聚徒于此。至二十八年置县以镇之"[②]。永泰二年（766），又有宣州王万敌之乱，平王之后因立旌德、绩溪二县。旌德本太平县地，"永泰初，以兵寇初平，尚储戎器。此土征赋，或有不供者，因聚而为盗，以其山谷深邃，舟车莫通，不立城邑无以镇抚，遂割太平县九乡以置焉。冀其邑人从此被化，故以旌德

[①] 本书仅探讨唐代新增县邑，并且长期存在至唐末的县邑，对于旋置旋废之县，特别是武德年间大量县邑的兴废，不做具体讨论。

[②] （宋）乐史：（宋本）《太平寰宇记》卷一〇四《江南西道二》，中华书局 2000 年影印本，第 138 页下栏。《元和郡县图志》卷二八《江南道四》记作："开元二十六年（738），平妖贼洪氏始置此县"，未知孰是，中华书局 1983 年点校本，第 687—688 页。

为名"。① 绩溪县地在旌德之南，"宣州旌德县贼王万敌入寇其地，贼平置县。以界内乳溪与徽溪相去一里，回转屈曲，并流离而复合，谓之绩溪，县因名焉"。② 又池州至德县，"唐至德二年（757）采访使宣城郡太守宋若思奏以此地山川遥远，因置县邑，以遏寇攘，仍以年号为名，属浔阳郡。至乾元元年（758）属饶州。永泰二年（766）来隶池州"。③ 特别是永泰元年（765）爆发了方清、陈庄之乱，唐廷又置祁门县，"本古昌门地……永泰元年草贼方清从此伪置昌门县，以为守备。刺史长孙全绪讨平之，因其旧城置县"，④ "永泰二年平方清，因其垒，析黟及饶州之浮梁置"⑤，并且"耻其旧号，以县东北一里有祁山，因改为祁门县"。⑥

为镇压土人叛乱，不仅增设县邑，唐代还两置池州：

> （秋浦，隋）大业末为贼汪华所守。武德四年（621）猷州总管左难当奏于秋浦别置池州，领南陵、秋浦二县。贞观元年（627），废池州以秋浦属宣州。永泰元年（765），侍御史李芃巡抚至此，时宣饶二郡人方清、陈庄聚兵，据乌石山并太平等古城为乱，遂绝江路，劫掠行旅日久。芃乃请于秋浦仍旧置州，守其要地以破其谋。观察使洪州都督李勉以闻。代宗嘉之，乃以宣州之秋浦、青阳，饶州之至德三县以隶之，兼徙宣、饶、歙三郡户以实之。又析三邑之地，复于东南置石埭县，俾四邑以成都。⑦

---

① （宋）乐史：(宋本)《太平寰宇记》卷一〇四《江南西道二》，中华书局2000年影印本，第131页下栏。
② （宋）乐史：(宋本)《太平寰宇记》卷一〇四《江南西道二》，中华书局2000年影印本，第136页下栏。《元和郡县图志》卷二八《江南道四》"旌德县"下记："永泰初土贼王方据险作叛"，中华书局1983年点校本，第685页。（宋）王象之《舆地纪胜》卷一九《江南东路》"旌德县"下直接记为："永泰中土贼王万敌据险作叛"，中华书局1992年影印本，第862页。
③ （宋）乐史：《太平寰宇记》卷一〇五《江南西道三》"建德县"，中华书局2007年点校本，第2088页。
④ （唐）李吉甫：《元和郡县图志》卷二八《江南道四》，中华书局1983年点校本，第688页。
⑤ 《新唐书》卷四一《地理志五》，中华书局1975年点校本，第1067页。
⑥ （唐）李吉甫：《元和郡县图志》卷二八《江南道四》，中华书局1983年点校本，第688页。
⑦ （宋）乐史：(宋本)《太平寰宇记》卷一〇五《江南西道三》，中华书局2000年影印本，第142页下栏。

第三章 江南西道城市的发展

两次由宣州析置池州的直接动因都是镇压叛乱。除此以外，县治的地理位置，特别是与州治的距离也是增置州县的动因之一，如前引宋若思奏置至德县，便是因为至德县"山川遥远"，特别是距离州治宣城有500多里，比一般州距还要长①。

按宣、歙二州"土贼"之多，应与二州的自然地理特征有关。宣、歙二州北临大江，境内多山，平原多分布在群山与江渚之间的狭长地带。这些沿江平原与大江成为商旅及漕运交通的必经之地，方清、陈庄之乱便是"绝江路，劫掠行旅日久"。宣、歙二州不仅是交通要道，二州的商品经济也较为发达②，自然成为掠夺的目标。

唐代宣、歙二州新置的县邑，多分布在以今黄山山脉为分水岭的河流两侧阶地上。宣州境内宁国、旌德、太平、石台四县都位于长江支流的上游地区，除控守多条水道外，还将河流两岸的陆路控制住；青阳、至德二县，位于九华山与沿江平原的过渡地带，恰好分别将两条出山的河流及道路扼守住。祁门处在昌江流域最上端的山间平原，东行跨过河流下切较深的分水岭，即进入新安江流域；沿昌江下行，就到了唐代新置的浮梁县；由祁门西北行，则可抵至德及石台。可见，祁门一县便守住了歙州多条通道。又绩溪属新安江流域，与旌德和宁国分别隔分水岭相望，绩溪一县守住了两条道路。依此，唐代所设九县，其空间分布形势便非常明了了。凭借这九县的控守，能够将"土贼"出动的诸条道路统统堵死，并且可以分而制之，相对容易地进行剿灭。

宣、歙二州的东南饶州在唐代析置出了信州：

> 上（乾）③元元年（758）正月，江淮转运使元载奏以此邑川源复远，关防襟带，宜置州。州东南五十里即饶州弋阳县进贤乡永丰

---

① （唐）李吉甫：《元和郡县图志》卷二八《江南道四》："（池州）东北陆路至宣州三百四十里。西〔南〕至江州五百八十里。东南至歙州四百六十里。西南至饶州五百八十里。"又至德县："东北至州二百五十里"，中华书局1983年点校本，第688—689页。池州治秋浦在至德与宣城之间偏北，至德至宣城，经秋浦则有五百九十里，即使取近道，也非常遥远，观池州与歙、饶州间道里可知。

② 对唐宋宣、歙二州的区位优势及商品经济发达的分析，详见第五章第四节。

③ 据中华书局2007年点校本第2166页校勘记第47改，按宋本《太平寰宇记》后文上饶县下"废永丰县故城"条："乾元元年，与（信）州同时置永丰县"可为明证，中华书局2000年影印本，第155页上栏。

里，可置一县，以"永丰"为名，兼割饶州之弋阳［置］，衢州之常山、玉山，建州之三乡，抚州之三乡，固当迤逦相望，自然无虞。制曰，可。赐名信州，以信义所称，为郡之名。①

信州位于衢州（治今浙江衢州市）、饶州（治今江西波阳）、抚州（治今江西抚州市）与建州（治今福建建瓯市）四州边境山区，为各州的边境相互推脱不管之地，势必造成动乱的因素。信州辖境主要位于昌江中上游地区，处在怀玉山与武夷山间的断陷谷地中，南、北、东三面环山，中部较为低平，只有西面向平原地带过渡。溯信江而上，过分水岭可抵衢、建二州，所以信州又是交通要道，"关防襟带"。鉴于上述情况，江淮转运使元载以此地"宜置州"。信州州境，南、北、东三面分别怀玉山和武夷山的分水岭为界，西部至于两山与平原的边缘地区，因而建州后便可"迤逦相望，自然无虞"。

信州初设时州治永丰县（治今江西广丰县），"永丰县故路通闽川，越客担荷麇至。元和六年（811）废县并入上饶"②。永丰位于信江上游一条小支流丰溪河岸，溯丰溪河上行过武夷山分水岭进入"闽川"，即今福建地区。永丰县初设之后引得越客麇至，较为繁荣。但是翻越武夷山毕竟是件困难的事，而昌江上游处在怀玉山与武夷山间的断陷谷地中，由昌江上行，越过位于两山东北部的分水岭也相对容易。丰溪河与昌河的汇流处的上饶的地位逐渐受到重视，唐武德四年（621）定江西之初，曾置上饶县，七年省入弋阳（治今江西弋阳县），乾元元年（758）又与信州同设，至元和七年又升为信州治，并将信州治永丰县废入③。

昌江上游的玉山县，"衢山之西鄙也，以其怀玉山故为称。然他山合沓，峻岭横亘，溪谷皆相互分其流，虽步通三衢，而水绝干越，千峰万拥，限隐不可得而虞也。自陈以隋以来，此为巨奥。证圣三（元）年（695）分衢州常山、须江二县，饶州弋阳县共二十乡为玉山"，很早就设

---

① （宋）乐史：（宋本）《太平寰宇记》卷一○七《江西西道五》，中华书局 2000 年影印本，第 153 页下栏。
② 同上书，第 155 页上栏。
③ 《新唐书》卷四一《地理志五》，中华书局 1975 年点校本，第 1070 页。

第三章 江南西道城市的发展

置了县，时隶衢州，"至乾元元年隶信州"①。信州乾元元年初设之时，还下辖常山县。常山，唐咸亨五年（674）初置时属婺州（治今浙江金华市），垂拱二年（686）改属衢州（治今浙江衢州市），乾元元年属信州。常山与玉山县隔分水岭相望，不在一个流域，虽然两县交通并不困难，但毕竟比不上同流域的衢州各县，所以常山"寻又还衢州"②。

到了"永泰元年（765），洪州观察使李勉，奏割弋阳、余干（治今江西余干县）二县地置。在贵溪口，因以为名。"③贵溪"在弋阳、余干两县之间，自北以西地相去阔远，山水回合，群盗潜藏，舟行船泝，人不自保，浸以成俗，久而逾甚。永嘉（永泰）元年（765）就贵溪口置贵溪县，即今理也"。④贵溪位于信州境内西部，是怀玉、武夷二山向鄱阳湖平原过渡的边缘地带，又有支流汇入，在此设县，可以守住信江以上流域，确保信江上下游航道的畅通。经过调整，终唐之世，信州领上饶、弋阳、贵溪、玉山4县。

饶州浮梁县，"每岁出茶七百万驮，税十五馀万贯"⑤，据《太平寰宇记》引《郡国志》："斯邑产茶，赋无别物。"⑥浮梁县的唯一贡赋便是茶，年税十五余万贯，唐设浮梁县的动因，可能就在于该县的茶业经济发达。

此外，饶州乐平县（治今江西乐平县东）前朝曾置县：

> 后汉东安县也，雷次宗《豫章记》云："汉永元中置县。"在银城，即今邑之东水路三百二十里。按顾野王《舆地志》："陈天嘉元年（560）尝废。"唐朝建立，亦在银城，后因歙寇程海亮剽掠，兼

---

① （宋）乐史：（宋本）《太平寰宇记》卷一〇七《江西西道五》，中华书局2000年影印本，第155页下栏。置县年，《新唐书》卷四一《地理志五》记为"证圣二年（694）"，中华书局1975年点校本，第1070页。

② （宋）乐史：《太平寰宇记》卷九七《江南东道九》，中华书局2007年点校本，第1947页。

③ （唐）李吉甫：《元和郡县图志》卷二八《江南道四》，中华书局1983年点校本，第679页。

④ （宋）乐史：（宋本）《太平寰宇记》卷一〇七《江南西道五》，中华书局2000年影印本，第156页上栏。

⑤ （唐）李吉甫：《元和郡县图志》卷二八《江南道四》，中华书局1983年点校本，第672页。

⑥ （宋）乐史：（宋本）《太平寰宇记》卷一〇七《江南西道五》，中华书局2000年影印本，第152页上栏。

59

山势险峻，垄地高下，权以常乐水口置为乐平县。①

《元和郡县图志》追记："本汉余汉县地。后汉灵帝于此置乐平县。南临乐安江，北接平林，因曰乐平。"②《新唐书·地理志》："武德四年（621）置，九年省。后复置。"③ 歙寇入乐平，当是由东北而来，剽掠乐安江上游地区。原来的乐平县城虽地处上游，但不能有效控制乐安江的多条支流，改在"常乐水口"置县后，就能较好地解决这个问题。

江州都昌县，"唐武德五年（622），安抚使李大亮谓土地之饶，井户之阜，道途之远近，水路之阻碍，遂割鄱阳西雁子桥之南地置此县，以隶浩州。州废属江州。"④《太平寰宇记》同卷"彭泽县"下所记可为补充：

> 彭泽县……唐武德五年李大亮安抚江南，张善安归降。江表既静，于此古城置浩州，以浩山取名。又分杨梅岭已南更置都昌县；东南至（置）乐城县。分饶州鄱阳县北境置广晋县，合四县并隶浩州。至八年废浩州及县。⑤

安抚使李大亮将建置都昌的原因说得非常明白，即该地区土地富饶，民户众多以及因彭蠡湖的阻隔，使该地对外交通，特别是到彭蠡湖江西面江州的湓城、浔阳等地非常不易⑥。可能正是由于这个原因，武德八年（625），彭蠡湖地区附近政区调整时，浩州及其另外两个属县乐城、广晋被废掉，仅有浩州治彭泽及都昌得到保留⑦。

---

① （宋）乐史：(宋本)《太平寰宇记》卷一〇七《江南西道五》，中华书局 2000 年影印本，第 152 页下栏。
② （唐）李吉甫：《元和郡县图志》卷二八《江南道四》，中华书局 1983 年点校本，第 672 页。
③ 《新唐书》卷四一《地理志五》，中华书局 1975 年点校本，第 1069 页。
④ （宋）乐史：(宋本)《太平寰宇记》卷一一一《江南西道九》，中华书局 2000 年影印本，第 180 页上栏。
⑤ 同上书，第 178 页上栏。
⑥ 《旧唐书》卷四〇《地理三》："武德四年，平林士弘，置江州，领湓城、浔阳、彭泽三县。五年……分彭泽置都昌县"，中华书局 1975 年点校本，第 1608 页。
⑦ 《旧唐书》卷四〇《地理三》：饶州，"（武德）八年……并新平、广晋入鄱阳"；江州，"八年，废浩州及乐城县入彭泽县"，中华书局 1975 年点校本，第 1604、1608 页。

二　五岭北麓山区

唐代五岭北麓山区增设了 14 县，也是江西道县邑增加较多的地区之一。史籍对诸县设置的原因交代不多，唯有安远、信丰二县有明确记载，先述于后，再讨论其他县邑增置的原因。

虔州信丰县，"唐永淳元年（682）析南康更置南安县。以其地接岭南，人安俗阜，谓之南安。天宝元年（742）改天下县名相同者，采访史韩朝宗以泉州有南安县，遂奏改名信丰县，以人信物丰为名"①。贡江最大的支流桃江大部分河段都是在山谷中穿行，两岸平原狭窄，不利于县邑的选址，只是在中游地区有一块桃江流域面积最大的冲积平原，土地肥沃，适合聚落的形成。信丰就位于这个平原的东北角，桃江过信丰后又在山谷中穿行。由信丰西南行，虽然也可以翻越大庾岭进入南雄盆地，却不如大庾岭另一侧的章江水道容易，加之信丰去赣州又较为迂远，故而桃江并没有成为一条重要的过岭通道。

信丰东南隔山相望的安远县，"梁大同十年（544）置安远县，隋开皇中废。其后雩都县以地僻人稀，每有赋徭，动逾星岁。建中三年（782，应为贞元四年，788），敕史路应奏请祈雩县三乡并信丰一里再置"②。安远县地处贡水支流安远水上游的丘陵台地上，平均海拔在 200 米以上。安远与外部交通的大道，便是通过安远水入贡水，抵州治赣县后再去往他处③。雩都与安远间的距离有五百三十里④，比一般州距还要远，难免会"每有赋徭，动逾星岁"的现象发生。

五岭北部山区资兴、江华等县，虽然史籍对置县原因的记载并不详

---

①　（宋）乐史：（宋本）《太平寰宇记》卷一〇八《江南西道六》，中华书局 2000 年影印本，第 163 页上栏。
②　（宋）乐史：（宋本）《太平寰宇记》卷一〇八《江南西道六》，中华书局 2000 年影印本，第 160 页下栏。按《元和郡县图志》卷二八《江南道四》记作"贞元四年"，中华书局 1983 年点校本，第 673 页。新、旧《唐书·地理志》同，《旧唐书》更言"贞元四年八月四日置"，当是，中华书局 1975 年点校本，第 1607 页。
③　据宋本《太平寰宇记》卷一〇八《江南西道六》，安远在虔州治赣县"南七百里"，而安远与赣县间偏南的信丰，在赣县"南一百九十里"。以道里计，安远与赣县间的交通，当以经过雩都为常，中华书局 2000 年影印本，第 160 页下栏。
④　据宋本《太平寰宇记》卷一〇八《江南西道六》，雩都距赣县"一百七十里"，安远距赣县"七百里"，由前面考证可知安远与雩都间距五百三十里，中华书局 2000 年影印本，第 161 页上栏。

细,但从这些县的分布上,可以看出县邑绝大多数位于发源于五岭的湘水上游支流岸边。这些支流又多当五岭通道,是南北交通的必经之地。由后面第四章对五岭交通的分析可知,"五岭"及其具体所指,在唐和唐以前有过变化,说明过岭通道远不止五,至迟于唐代确立的"五岭",只能说明唐代有五条相对来说更为重要的过岭通道。进之,抵达五岭山脉脚下的道路应当更多。由北方溯湘江南下过岭,进入衡州境后,就有多条道路可供选择,而不一定非要走湘水干流,唐代该地区湘江支流岸边县邑的增置说明了该问题。

值得注意的是,唐代在湘水上游地区置县数量较多,却大多分布在湘江支流地区,湘江干流仅增置祁阳一县。个中原因,可能有以下三个:一是湘江上游虽因灵渠的贯通而成为重要的过岭通道之一,但毕竟较其他几途迂远,除漕运等大规模物资外,一般人们过岭并不会走这条道路;二是湘江上游谷地水流下切严重,平地面积较小,不适于新县的选址;三是秦汉以来,湘江两岸已设有多县,如湘源(治今广西全州县西南)、临源(治今广西兴安县)及零陵(治今湖南永州市)等县。这些县邑已占据了少数较平坦的开阔地区,唐代仅在零陵以下的湘江北岸设置祁阳一县。祁阳与零陵同处在越城岭与阳明山间的盆地上,仅东北角祁山与阳明山余脉间有一个山口,地势较低,湘江过祁阳县后便由此出山。祁阳位于距离山口不远的祁山之阳、湘水北岸,其军事守控意义非常明显。

三 中部山区

中部山区两侧新置了武宁(治今江西武宁县)、分宁(治今江西修水县)、昌江(治今湖南平江县东南)、浏阳(治今湖南浏阳)等8县。江南西道虽有中部山系的阻隔,但通过山间的断陷谷地所形成的天然孔道,仍然可以往来。这些断陷谷地,自北往南,主要有三:一是幕阜与连云山之间;二是连云与武功山之间;三是武功与万洋山之间。这些山间谷地,往往有河流的经过,唐代在中部山区新置的县邑,便分布在这些河流两侧的平地上。由于史籍对中部山区两侧往来的记载并不太多,唐代该地区县邑的大量增加,应该能够反映出两边交流的频繁程度,兹由北往南述各县的增置情况。

武宁与分宁二县同在修水岸边,修水由北折向东南经过县治,顺流而下经建昌后流入鄱阳湖。武宁长安四年(704)从建昌析出,贞元十六年

第三章 江南西道城市的发展

(800)又割武宁置分宁县。分宁，"本当州之亥市也。其地凡十二支，周千里之内，聚江、鄂、洪、潭四州之人，去武宁二百余里，豪富物产充之。唐贞元十六年置县，以分宁名之"①。分宁地居修水上游，北靠幕阜山，西临连云山，看似偏僻，其实却不是这样，"其地凡十二支，周千里之内，聚江、鄂、洪、潭四州之人"，江、洪二州之人可以由修水上溯而至，鄂、潭之人则不大可能先顺长江东下，再经江州转入修水上行而来。鄂、潭之人极有可能是通过连云山与幕阜山间的隘道直达。交通枢纽之地使四方辐辏，豪富物产充盈，已经不再是普通意义上的草市了。隔山而望的昌江、浏阳二县的兴起，一方面与控守住出山的大道有关，也应与分宁之设有相同的缘由。

潭州醴陵（治今湖南醴陵市）分别与袁州萍乡（治今江西萍乡市）和上高（治今江西上高县）两县隔山相望，自两县西行入潭州境，是洪州与潭州间最近便的道路。醴陵县就位于两线出山后的会合之处，三面环山，在这里设县可以扼住两条道路，控守形势一目了然。

吉州永新县（治今江西永新县），孙吴宝鼎中曾立，隋废入太和县，"唐武德五年（622）析太和之地置南平州，复立永新县以隶焉。八年州废县入太和。显庆四年（659），永新之民以太和道路阻远，请别置县于和山东南六十七里"②。据《太平寰宇记》卷一〇七，永新在吉州治庐陵（治今江西吉安市）"西二百二十里"，太和（治今江西泰和县）在庐陵"南一百里"③。永新、太和以及吉州治庐陵三县构成三角状分布。永新本隶太和，间距确实较远。不仅如此，泰和与永新间还有万洋山余脉阻隔，往来更为不易，"永新之民以太和道路阻远"，此言不虚。自永新过分水岭沿山谷继续西行便是茶陵县，"茶陵者，所谓陵谷名焉"④，是对茶陵地貌的真实写照。

---

① （宋）乐史：（宋本）《太平寰宇记》卷一〇六《江南西道四》，中华书局2000年影印本，第144页下栏。
② （宋）乐史：（宋本）《太平寰宇记》卷一〇九《江南西道七》，中华书局2000年影印本，第172页上栏。
③ 同上书，第169页下栏。
④ （宋）乐史：（宋本）《太平寰宇记》卷一一五《江南西道一三》，中华书局2000年影印本，第201页下栏。

四 其他地区三县

湘水下游支流涟水，虽然河道较长，却由于两岸阶地过于狭窄，难以形成县邑，加之涟水与其他流域间分水岭不易逾越，所以秦汉以来只是在下游有湘乡一县。隋平陈以后又省入长沙，直到唐景龙二年（708）才复置。

新吴县（治今江西奉新县），本属洪州建昌县（治今江西永修县西北），"后汉灵帝中平中分海昏县置。隋开皇九年，省入建昌"①。"唐武德五年（622）复置，八年省"②，至"永淳二年（683），析建昌复置"③。从后来建昌析置武宁，武宁又析置分宁来看，新吴析置的原因也极有可能是出于该地距建昌较远，以至于赋税都难于征集，为了便于施政的方便而增设。

抚州南丰县，景云二年（711）析南城置，先天二年（712）废，至"开元七年（719），刺史卢元敏奏，田地丰饶，川谷重深，时多剽劫，乃复置南丰县"④。南丰县位于抚河上游盱江的中游地区，东、南、西分别被于山与武夷山脉夹峙，向南翻越于山分水岭即为赣江流域，"川谷重深"，但中游的河流阶地随着开发的深入，出现了"田地丰饶"、适宜耕种的场面，可惜同时又面临着剽劫的威胁，多种因素的交织促成开元年间置县南丰。而沿盱江继续上溯到上游地区，川谷更深，也就是南丰的南境，其社会经济发展至进一步析置县邑乃是宋代的事情了。

第二节 五代至宋新增县邑考述

一 五代新增县邑

五代十国时期，特别是吴和南唐，在江南西道地区增置了大量的

---

① （唐）李吉甫：《元和郡县图志》卷二八《江南道四》，中华书局1983年点校本，第670页。
② （宋）欧阳忞：《舆地广记》卷二四《江南东路》，四川大学2003年点校本，第703页。
③ 《新唐书》卷四一《地理志五》，中华书局1975年点校本，第1068页。
④ （宋）乐史：（宋本）《太平寰宇记》卷一一〇《江南西道八》，中华书局2000年影印本，第177页下栏。

第三章 江南西道城市的发展

县,这些县基本上为后来的赵宋所继承。除大量设县外,南唐还增设了筠州。

南唐保大十年(952)建筠州,辖高安、上高、万载、清江四县,治高安(治今江西高安市)①。高安位于赣江支流锦江的下游,是洪州西面的交通要冲和经济中心。自西汉立建成县以来,经济文化都得到了发展,至唐末,高安逐渐成为地区的政治中心。五代时钟传起于高安,据有洪州,雄踞江西。吴与楚争斗,多次以高安为交战的中心。楚国马殷死后,诸子互斗,争夺权位,国力急剧削弱。保大八年(950)马希萼杀马希广,自称楚王;而楚将李彦温、刘彦瑫各带千人投奔南唐。南唐中主李璟趁机接受马希萼贡纳的方物,册命他为楚王,稳定其情绪;同时命洪州营屯都虞侯边镐为湖南安抚使,便于进计马氏。保大九年九月,马希萼被部将废罢,李璟即命边镐出萍乡以平楚乱。边镐进入潭州,俘马希萼归金陵。十二月,李璟以马希萼为江南西道观察使,居洪州,仍给楚王名号。同时于高安建立筠州,以王绍颜为刺史。李璟设立筠州,可以对马希萼进行严密监督,隔断他与潭州的联系。

万载(治今江西万载县)、上高(治今江西上高县)二县与筠州高安县同属锦江流域,在高安上游。上高,"本高安之上高镇,以地形高上故曰上高。伪唐升元(937—942)年中立为场,保大十年升为县,以隶筠州"。②万载"本高安县地。伪吴顺义元年(921),分高安、进城、康乐、高侯等四乡置万载场,因其乡以名。其地去高安路远,伪唐保大十年升高安县为筠州,遂升万载场为县以属焉",北宋初年万载改隶袁州。③

临江军的清江县(治今樟树市西南),"本吉州萧滩镇。伪唐升元年中,以其地当要冲,升为清江县"。④清江县处在袁水与赣江的汇流处,赣水水道的重要性自不待言,袁水则是西行进入潭州的重要途径。清江守在水口,"地当要冲"控守作用非常明显。

---

① (宋)乐史:(宋本)《太平寰宇记》卷一〇六《江南西道四》,中华书局2000年影印本,第146页下栏。
② 同上书,第148页上栏。
③ (宋)乐史:(宋本)《太平寰宇记》卷一〇九《江南西道七》,中华书局2000年影印本,第167页上栏。
④ (宋)乐史:(宋本)《太平寰宇记》卷一〇六《江南西道四》,中华书局2000年影印本,第148页上栏。

洪州靖安县（治今江西靖安县），"唐广明（880）之后，草寇侵掠本州，以靖安、孝悌两乡去县稍远，乃于此置镇。至伪吴乾贞二年（928）升为场，伪唐升元（937—942）年中改为县，取靖安乡以名县。相次又析建安、奉新、武宁等三县邻近三乡以实焉。"[①]

江州湖口县（治今江西湖口县），"唐武德五年（622），安抚使李大亨以为要冲，遂置镇，在彭蠡湖口。伪唐保大（943—957）年中升为县"。又德安（治今江西德安县），唐代曾在此地设场，"本蒲塘……分三乡于敷浅水之为场，以地有蒲塘为名。至咸通二年（861）还浔阳，至四年复为场。伪吴顺义七年（927）升为德安县"。[②]

宣州繁昌县（治今安徽繁昌县西北），"本宣州南陵县地，在南陵之西南大江，西对庐州江口，以地出石绿兼铁，由是置治。自唐开元以来立为石绿场。其地理枕江，舟旅憧憧，实津要之地。以南陵地远，民乞输税于场。伪唐析南陵之五乡立为繁昌县"。[③]

池州东流县（今安徽东至县），"本彭泽县之黄菊乡。控带江山，唐会昌初（841）建为东流场"，位于长江南岸，有控带江山的形势。至南唐保大十一年（953）升为东流县，隶江州，后在北宋太平兴国三年（978）割属池州[④]。

以上几县的增设，一个很明显的现象便是由场升置。场主要是为管理矿冶业而设，设立场的地区，说明该地盛产某些特殊的矿物，如繁昌县"以地出石绿兼铁，由是置治"。由场而升县，说明场的地位比县低，而场能够升为县，又证明该地区开发的深入和经济的发展。五代时期还有很多县是由场升置，如赣州的瑞金、石城、龙南，饶州的德兴，鄂州的永安县等，详细情况请见表3－2五代至宋江南西道新增县级政区一览，此不多言。

---

① （宋）乐史：(宋本)《太平寰宇记》卷一〇六《江南西道四》，中华书局2000年影印本，第145页。

② （宋）乐史：(宋本)《太平寰宇记》卷一一一《江南西道九》，中华书局2000年影印本，第178页下栏、第179页。

③ （宋）乐史：(宋本)《太平寰宇记》卷一〇五《江南西道三》，中华书局2000年影印本，第142页上栏。

④ （宋）乐史：《太平寰宇记》卷一〇五《江南西道三》，中华书局2007年点校本，第2090页。

第三章　江南西道城市的发展

表 3－2　　　　　五代至宋江南西道新增县级政区一览

	县名	属州（军）	《宋史·地理志》	《太平寰宇记》	备注
1	芜湖（治今安徽芜湖市）	太平		唐武德已来为镇，隶姑熟。伪唐割宣城、当涂二邑之地复置，隶升州。国破，隶宣州。皇朝隶太平州。	
2	繁昌（治今安徽繁昌县西北）	太平		在南陵之西南，大江西对庐州江口，以地出石绿兼铁，由是置治。自唐开元以来，立为石绿场。其地理枕江，舟航往来实津要之地，以南陵地远民乞输税于场。伪唐析南陵之五乡立为繁昌县。	
3	东流（治今安徽东至县西北）	池州	唐会昌初建为东流场，在古废和城县侧。大中四年，移于今理。伪唐保大十一年（953），升为东流县。		
4	星子（治今江西星子县）	南康军	太平兴国三年（978），升星子镇为县。七年，与都昌同来隶。		
5	建平（治今安徽朗溪）	广德军	端拱元年（988），以郎步镇为县，来隶。		
6	新建（治今江西南昌市）	洪州	太平兴国六年（981）置县。		
7	进贤（治今江西进贤县）	洪州	崇宁二年（1103），以南昌县进贤镇升为县。		

67

续表

	县名	属州（军）	《宋史·地理志》	《太平寰宇记》	备注
8	靖安县（治今江西靖安县）	洪州		唐广明（880）之后，草寇侵掠本州，以靖安、孝悌两乡去县稍远，乃于此置镇。至伪吴乾贞二年（928）升为场，伪唐升元（937—942）年中改为县，取靖安乡以名县。相次又析建安、奉新、武宁等三县邻近三乡以实焉。	
9	瑞昌（治今江西瑞昌市）	江州		（唐）建中四年（783），以浔阳西偏僻远因立为场。伪唐升元三年（939）改为瑞昌。	
10	湖口（治今江西湖口县）	江州		唐武德五年（622），安抚使李大亮以为要冲，遂置镇，在彭蠡湖口。伪唐保大年中升为县。	
11	德安（治今江西德安县）	江州		（唐）分三江于敷浅之南为场，以地有蒲塘为名。至咸通三年，还浔阳。至四年（863）复为场。伪吴顺义七年，升为德安县。	
12	兴国（治今江西兴国县）	赣州	太平兴国（976—984）中，析赣县之七乡置。		
13	会昌（治今江西会昌县）	赣州	太平兴国中，析雩都六乡于九州镇置。		
14	瑞金（治今江西瑞金市）	赣州		本瑞金场，淘金之地也。伪唐升为县。	
15	石城（治今江西石城县）	赣州		本石场，伪唐改为石城县。	

第三章 江南西道城市的发展

续表

	县名	属州（军）	《宋史·地理志》	《太平寰宇记》	备注
16	龙南（治今江西龙南县）	赣州		伪吴武义年（919—921）中，析信丰顺仁乡之新兴一里为场，壬子岁（952）伪吴改为县。	
17	吉水（治今江西吉水县）	吉州	雍熙元年（984），析庐陵地置县。		
18	龙泉县（治今江西遂川县）	吉州			《舆地广记》卷二五："五代时置，属吉州。"
19	万安县（治今江西万安县）	吉州	熙宁四年（1071），以龙泉县万安镇置。		
20	分宜（治今江西分宜县东南）	袁州	雍熙元年（984）置。	雍熙元年（984）八月，析宜春神龙等十一乡，置分宜县以便民，欲当宜春、新喻两县界之中也。	
21	万载（治今江西万载县）	袁州	开宝（968—976）末，自筠州来属。宣和三年（1121），改名建城。绍兴元年（1131），复今名。	本高安县地。伪吴顺义元年（921），分为高安、进城、康乐、高侯等四乡，置万载场，为县以属焉。今割隶袁州。	
22	宜黄（治今江西宜黄县）	抚州		隋开皇九年（589）废郡并县入崇仁。乾德六年（968），李煜割崇仁之仙桂、崇贤、待贤三乡复立宜黄县。	
23	金溪（治今江西金溪县）	抚州	开宝五年（972），升金溪场为县。		

69

续表

	县名	属州（军）	《宋史·地理志》	《太平寰宇记》	备注
24	乐安（治今江西乐安县）	抚州	绍兴十九年（1149）置，割崇仁、吉水四乡隶之。		
25	永丰（治今江西广丰县）	信州	旧永丰镇，隶上饶，熙宁七年（1074）为县。		
26	铅山（治今东西铅山县东南）	信州		出铜铅青绿，本置场以收其利，旧在宝山。伪唐升元二年（938）迁置鹅湖山水西邓田坂，即廨署是也。至四年，于上饶弋阳二县析五乡以为场，后升为县。	
27	德兴（治今江西德兴市）	饶州		上元二年（761），因置（邓公）场……至伪唐升为德兴县，四面皆水。	
28	新昌（治今江西宜丰县）	筠州	太平兴国六年（981），析高安地置县。		
29	上高（治今江西上高县）	筠州		伪唐升元年中，立为场。保大十年（952）升为县，以隶筠州。	
30	大冶（治今湖北大冶市）	兴国军		本鄂州武昌县地。天祐二年（905），伪吴析置大冶青山场院，主盐铁。乾德五年（967），唐国升为大冶县。	
31	通山（治今湖北通山县）	兴国军		本永兴县新丰之一乡也。伪吴武义年中隶中山镇征税。周显德六年（959），唐国建为通山县。	

第三章 江南西道城市的发展

续表

	县名	属州（军）	《宋史·地理志》	《太平寰宇记》	备注
32	上犹（治今江西上犹县）	南安军		本伪吴天祐年中析置南康县之一乡半为场。伪唐壬子岁（952）改为县。	《舆地广记》卷二五："五代时置，属虔州。皇朝淳化元年（990）来属。"
33	清江（治今樟树市西南）	临江军		本吉州萧滩镇。伪唐升元年（937—942）中，以其地当要冲，升为清江县。	
34	新城（治今江西黎川县）	建昌军	绍兴八年（1138），析南城五乡置。		
35	广昌（治今江西广昌县）	建昌军	绍兴八年（1138），析南丰南境三乡置。		
36	永安县（治今湖北咸宁）	鄂州		本江夏县之南界，去旧县三百里，征发调赋，动经旬浃。唐大历二年割金城丰乐宣化等乡置镇。伪吴乾贞三年（929）改为永安场，伪唐保大十二年（954）升为县。	
37	通城（治今湖北通城县）	鄂州	熙宁五年（1072），升崇阳县通城镇为县。绍兴五年（1135），废为镇。十七年，复。		
38	嘉鱼（治今湖北嘉鱼县）	鄂州	唐天宝三年（744），本道以镇界所管怀仁宣化三里合为一乡，属镇征科。伪吴升嘉鱼县。		
39	桃源（治今湖南桃源县）	常德府	乾德（963—968）中，析武陵地置县。		

71

续表

	县名	属州（军）	《宋史·地理志》	《太平寰宇记》	备注
40	临湘（治今湖南临湘市西北）	岳州	淳化元年（990），升王朝场为县，寻改。		
41	安化（治今湖南安化县东南）	潭州	熙宁六年（1073）置，改七星砦为镇入焉，废首溪砦。		
42	宁乡（治今湖南宁乡县）	潭州			《舆地广记》卷二六"太平兴国二年（977），析长沙置。"
43	善化（治今湖南长沙市）	潭州	元符元年（1098），以长沙县五乡、湘潭县两乡为善化县。		
44	安仁（治今湖南安仁县）	衡州	乾德二年（964），升安仁场为县。		
45	东安（治今湖南东安县西南）	永州	雍熙元年（984），升东安场为县。有东安砦。		
46	兴宁（治今湖南资兴市）	郴州	嘉定二年（1209），析郴县资兴、程水二乡置资兴县，后改今名。		
47	桂东（治今湖南桂东县南）	郴州	嘉定四年（1211），析桂阳之零陵、宜城二乡置今县于上犹砦。		
48	酃（治今湖南炎陵县）	茶陵军	嘉定四年（1211），析康乐、云阳、常平三乡置酃县，亦尝隶衡州。		
49	平阳（治今湖南桂阳县）	桂阳军	隋县，晋废。天禧三年（1019）置。有大富等九银坑，熙宁七年（1074）复。		

第三章 江南西道城市的发展

续表

	县名	属州（军）	《宋史·地理志》	《太平寰宇记》	备注
50	临武（治今湖南临武县）	桂阳军			《舆地广记》卷二六"五代时废焉。皇朝天禧元年（1017），复置桂阳监，治此。"
51	绥宁（治今湖南绥宁县西南）	武冈军	本邵州莳竹县地。熙宁九年（1076）废，崇宁九年（1110）复。绍兴十一年（1141），移治武阳砦（今湖南绥宁县东北），二十五年，还旧。后废临冈来入。		
52	临冈（治今湖南县东北）	武冈军	元丰四年（1081），以溪洞徽州为县，隶邵州。八年（1085）建临口砦。崇宁五年（1106）改砦为县，隶武冈军。		
53	新宁（治今湖南新宁县东东北）	武冈军	绍兴二十五年（1155），于水头江北立今县。		
54	新化县（治今湖南新化县）	邵州	熙宁五年（1072）收复梅山，以其地置县。		

注：1.《宋史·地理志》与《太平寰宇记》记载略同者，未入。
2. 所列县以宋末仍然存在的为准。

五代时期，江南西道新置 19 县中，有 16 个位于东部亚区，西部 3 县，嘉鱼、永安和通山都集中分布在鄂州一隅，荆湖南路则没有增置县邑

73

的记录①。若以宋代政区论，通山县属江南西路的兴国军，则鄂州仅有嘉鱼、永安两县新置。这种分布足以说明五代时期，江南西道内部发展的差异，即东部亚区的发展水平要高于西部亚区。又五代时期新置诸县基本为赵宋继承，说明这些县邑的最初设置，并非分裂政权的临时措置，而确实是经济发展客观的需要，特别是大量的县邑本由场升置，更能证明这一点。

二 宋代新增县邑

北宋灭南唐之后，首先增强对鄱阳湖航道出入的控制力。太平兴国三年（978）建星子县。星子在庐山南麓，五代吴杨溥大和年间（929—935）立星子镇，隶江州浔阳县。南唐中主保大年间，浔阳改名德化，星子镇属德化辖境。曹翰屠江州，宋军战湖口，几年间激烈的军事斗争，近在咫尺的星子镇，遭到了较大的破坏。在战争创伤尚未痊愈之时，掌星子镇市征的孔宜上奏说："星子当江湖之会，商贾所集，请建为军"，宋廷遂"诏以为县，就命宜知县事，后以为南康军"。②

分宜县，雍熙元年（984）八月由安仁镇升为县。该镇原属宜春县辖，由于"地大人众""壤沃利厚"，于是"析宜春神龙等十一乡，置分宜县以便民欲，当宜春、新喻两县界之中也"。③

永丰县，至和元年（1054）十月以报恩镇为中心建县。该地原属吉水县，由于生产开发迅速，遂分建新县。首任知县段缝在《建县记》中写道："至和元年十月一日有诏，以吉州吉水县五乡书社之民，三万有五千家为永丰县，以昔之报恩镇为治所。按吉水之为邑，自太平兴国至至和初，尤为诸邑剧，丁粮之繁，赋输之夥，疆理之充斥，讼诉之纷纭，为州与县者常病之。兹者特请于朝，得有是诏。"④ 从太平兴国（976—984）

---

① 对五代和宋时期县邑的考察，采取与唐代新增县邑类似的原则，即以其能否稳定存在为前提。五代时所置县，五代末或宋初即废并的，不在考察范围之内。
② 《宋史》卷四三一《孔宜传》，中华书局1977年点校本，第12814页。星子镇建县时间，依（宋）李焘：《续资治通鉴长编》卷一九"太平兴国三年十月"："司农寺丞孔宜知星子县回"，则可能还在三年以前，中华书局1995年点校本，第435页。
③ （宋）乐史：（宋本）《太平寰宇记》卷一〇九《江南西道七》，中华书局2000年影印本，第166页上栏。
④ 光绪《江西通志》卷六八《建置·廨宇二》，《续修四库全书》，上海古籍出版社1995年影印本，第657册，第588页下栏。

第三章　江南西道城市的发展

至至和初年只有70多年，在这期间吉水县的生产开发比别的县快，人丁多，田地广，赋税量激增；因土地问题引起的争端频繁出现。这些现象都是土地充分垦辟而土地所有权转移加速的反映。为方便管理，更有效地征收到大量的赋税，宋廷便析建新县。

吉州万安县，位于赣州至吉州之间，在赣江航道的"十八石滩"险段的北部。赣江"北流一百八十里至万安县界。由万安而上，为滩十有八，怪石如精铁，突兀廉厉，错崿波面。自赣水而上，信丰、宁都俱有石碛，险阻视十八滩，故俚俗以为上下三百里赣石"[1]。赣水至此平缓安流，滩石已过，航行更趋安全；反向而行，开始进入石滩危境，只有雇请熟悉滩石航道的当地船工才能航行。由于漕运的繁忙，南来北往船舶众多，该地的重要性日益显著。南唐开始设立万安镇，至北宋熙宁四年（1071）升镇为县。

广昌县和新城县，在赣东武夷山西面，地属盱江上游，界连福建，较为偏远，发展较晚。经过北宋一个多世纪的开发，到南宋初年，经济水平才显著提高。绍兴八年（1138）建县，"有司奏以人口繁夥，疆界阔远，难于抚宇，请以南丰析置一县"[2]，遂分南丰县南半部3个乡立广昌县，分南城县上五乡就黎滩镇立新城县。人口繁多的盛况，可以从唐宋两次户口统计数中看出。唐天宝元年（742）抚州有户3万余。南唐以抚州的南城县为建武军，宋改称建昌军，又割抚州之南丰县为属县。所以宋代的抚州和建昌军等于唐代抚州的地域。崇宁元年（1102）抚州有户16.1万余，建昌军有户11.2万余，合计27.3万，是唐天宝户数的9倍。人口增加的趋势持续发展到南宋，建昌军竟有主客户40万余！宋人陈孔林在《新城县署记》中写道：

> 建昌居江西上游，本抚州南城县治，太平兴国二年始改赐今额治。南城、南丰二大县，地方绵亘数百里，户主客余四十万。东控引闽粤、南当汀虔要道。……其细民则未免健讼喜争，租赋不时，盗贼继作。前此令于两邑者，质明视事，夜分乃罢，尚或不给，继以病去

---

[1] （宋）司马光：《资治通鉴》卷一六四"梁简文帝大宝二年"胡注，中华书局1956年点校本，第5069页。
[2] 同治《广昌县志》卷一《沿革志》，国家图书馆藏同治六年（1876）刻本，第1册，第1页。

时，岂特细民之罪耶？……闻之父老，自崇宁迄宣和，郡守部使者论列于朝，用唐武德故事，分地建邑，屡寝不报。上即位十有三载，知军事汪公待举，视民犹己，毅然自任，条析利害，益加详切。于是，安抚使李公纲、转运使逢公汝霖、徐公霖，合词奏请。上侧然许之，命有司分南城县上五乡，就黎滩镇建新城县。①

所称"唐武德故事"，指唐武德年间，从南城县分析建立东兴、永城二县，仅得两年，又废并入南城。"唐武德故事"是当时建县条件不成熟的反映。到北宋后期，情况发生了改变，南城、南丰二县的官员夜以继日地处理公务，仍难以完成，以至于累病了。因此，从宋徽宗时开始，地方官员便一再要求增建新县。李纲等封疆大吏认为"南城、南丰两县繁剧为最，非各添一县，则难于督租赋，息盗贼"。从此以后，广昌、新城一直存在，虽采用了武德分县措施，却没有重蹈"唐武德故事"。

与五代时类似，宋代江南西道亦有大量县由场升置而来，如抚州金溪（治今江西金溪县）、兴国军的大冶（治今湖北大冶市）、衡州安仁（治今湖南安仁县）、永州东安等。此外，由镇升县的例子也较多，如广德军建平（治今安徽朗溪）、洪州进贤（治今江西进贤县）、赣州会昌（治今江西会昌县）、吉州万安县（治今江西万安县）、鄂州通城（治今湖北通城县）等皆是。

宋代江南西道共置县35个，其中东部亚区17个，西部18个，东西部略为相当，这与五代时新增县邑主要分布于东部亚区不同。宋代东部亚区县邑增置的势头仍然很劲，说明该地区经济持续发展；西部亚区则后来居上，同样开始大量增置县邑，说明宋代该地区的发展较为迅速。宋代所增县邑的分布，也与唐代新增县邑集中分布在东北一隅和南部山区不同，这35个县邑的分布较为均匀。宣、歙地区仅新增2县，说明该地区县邑数量已日趋饱和，该地区的开发已相当深入，五岭北麓地区同样存在这种现象。相反，资水和沅水流域则增置了5县，反映出该地区比唐代有了进一步开发。

---

① 雍正《江西通志》卷一二四《艺文》，《文渊阁四库全书》，台北商务印书馆1986年影印本，第517册，第47页。

第三章 江南西道城市的发展

第三节 唐宋县邑增置的原因

综合以上对唐五代至宋州县,特别是县邑增置及改置的分析,可将该地区州县增置及变动的原因归纳为以下几点。

(一)军事控守。军事守控多在形胜之地,例如唐代信州永丰、上饶等县的设置,甚至信州之设也是出于"关防襟带"的原因。上饶后来取代永丰成为信州治所所在,与上饶优越的地理位置,便于军事控守有关。军事控守最典型的例子,莫过于唐代宣、歙二州地区,多数县邑,史书一再明言是为了止"盗贼"而新设。又抚州南丰县"田地丰饶,川谷重深,时多剽劫,乃复置南丰县"①。乐平之设也是由于其地山势险峻,尝招致"歙寇程海亮剽掠"。军事控守往往成为县邑增置的最直接原因。

(二)交通区位。在现代地理学中,认为交通区位对城市发展有着决定性的影响,这一点在中国古代就已经被统治者重视,隋炀帝大业九年(613)规定:"诏郡县城去道过五里已上者,徙就之。"② 唐宋时期也是如此,新设的州县,除少数因矿冶场升置外,绝大多数位于濒河、濒江地带,道路交通十分便利。还有一些州县由于远离交通线,或者只是不在主要交通线,就被废弃或者改置。有些远离交通线的州县,即使没有被废弃,也被移置到交通线上,如"湘潭县,天宝八载(749)八月三十日,移于路口置"。③

(三)管理效率。合理的行政区划结构,一方面可以保证中央对地方的控制,使得地方的财力、物力能有效地集中到中央;另一方面也使得地方管理的效率最优化,减少不必要的人力、物力的浪费。前面对唐宋时期江南西道县邑的增加的分析,多次出现因距离州治过远,要求就近立县的例子,如信丰安远县、洪州分宁县的设置都是"趋县道远,输赋不便",甚至出现"每有赋徭,动逾星岁"的现象,就近设县后无疑可以大大提高行政管理效率。

(四)经济因素。县邑增置的诸种因素中,地理可以说是一种先决条

---

① (宋)乐史:(宋本)《太平寰宇记》卷一一〇《江南西道八》,中华书局 2000 年影印本,第 177 页下栏。
② 《隋书》卷四《炀帝纪下》,中华书局 1973 年点校本,第 85 页。
③ (宋)王溥:《唐会要》卷七一《州县改置》下,中华书局 1955 年版,第 1275 页。

件，道里的远近及关河的形便对于县邑的选址及区域分布影响重大。其他原因，例如为防"盗贼"而增设县邑，应是县邑增加最直接的原因。但从根本上来讲，县邑增置的基本前提，应是该地区人口增加、社会经济发展的客观需要。唐宋南方地区的经济不断发展，人口逐渐增多，为了加强管理、便于收取赋税，就需要增设州县。原有的矿冶工场，政府曾设场以辖，但随着经济实力的上升，便有可能升为县。同样，无论是军事性质的还是商业性质的镇，五代至宋也开始大量升为县。经济史专家对这一方面已经给予足够的重视和研究，本书无意再重复论述，仅以统县政区为限，举洪州一例进行分析。

唐代于洪州辖境内增设新吴、武宁及分宁三县，正是社会经济发展、人口猛增的结果。由于"当闽越奥区，扼江关重阻"，"安史之乱""十年之间为巨防"之地，然而这里却"既完且富，行者如归"。[①] "开元（713—741）户五万五千四百五，乡九十四；元和（806—820）户九万一千一百二十九，乡一百一十"[②]，元和比开元增加16乡35724户。又隋朝豫章郡"户一万二千二十一"[③]，唐元和间的户数增加了79108户，增长近7倍。隋时该地设4县，唐初武德间虽在这一地区设立过13县，但过了几年又废除了9县，仅剩下4县。对于增加如此之快的户口，原有4县自然难以统制，于是从永淳二年（683）到贞元十五年（799）接连从建昌析置新吴、武宁二县，又从武宁割置分宁县，说明建昌人口过多，需要分而治之。人口的增加促进了经济的发展，前引文言洪州在安史之乱后，"既完且富"，又分宁"豪富物产充之"，从辖"二十乡"的武宁析"八乡"便可自成一县都能够证明。唐后期于洪州辖境内增设新吴、武宁及分宁三县，正是社会经济发展、人口猛增的结果。

唐代宣、歙二州共增置9县，是江南西道增设县邑最多的地区。虽然9县多是为了镇压叛乱而设，但宣、歙二州商品经济的繁荣，势必成为盗贼掠夺的目标，可见二州县邑的增加实与经济的发展有巨大关系。

此外，也有个别因为户口稀少而被省并的县邑，如大历县于大历二年

---

① （唐）于邵：《送王司议季友赴洪州序》，（宋）李昉《文苑英华》卷七二四，中华书局1966年影印本，第3751页上栏。

② （唐）李吉甫：《元和郡县图志》卷二八《江南道四》，中华书局1983年点校本，第669页。

③ 《隋书》卷三一《地理志下》，中华书局1973年点校本，第880页。

(767) 析延唐置县后,户口逐渐稀少,至北宋"乾德二年(964),荆湖转运使张永锡奏以户口少,其大历县、春陵场割入延唐县"①,但这毕竟不是普遍现象。进之,江南西道西北部的资、沅、澧三水流域,在唐代甚至没有新增县邑的记录,反映出这一地区仍然有待于开发的事实。

第四节　旧城拓展的个案分析

唐宋600多年间,江南西道虽然没有出现"扬一益二"那样在全国地位极高的城市,而且,即便在江南西道内部也一直没有出现一个地位极高、可以控引全区的区域中心城市。通常的状况是,东、西两个亚区各有一个区域中心城市,即洪州(治今江西南昌市)和长沙(治今湖南长沙市)。以这两个城市为中心,沿着河流,主要是沿赣、湘二水干流还大量分布着更小的区域中心城市。它们是当时江南西道的大都会或重要的商品交换市场,随着生产与交换的发展,这些城市的面貌在唐宋时期发生了巨大的变化,主要表现在城市人口不断增加,城池得到扩筑,城市内部结构变化等方面。长沙及其北面的岳阳,南昌及其上游的赣州分别是湘江、赣江流域中地位较高的区域中心城市。唐宋600多年间,是这四个城市发展史上非常重要的阶段,下面对长沙、岳阳、南昌及赣州四个古城进行个案分析,以期从旧有城市的变化中反映出唐宋江南西道的发展。

一　长沙城

长沙早在先秦时期就已成为楚国的重镇,秦统一六国后,于此地设长沙郡,长沙为郡治。西汉实行郡国并行制,长沙汉时称临湘,是长沙国的都城所在。东汉时长沙国除,重新设置为长沙郡。魏晋南北朝时期,此地非为湘州即为荆州。隋朝时改长沙为潭州,李唐承袭,隶江南西道。安史之乱以后,开始成为湖南观察使理所,至五代割据,马殷据此建立了楚国,潭州成为割据政权的国都,给长沙城的发展打下深深的烙印。随着宋平湖南,潭州重新恢复其作为地方中心城市的身份,成为荆湖南路的治所。明初曾短暂地恢复潭州的名称,洪武五年(1372)又恢复长沙一名

---

① (宋)乐史:(宋本)《太平寰宇记》卷一一六《江南西道一四》,中华书局2000年影印本,第206页上栏。春陵场待考。

并沿用至今。

  现在的研究通常认为，唐潭州城的四至为：西至今大、小西门附近，南至今南门口，东至今小吴门、浏阳门一带，而北约在司马桥、戥子桥、活元桥东西一线，今之六堆子可能为隋唐城之北门（长乐门）遗址。和明清长沙府城相比，其主要区别只是在潭州城北墙更靠南[①]。对潭州城范围尤其是北城墙的这种判断，是有一定依据的。同治《长沙县志》云："临湘新治，南北朝宋所徙，本在城外，隋唐时包入城中。"[②] 可见，较之汉晋临湘城，唐潭州城的规模有所拓展，至少在北面有所拓展。又《元和郡县图志》记吴芮墓在城北四里[③]，而明清时期，吴芮墓就在北门外，可见唐潭州城的北城墙大概在明清长沙府北城墙南四里处。以此推算，潭州城北墙正在潮宗门、司马桥和戥子桥一线，而位于这一线的四堆子、五堆子、六堆子等名称及其隆起于地表的形态，极有可能就是城墙与城门留下的遗迹。而南正街也很有可能就是潭州城的中轴线，只是北段被明王府打破了。

  但除了北墙与明清城墙不合之外，其他三面是否一如明清城墙呢？可能不是这样。在明清府城图上，明显可以看出，城墙在浏阳门一带，明显向东呈弧形凸出，从而造成了城市的不规整形状。众所周知，唐代的城市是坊巷制城市，在地形平坦的情况下，它会充分地维持一个规整的形状，而长沙城正是建城在河边的阶地上，并无凸出的山冈迫使城墙弯曲，所以在这种情况下，潭州城的东墙应是从小吴门径直南下，而不可能绕道浏阳门而成弧状凸出。如果结合宋代城市发展的状况看，应更能肯定这一结论。

  五代十国时，潭州城成为马楚的都城。顾祖禹有言：

> 志云：府城西为碧湘门；城东为济川门；城南为临湘门；又有清泰门，城西北门也；长乐门，城北门也；醴陵门，城东门也；浏阳门，城东北门也。五代汉乾祐末，楚马希萼以朗州兵袭攻长沙，马希

[①] 温福钰：《长沙》，中国建筑工业出版社1989年版，第30页。
[②] 同治《长沙县志》卷三《城池》，北京大学图书馆藏同治十年（1871）刻本，第1册，第5页。
[③] （唐）李吉甫：《元和郡县图志》卷二九《江南道五》，中华书局1983年点校本，第703页。

第三章 江南西道城市的发展

广将吴宏出清泰门，杨涤出长乐门，与朗兵战。希萼所招蛮兵自城东纵火，潭州大将许可琼以军降，城遂陷，别将李彦温自驼口还救，攻清泰门，不克，乃奔降南唐。周广顺初，南唐将边镐取长沙，入城，舍于浏阳门楼。二年，王逵等自朗州引军攻潭州，唐武安帅边镐弃城走，吏民俱溃，醴陵门桥折，死者万余人。①

作为都城的潭州城有多大，具体没有记载②，但潭州城出现了与以前不同的面貌则是明显的，最主要的就是在城郊出现了众多的离宫别馆。如"九龙殿，在德润门外，马希范建。刻沉香为八龙，饰以金宝，抱柱相向。希范居中自为一龙，襆头脚长丈余，以象龙角"；"流杯池，在府城内西北，五代马希范凿为上巳袚禊地"；"文昭园，在府小西门外，马殷建，今废"③，此外还有建在南门外的碧湘宫等④。

历代地方志对宋代长沙城池的修建情况或语焉不详，或只字不载，实际上，宋代是长沙城市发展史上极为重要的时期，这一时期不仅修筑了城池，而且一举奠定了明清长沙城的基本面貌。马楚被灭以后，潭州城也遭到严重破坏，因此在广顺三年（953），后周武平军兵马留后刘言上奏："潭州干戈之后，焚烧殆尽，乞移使府于武陵"，帝从之，"诏升朗州为大都督府，在潭州之上"⑤。南宋高宗绍兴三年（1133）六月癸丑，"赐潭州度僧牒二百，为修城之用。潭州自为敌所破，城壁皆坏，李纲以为汗漫难守，请截三分之一，未及成而纲去。至是，安抚使折彦质言于朝，诏监司相度，其后诸司言'潭州城围二十二里九步，西临大江，东南两壁并依山势，不可裁损。惟北壁地皆荒闲，欲截去城地七里半。新城围计十四里

---

① （清）顾祖禹：《读史方舆纪要》卷八〇《湖广六》，中华书局2005年点校本，第3748页。

② 按五代时潭州城的规模可能相当大，因为下文中宋人提到潭州城有二十余里的规模，后来缩为十四里半。这二十余里的大城极有可能是沿用五代楚国都城旧址。

③ 乾隆《长沙府志》卷十二《古迹》，中国地方志丛书，台北成文出版有限公司1976年影印本，第1册，第258页上栏、第259页下栏。又（清）吴任臣：《十国春秋》卷六十八《文昭王世家》："作九龙殿，刻沉香为八龙，饰以金宝，各长百尺，抱柱相向，作趋捧之势，己居其中，自言身一龙也。制襆头脚长许尺，以象龙角。向晨将御殿，先焚香龙腹中，烟气郁然而出，若口吐焉"，中华书局1983年点校本，第955、956页。

④ （宋）司马光：《资治通鉴》卷二八七，"后汉高祖天福十二年"胡注："今潭州西北出有碧湘门，马氏盖立宫于是门之侧"，中华书局1956年点校本，第9375页。

⑤ 《旧五代史》卷一一二《周太祖纪三》，中华书局1976年点校本，第1487页。

半有奇'。奏可。后亦不克成"。① 到光宗绍熙三年（1192）冬十月丙午，"修潭州城"②，终于形成了和后世明清府城差不多的规模。而浏阳门段城墙向东呈弧状凸出应该也是这次筑城的成果。因为宋朝曾将学宫建在定王岗，并一度将附郭县治迁于此，结果慢慢在此地形成了密集的建筑区，后来在修城之时，便将这一片建筑包在城内，而形成了城墙向东凸出的形状。宋末，出于政治和军事的需要，对潭州城的修筑也十分重视。如曾任荆湖南路安抚使兼知潭州的李曾伯就曾上奏云："保湘之计，它郡未暇论，惟有浚筑长沙城池之策。无事亦可为国立藩屏，有邻急则可与民护室家。事虽未必至此，然江湖之间得此一城中立，首尾联络，纵有缓急，亦可使敌有后顾，不敢长驱前者。"因此他提出"潭城周围逾二十五里，城当加之帮筑，池当浚之阔深"③。

长沙的地理优势在两千多年的历史中得到了充分的发挥，顾祖禹结合明以前历代对长沙战略价值的认识，进一步展开了分析和总结：

（长沙）府南距五岭，北界重湖，内抚蛮猺，外控黔粤……杜佑曰："湘州之奥，人丰土辟，南通岭峤，唇齿荆雍。"是也。乾宁初，刘建锋以乌合之众，袭取潭州。马殷继起，遂霸有湖南，兼收岭外。王逵、周行逢之属，因其余绪，亦专据一隅，传十余祀。宋平湖南，置荆湖南路于此。刘攽云：长沙左纳夏汭，右抗荆门，控百粤而包九疑，形势与荆州相颉颃，故尝为湖南之都会。吕和叔亦云："湘中七郡，弹压上游，左振牂蛮，右驰瓯越，控交、广之户牖，拟吴、蜀之咽喉，翼张四隅，襟束万里。"皆实录也。……王应麟云："长沙，湖南襟要也，指顾伸缩，皆足有为。"是故南出则连、韶之项背可拊，东顾则章、贡之肘腋可抉，西下则黔、夔之咽喉可塞也。争南服者不得长沙，无以成席卷之势，若拮据于滇、黔、岭峤之间而不得长沙，虽欲执橐犍于中原，马首且安托哉！④

---

① （宋）李心传：《建炎以来系年要录》卷六六"绍兴三年六月癸丑"，中华书局1956年版，第1124页。
② 《宋史》卷三六《光宗本纪》，中华书局1977年点校本，第704页。
③ （宋）李曾伯：《同洪漕乞修潭州城奏》，《可斋杂稿续稿》后卷五，《文渊阁四库全书》，台北商务印书馆1986年影印本，第1179册，第640页。
④ （清）顾祖禹：《读史方舆纪要》卷八〇《湖广六》，中华书局2005年点校本，第3746—3747页。

第三章 江南西道城市的发展

二 岳阳城

岳阳地处洞庭湖与长江汇合处，此地号称"三江口"①，地理位置十分重要。从宏观地理上看，岳阳是一个南来北往、东西贯通的水运交通枢纽。长江横亘其北，溯江而上，可抵巴蜀；顺江而下，可达吴越；往北即为长江天险，越过长江，问鼎中原，其势逼人；往南，入洞庭，逆湘、资、沅、澧四水而上，不仅可深入湖南内部，还可以远达西南与岭南之地。因此，岳阳历来为兵家必争之地，尤其是三国魏晋以来，战争频仍，因此顾祖禹总结其兵要位置时说："府襄山带江，处百越、巴蜀、荆襄之会，全楚之腰膂也。……《岳阳志》曰：'四渎长江为长，五湖洞庭为宗，江湖之胜，巴陵兼有之，故其形势最重'云。"②

众多的湖泊和港湾使陆地变得破碎，岳阳半岛仅通过中部与东部丘陵地带相连。丘陵冈岭由东向西直尽湖滨，仅在滨湖地带留下一小块狭长的滨湖平原，南北长约8里，东西最宽处不到4里，其东缘由北至南弧形排列着九华山、炮台山、东茅岭、金鹗山等冈丘。这块由冈丘包围的滨湖小平原便是岳阳城市发展的地理基础。岳阳地理位置的险要全在于长江与洞庭湖，因此长江与洞庭湖的演变对岳阳城市的形成与发展也具有很大的影响力。

关于唐、宋岳阳城的资料主要来自《元和郡县图志》和《岳阳风土记》。

《元和郡县图志》："巴陵城，对三江口。岷江为西江，澧江为中江，湘江为南江。"③又据《岳阳风土记》，可得以下相关地物信息，先是城池，"巴陵郡，城跨冈岭，滨阻三江。盖巴陵对长洲，其洲南分湖浦，东北届大江，故曰三江也。三水所会，亦或谓之三江口，夹洲列关，亦谓之巴陵关。……岳阳井邑，旧皆濒江。郡城西数百步，屡年湖水漱啮。今去城数十步即江岸。父老相传，今江心，旧阛阓也。濒江沙碛地尚有税绢甚

---

① （清）杨守敬：《水经注疏》卷三八，江苏古籍出版社1989年点校本，第3册，第3164页。

② （清）顾祖禹：《读史方舆纪要》卷七七《湖广三》，中华书局2005年点校本，第3628页。巴陵即岳阳，治今湖南岳阳市。

③ （唐）李吉甫：《元和郡县图志》卷二七《江南道三》，中华书局1983年点校本，第657页。

重，云祖来宅税，今不曾除改。北津旧去城角数百步，今逼近石嘴，盖荆江日漱而南，湘江日漱而东也。……岳阳楼旧岸有港名驼鹤港，商人泊船于此地，胜千石载。今已湮没如平陆，不复通舟。尾通君山后湖。……楚泽门、碧湘门，旧瓮城门也。楚泽门经火，不复完治，今但有遗址。……南楼阳公台，皆见岳阳诗咏，今并无遗迹可践，或云楚泽门旧南楼也，今废。孟浩然洞庭诗有'波撼岳阳城'，盖城据湖东北。湖面百里，常多西南风，夏秋水涨，涛声喧如万鼓，昼夜不息，漱啮城岸，岁常倾颓。滕子京待制欲为偃虹堤以捍之，计成而滕移郡，后遂不果"，重要的遗迹则有"鲁将军庙，在会泉门外，乃鲁肃庙也。孙权使肃守巴丘，后人祀之。刘备既与肃画湘为界，遂筑地乌沙镇对垒，在州北六十里，俗谓之'金门刘备城'。……龙兴观，故基在太平寺东。旧有西阁，为登览之胜……江路两山间，林木邃密，故基存焉，天禧中赐名天庆，昔时观名因而泯没。……太平寺，旧传为屈原宅，盖屈原被逐寓此。广教寺，后唐永安寺，旧为圣善寺故基。昔吕云卿遇江叟于圣善寺，吹笛召洞庭诸龙，即其地也。金鸡白石，在船场旧步，有金鸡翔其上。剪刀池，在郡城东北隅，或云池中有鼎，耳高数尺，其中容人往来，上有识文，善泅者常见之"[①]。

由以上材料可知，唐、宋时期巴陵城依然"对三江口"，"城跨冈岭，滨阻三江"，与以前相比没有多大变化，但城池的修缮还是有的，光绪《巴陵县志》载："旧志巴邱故城即今府治，唐天宝间裴元赞重加版筑。"[②] 经过这次修筑，城市的规模如何现在已无从得知，当为宋所沿用，且这一规模也不会太大，极有可能与明清的规模相当。自唐以来，洞庭湖已成为浩渺大湖，它不断地将原有陆地变成泽国，但这种侵夺主要发生在湖西岸，湖水对东岸的侵蚀还是比较少。所以在这种情况下，岳阳城不可能向西拓展，应该也不会有多少退缩，因为岳阳楼作为一个地标，其位置没有什么变化。又《岳阳风土记》云剪刀池在郡城东北隅，这一格局直到明清没有改变，可见唐宋岳阳城北部范围应与明清同。唐宋城至少有四门，即楚泽门、碧湘门、会泉门和岳阳门，各门均筑有瓮城。

洞庭湖的扩大对岳州城的影响还是很大的，一是迫使西墙内缩，前引

---

① （宋）范致明：《岳阳风土记》，中国地方志丛书，台北成文出版有限公司1976年影印本，第1册，第4—16页。

② 光绪《巴陵县志》卷八《建置志·城池》，《中国地方志集成·湖南府县志辑》，江苏古籍出版社2002年影印本，第1册，第505页下栏、第506页上栏。

宋《岳阳风土记》："岳阳井邑，旧皆濒江。郡城西数百步，屡年湖水漱啮。今去城数十步即江岸，父老相传，今江心，旧阛阓也。濒江沙碛地尚有税绢甚重，云祖来宅税，今不曾除改。北津旧去城角数百步，今逼近石嘴，盖荆江日漱而南，湘江日漱而东也。"二是使岳州的港口发生位移。"岳阳楼旧岸有港名驼鹤港，商人泊船于此地，胜千石载。今已湮没如平陆，不复通舟。"宋代，北津和南津的重要性日益凸显，北津成为长江中下游七个著名的津渡之一，既是军事要地，也是过往舟船停泊之地，商业理应比较繁荣，宋人王十朋《初欲维舟岳阳楼下适风作遂泊南津》诗可证："岳阳城下风波恶，过客舟船不容泊。遥从湖口入南津，看尽湖山与城郭。"①

三　南昌城

南昌位于赣江下游，鄱阳湖的西南岸，负江临湖。地处北纬28°、东经116°一带，居鄱阳湖平原中部，土地肥沃，气候湿润。城区以北是赣江注入鄱阳湖的尾闾地区，江流分岔，港汊密布。西北部有绵延近百公里的西山。东郊是富有鱼稻之饶的赣抚平原。南昌城区平均海拔25米左右，地势平坦。城东有青山湖、贤士湖；老城区内有东、西、北"三湖"。郊外渡口、驿站众多，由于常年泥沙冲积，环城形成了很多洲地，如官洲、潮玉洲（黄牛洲）、打搅洲、新填洲等。南昌的形势，唐代诗人王勃在《滕王阁序》中说："南昌故郡，洪都新府。星分翼轸，地接衡庐。襟三江而带五湖，控蛮荆而引瓯越。"② 由于优越的自然地理区位，南昌很早就成为赣江流域内的区域中心城市。

隋开皇九年（589），废豫章郡，置洪州。从出土文物可知，唐代洪州城开始用青砖砌建。武则天垂拱元年（685），洪州都督李景泰扩筑洪州城，全城计有城门八个，门上题额均为当时书法家、吏部侍郎徐浩所书。城东的太湖，很有可能就是在这次的扩建中变成了内湖。德宗十四年（798），再次改造并加高扩大城门。宪宗元和三年（808），韦丹出任洪都观察使，"增广阔二十一里，辟门十六"，比灌婴城扩大了一倍有余，副

---

① （宋）王十朋：《初欲维舟岳阳楼下适风作遂泊南津》，《梅溪集后集》卷十五，《摛藻堂四库全书荟要》，台湾世界书局1985年影印本，第395册，第422页上栏。

② （唐）王勃：《秋日登洪府滕王阁饯别序》，《全唐文》卷一八一，中华书局1983年影印本，第2册，第1846页上栏。

使符载在竣工后，赋《新广双城门颂》曰："严城朝旦日瞳瞳，高开四门车马通。"①韦丹在城内"督置南北市，为营以舍军。岁中旱，募人就功，厚与值，给其食。为衢南北夹两营，东西七里。以废仓为新厩，马息不死"②，可见此时洪州城的基本布局为：城市中央有一条纵贯南北的主干道，干道两旁除民居外，还布有军营；城内南北设有商品交易的场所"市"。

洪州城内的东湖水患，过去虽曾整治，但唐时仍很严重，韦丹组织民力浚湖，并在水关桥置内外闸，湖内水满则开内、外闸，放水出江；江、湖里水满，则闭外闸，使章水不得入内，然后能过内引湖出濠沟，东归于蚬子湖和艾溪湖，再入鄱阳湖。"筑堤捍江，长十二里，窦以疏涨"，当时俗称"韦公堤"，还在东湖两岸遍植垂柳，以固堤岸，名万柳堤，又名万金堤。韦丹还"为陂塘五百九十八所，灌田万二千顷"③。

此外，在城东南城墙上建有敌楼。贞元十四年（789）观察使李巽修缮一新，曾作为避暑楼，每逢夏日，常与官僚士大夫宴会于此。东湖的西城上，建有望江亭。东湖边上建有涵虚亭。城北龙沙冈上筑有龙沙亭。

宋代的洪州城在唐代的基础上又继续扩大近一倍，周围达到31里。今青山路口以至贤士湖一带都属城内的范围。大城之中又建有子城（内城，又称为瓮城或月城），旧城城址在今子固路一带。

城门共设十六门，南有抚州门，向西转过去有宫步门、寺步门、柴（桥）步门、井步门、章江门、仓步门、观步门、洪乔门、广恩门、北廊门十一门，这十一座城门都滨临赣江。由此向东转就是望云门、广丰门、故丰门、坛头门和琉璃门等。宋太宗淳化元年（990）秋七月，江水猛涨，毁坏城廊达三十处之多，淹没民舍两千余户。至仁宗时，知州赵㮣看到"州城西南薄章江，有泛溢之虞"，于是"作石堤二百丈，高五丈，以障其冲，水不为患"④。这是南昌城建史上用石筑砌江堤的开始。此外，同唐代城一样，在城墙外的东、南、北三面有城濠环绕。为了防止"东湖水溢"，宋代还多次对东湖东北角上"东折出城"的豫章沟，进行了多

---

① （唐）符载：《新广双城门颂》，（宋）李昉：《文苑英华》卷七七八，中华书局1966年影印本，第4105页上栏。
② 《新唐书》卷一九七《韦丹传》，中华书局1975年点校本，第5630页。
③ 同上。
④ 《宋史》卷三一八《赵㮣传》，中华书局1977年点校本，第10364页。

次修浚，成为唐宋以来洪州城内主要排水通道。

南宋绍兴六年（1136），李纲帅洪州时，见洪州城池北面阔远，城内十分荒凉，城外一带尽是涨沙，有时高出城墙，站在沙阜上可以俯瞰全城，对防守极为不利，于是决定截去北隅一角，将城移进三里许，废掉北廓、故丰、广丰和望云四门，只剩十二门。

宋代洪州城之大，可由历代南昌城门的数量的比较中看出。而且，宋代形成的南昌城的格局，为后来的元明清所继承。

四 赣州城

赣州处于赣州盆地的中心，又与广东南雄盆地连成一线。章水与贡水在赣州城下汇合，城东、西、北三面环水，城内西北有田螺岭、百家岭等小山和台地，地势较高，而东北、东边和东南边较低平，以横贯城内东西的今红旗大道的中段为高，海拔120—125米，四周地面较低，一般在海拔100—106米，沿江地面有的仅为海拔97米，全城呈中间高、四周低的龟背形。

赣州现存古城建于宋代，沿江三面至今仍保存完好，这与赣州城附近水患严重有关。根据水文资料，赣州章江28年中有26年最高水位超过洪水警戒水位（99.00米），贡江28年中有25年最高水位超过洪水警戒水位（97.50米）。在洪水季节，河水高出城市地面数米，因此，赣州城除具备军事防御的作用之外，另一个积极的作用便是防洪，这也成为赣州古城能够保存到今天的重要原因之一[①]。赣州城既然面临水患，缘何历代城址都在这一地区活动呢？

赣州城址位于赣、贡水汇流处，贡水的重要支流桃江也在赣州以上不远处汇入贡水，因而赣州水运交通便利。由赣州南下过大庾岭可抵岭南，沿贡水可进入闽越。赣州城又处在赣州平原的东北一隅，赣江西北行，进入两山夹峙的山间谷地。赣州在这里选址，既可把水道控扼住，又守住了山口，军事地位非常重要。赣州城三面环水，易守难攻，对于城池的防守十分有利。

赣州城虽然选址于章、贡二水交汇处，三面环水，似乎不利于拓展，

---

① 吴庆洲、李海根：《中国城市建设史的活教材——历史文化名城赣州》，《古建园林技术》1995年第2期，第54页。

但实际上，赣州城南有大片平地可作城市拓展之用。赣州城市的拓展史，实际上就是不断往南进行拓展的历史。

唐以前的赣州城，一直是作为岭北的一座军事重镇扼守在赣江交通线上，城区位于宋代赣州城的北部，面积仅为宋城面积的三分之一。根据有关的史料分析及实地调查，唐城的北墙及西墙的一部分与宋代城墙相重合。唐城西墙的南段，位于今文清路以西一线。唐城的南墙，在今大公路的北侧的一线。1993年，在大公路中段的南侧，出土了一座网钱纹花纹专南朝墓，按照常规墓葬应在城区之外。唐城的东墙，地方志书有部分记载，大致是沿百家岭、凤凰台、标准钟、和平路一线，这一线以东，地势陡然下降，属贡江冲积河滩，为特大洪水淹没区。

唐城的最北端地势高亢，是历代衙署所在地，衙署坐北朝南，控制着整个城区。在衙署的前面，是由一条东西向的大道与一条南北向的大道相交所构成的十字街，东西向的大道从陆上连通了章、贡两江，而南北向的大道则由衙署直通南门，并将城区分为东、西两大部分。

五代卢光稠扩大城区，"始拓其南，凿址为隍，三面阻水"，并在南城墙上筑"拜将台"，进一步加强了防卫能力。[①] 宋代，随着社会经济的发展，赣州城成为东南地区重要的商业都市，赣州城市功能开始发生变化。从北宋开始，赣州城便有计划地进行大规模地城市建设。熙宁年间（1068—1077），太守孔宗翰因"城滨章、贡两江，岁为水啮"，于是"伐石为址，冶铁锢之，由是屹然"[②]，受到朝廷褒奖。后守梁继祖、赵善继、赵公偶、陈辉、高夔等相继加葺。绍兴二十四年（1154），增筑城垛，嘉定十七年（1208），于东、西、南三面修筑城壕。在城外章、贡二水与城内相通的东河、西河、南河上兴建了三大浮桥。

宋代赣州城的功能分区，明显是经过规划而形成。城北是官署和风景区，这里有州衙、县衙、八境台、郁孤台、花园塘等。城东沿贡江一带，是繁华的商业区，城墙外是港口码头、城墙上开有涌金门、建春门两大城门，城内是主要的商业街。城东南是宗教文化区，建有光孝寺、夜话亭、廉泉、慈云寺，舍利塔、大中祥符宫等。城市的南部因没有大江为天然屏

---

① 雍正《江西通志》卷六《城池》，《文渊阁四库全书》，台北商务印书馆1986年影印本，第513册，第244页下栏。

② 《宋史》卷二九七《孔宗翰传》，中华书局1977年点校本，第9886页。

障，所以是防御的重点，而军事设施多建于城南，这里有拜将台，带有双重瓮城的镇南门，辟有教场等。城市的中部主要是居民区，而西部止于西津门。城西滨临章江，成了盐运及官府专用码头的所在地。南宋咸淳十年（1274）文天祥任赣州知州时，描述了赣州城内外的风景：

　　晓色重帘卷，春声叠鼓催。长垣连草树，远水照楼台。八境烟浓淡，六街人往来。平安消息好，看到岭头梅。①

赣州城宋代的六条大街，其位置与走向一直未曾变动，历元、明、清、民国直至今日，一直都是赣州城的主干道，并构成了赣州城交通网络的主框架。

---

① （宋）文天祥：《石楼》，《文天祥全集》卷二，中国书店出版社1985年版，第35页。

第四章

江南西道交通格局的演变

总的来说，唐中期以后，开元江南西道得到析分，至宋代逐渐确立了"江西"与"湖南"的区域观念。"江西"远远小于开元江南西道，"江西"与"湖南"与当今江西、湖南二省也有所不同，分别指唐代的江南西道观察使、湖南观察使及宋代的江南西路、荆湖南路。唐代江南西道观察使的辖区，以赣水流域为核心，约当今江西省境；湖南观察使辖区，则主要包括湘、资二水流域。宋代的江南西路，较之唐代的江西道观察使，面积有所减小，北面的南康军，江、饶及信州等地，被划归江南东路；荆湖南路则基本上与唐代湖南观察使辖区相当。有关唐宋时期这两个地区的政区沿革，已经在第二章中交代，本章拟对唐宋江西、湖南的地域发展进程展开讨论。

在唐宋江西、湖南的地域发展进程中，值得关注的一个现象是，这两个地区因为具备得天独厚的自然地理条件成为南北交通大道，发挥着沟通南北的积极作用，特别是中央政府需要通过这两个地区控御岭南、收取贡赋等。这一作用反过来又促进了唐宋江西、湖南两个地区的发展。因此，本章选取交通这一重要的研究因子，通过对先秦以来湘、赣水道地位起伏的讨论，试图探究唐宋江南西道，主要是湘江、赣水流域地区的发展。

按交通是社会经济发展的前提条件，严耕望先生在《唐代交通图考》一书开篇便提出了这样的观点：

> 交通为空间发展之首要条件，盖无论政令推行，政情沟通，军事进退，经济开发，物资流通，与夫文化宗教之传播，民族感情之融和，国际关系之亲睦，皆受交通畅阻之影响，故交通发展为一切政治

第四章 江南西道交通格局的演变

经济文化发展之基础,交通建设亦居诸般建设之首位。①

严氏认为交通畅通与否,对一个国家的政治、经济、文化、民族关系及对外交流等各个方面都会产生重大影响,交通在社会发展的地位极为重要,甚至"为一切政治经济文化发展之基础"。正因为将交通在诸种人类活动中的地位如此之重,才有《唐代交通图考》一书的问世。

严耕望在《唐代交通图考》一书中,又总论中国古代黄河、长江之间的交通:

> 古代中国之疆域以黄河、长江两流域为主体,而中隔秦岭、伏牛、桐柏、大别诸山脉,使南北交通局限于东、西、中三主线。西线由关中越秦岭西段,循嘉陵江入巴蜀。东线由河淮平原踰淮水至长江下游之吴越;汴河既开,即以汴河河道为主线。中线由关中东南行,由河洛西南行,皆至宛(南阳)邓,再循白水流域,南下襄阳,复南循汉水至长江中游之荆楚。此南北交通之自然形势也。②

严氏认为长江、黄河流域之间的交通主要有三条主线,并认为这是"南北交通之自然形势"。这一观点高屋建瓴,为我们从宏观上把握纷繁复杂的中国古代交通指明了道路。按照这一思路,长江、珠江两流域之间的交通,则主要局限于两条主线:东线为今江西境内的赣江水道,西线则为今湖南境内的湘江水道。这两条水道,都位于唐江南西道辖境,自秦以来就成为统一王朝控制岭南地区的重要交通线。但在不同的历史时期,这两条道路的地位又互有消长,唐宋时期这种地位的变化最为剧烈。作为"一切政治经济文化发展之基础"的交通,在唐宋时期发生了剧烈变化,必然意味着唐宋江南西道,尤其是湘、赣二水流域地区发生了演变。

讨论南北通道的湘、赣流域交通,势必涉到"五岭"这个地理名词。由于学界对于历史上"五岭"及指具体所指存在着争议,本章先对这一历史地名进行考证,再在第二节展开对湘、赣流域交通的具体论述,并在

---

① 严耕望:《唐代交通图考·序言》,台北"中研院"史语所1985年版,第1页。
② 严耕望:《荆襄驿道与大堤艳曲》,《唐代交通图考》第四卷,台北"中研院"史语所1985年版,第1039页。

最后一节中梳理了唐宋江南西道内部,尤其是东西部之间的交通线路。

第一节 "五岭"考

"五岭"一名,首见于《史记》。《史记·张耳陈余列传》:秦"北有长城之役,南有五岭之戍";《淮南衡山列传》:秦始皇"使尉佗踰五岭,攻百越"。①《汉书·张耳陈余传》《伍被传》略同,《五行志》则说:始皇"南戍五岭,北筑长城,以备胡越"。②《史记》《汉书》虽提及五岭,却没有具体指明五岭为哪五岭及其具体位置。后人言及五岭,包括在为《史记》《汉书》作注时,对五岭的认识出现了偏差,遂产生众多说法,虽有学者考证,也未能达成一致;反观现代地理学对"五岭"的界定,则较为统一,翻开任意一种涉及该地区的地图或地理教科书,都很容易获得以下信息,"五岭"分别为南岭山脉中五座著名的山岭:大庾岭(位于今江西大余、广东南雄交界处)、骑田岭(位于今湖南宜章、郴州交界处)、都庞岭(位于今湖南省道县、江永交界处)、萌渚岭(位于今湖南江华与广西贺州交界处)及越城岭(位于今湖南新宁、东安与广西全州交界处);又因此五岭之重要,五岭又成为南岭山地的别名。③然则《史记》《汉书》五岭是否就是今天的五岭?如若不是,它们又是哪五岭?与现代地理学所言五岭有什么不同?《史记》《汉书》五岭又是如何演化固定成为现代五岭的?这一演化发生的关键时期是什么时候?本节试对这些问题进行初步探讨。

一 唐以前的记载

《史记》《汉书》虽未明言五岭为哪五岭,幸有《史记》三家注及《汉书》颜师古注、《后汉书》章怀太子注,引用先人典籍,对"五岭"及其位置做了注释,列述于下:

南朝宋裴骃《史记集解》:"《汉书音义》曰,岭有五,因以为名。在交阯界中也。"

---

① 《史记》卷八九《张耳陈余列传》,中华书局1959年点校本,第2573页。
② 《汉书》卷三二《张耳陈余传》、卷四五《伍被传》、卷二七《五行志》,中华书局1962年点校本,第1831、2171、1472页。
③ 《中国大百科全书·中国地理》卷,中国大百科全书出版社1993年版,第342页。

第四章 江南西道交通格局的演变

唐司马贞《史记索隐》引晋人裴渊《广州记》:"大庾、始安、临贺、桂阳、揭阳,斯五岭。"①

唐张守节《史记正义》:"《广州记》云,五岭者,大庾、始安、临贺、揭杨、桂阳。《舆地志》云,一曰台岭,亦名塞上,今名大庾,二曰骑田,三曰都庞,四曰萌渚,五曰越岭。"②

唐颜师古注《汉书》:"服虔曰,山领有五,因以为名。交趾、合浦界有此领。师古曰,服说非也。领者,西自衡山之南,东穷于海,一山之限耳,而别标名则有五焉。裴氏《广州记》云,大庾、始安、临贺、桂阳、揭阳,是为五领。邓德明《南康记》曰,大庾领,一也;桂阳骑田领,二也;九真都庞领,三也;临贺萌渚领,四也;始安越城领,五也。裴说是也。"③

唐章怀太子注《后汉书》:"领者,西自衡山之南,东至于海,一山之限耳。别标名则有五焉。裴氏《广州记》云,大庾、始安、临贺、桂阳、揭阳,是为五领。邓德明《南康记》曰,大庾,一也;桂阳甲骑,二也;九真都庞,三也;临贺萌渚,四也;始安越城,五也。裴氏之说则为审矣。"④

北魏郦道元《水经注》,以水导山,亦记载了五岭:"(连)水出南康县凉热山连溪,山即大庾岭也。五岭之最东矣,故曰东峤山";⑤"(黄)水出(郴)县西黄岑山,山则骑田之峤,五岭之第二岭也";"都山,即都庞之峤也,五岭之第三岭也";"(萌渚)水南出于萌渚之峤,五岭之第四岭也";"越城峤水,南出越城之峤,峤即五岭之西岭也。秦置五岭之戍,是其一焉"。⑥

《史记》、《汉书》及《后汉》的几位注家,最晚为唐时人,其所引

---

① 以上两条俱见《史记》卷八十九《张耳陈余列传》注,中华书局1959年点校本,第2573页。
② 《史记》卷六《秦始皇本纪》注,中华书局1959年点校本,第253页。
③ 《汉书》卷三十二《张耳陈余传》注,中华书局1962年点校本,第1832页。
④ 《后汉书》卷六十四《吴佑传》注,中华书局1965年点校本,第2099—2100页。
⑤ 杨守敬:《水经注疏》卷三十九,江苏古籍出版社1989年点校本,第3册,第3181页。《后汉书》卷二十四《马援传》章怀注:"峤,岭峤也。《尔雅》曰:'山锐而高曰峤'",中华书局1965年点校本,第840页。
⑥ 分别见杨守敬《水经注疏》卷三十八、三十九,江苏古籍出版社1989年点校本,第3册,第3211、3205、3125、3121页。

诸种注释及所附按语，反映的都是唐及唐以前人们的观点。裴骃所引《汉书音义》，作者当为东汉服虔；①《史记索隐》《正义》及颜师古注《汉书》所引《广州记》五岭名号相同，只是次序稍异，应是同一本书；邓德明，据岑仲勉先生考证，为南朝宋人；②章怀太子注《后汉书》五岭，盖沿袭颜师古的说法，其引邓德明五岭之第二岭作"甲骑"，实为"骑田"之误；③《舆地志》为南朝陈顾野王的作品。以上诸种解释纷繁复杂，莫衷一是，归纳起来，可得以下几条线索：

1. 东汉的服虔是对五岭做了目前所知最早的解释，尽管他的解释非常简略，没有指明五岭为哪五岭以及具体位置，但从服说可以知道，五岭之为五岭，不是一个模糊的地理名词，并不能理解为笼统意义上的多岭，而是确有五座山岭。

2. 最早指明五岭为哪五岭的，是晋人裴渊的《广州记》。但此五岭的具体位置，仍不易确定。

3. 南北朝人邓德明不但指明了五岭为哪五岭，而且将五岭的位置一一做了说明，其中第三岭——都庞领（岭）被安置于九真郡（汉九真郡治今越南清化西北）境。参照服虔及《广州记》的说法，可知五岭并未被限定在南岭及其余脉中，五岭位于现代南岭以南，汉九真、交阯以及合浦郡境的可能性也是存在的。

4. 北魏郦道元的说法，除第三岭外，其他四岭与邓德明的说法基本相同。第三岭，郦氏认为在桂阳郡（治今湖南郴州市）境，是仍位于今五岭群山之中。

5. 由颜师古注及章怀太子注，特别是颜师古对于东汉服虔认为五岭在汉交阯、合浦界内的批评，可知，不论唐代有无"五岭"之说，唐人对于秦汉"五岭"及其位置，已经模糊不清。换句话说，假如唐代存在"五岭"之说的话，唐五岭已经和前代——尤其是秦汉五岭有很大差别，五岭及其位置随着时代的发展而发生过变动，则大致可以推定。

---

① 岑仲勉：《评〈秦代初平南越考〉》，《中外史地考证》上册，中华书局1962年版，第56页。

② 同上书，第51页。

③ 杨守敬：《水经注疏》卷三十九，江苏古籍出版社1989年点校本，第3册，第3211页。

第四章　江南西道交通格局的演变

二　唐人的观点

由于唐以前对五岭的相关记载，不仅简略而且歧义纷出，很难统一；相形之下，唐代典籍中有关五岭的材料则既丰富又具体。因此，后人在考辨五岭时，唐人的记述往往备受重视，甚至以唐人的记载为基础进行探讨。兹先将前代学者提到的、唐人的有关记载分述于后。

《通典》卷一百八十四《州郡十四》：

> 自北徂南，入越之道，必由岭峤，时有五处。塞上岭一也，今南康郡大庾岭是。骑田岭二也，今桂阳郡腊岭是。都庞岭三也，今江华郡永明岭是。甿渚岭四也，亦江华界白芒岭是。越城岭五也，今始安郡北，零陵郡南，临源岭是。西自衡山之南，东穷于海，一山之限也。①

《太平御览》卷五五引《南康记》：

> 秦始皇略定扬越，谪戍五方，南守五岭。第一塞上岭，即南康大庾岭是；第二骑田岭，今桂阳郡腊岭是；第三都庞岭，今江华郡永明岭是；第四甿渚岭，亦江华郡白芒岭是；第五越城岭，即零陵郡南临源岭是也。②

此五岭与邓德明《南康记》五岭不同。又据岑仲勉先生考订，李昉所引《南唐记》亦不是邓德明的《南康记》，应为唐天宝时人的作品，因而此五岭应是唐人的说法。③

按《元和郡县图志》对五岭的叙述不够完整，因而学者对其不够重视，今人覃圣敏在《五岭辨正》一文中说：

---

① （唐）杜佑：《通典》卷一百八十四《州郡十四》，中华书局1988年点校本，第4911页。
② （宋）李昉：《太平御览》卷五四《地部一九·岭》引《南康记》，中华书局1960年影印本，第1册，第265页下栏。
③ 岑仲勉：《评〈秦代初平南越考〉》，《中外史地考证》上册，中华书局1962年版，第49页。

95

李吉甫《元和郡县志》亦叙及五岭，惟有缺卷，仅见二岭："越城峤，在（全义）县城（按：中华本无'城'字）北三里，即五岭之最西岭也。""萌渚峤在（冯乘）县北一百三十里，即五岭之第四岭也。"①

此外，由前引颜师古和章怀太子注文，可知唐人对于秦汉五岭，已经不能确知其指，不过，二人均以裴氏之说为审，又实为一说。

对比唐与唐以前五岭诸说，不难发现，唐五岭与南北朝时邓德明《南康记》、郦道元《水经注》、顾野王《舆地志》名号基本一致，②五岭位置亦基本相同，唯第三岭都庞岭改为"江华郡永明岭"了。江华郡治今湖南道县西，与南北朝时都庞岭所在的蓝山县相去甚远。都庞岭的位置，由原来位于骑田岭、萌渚岭之间，转移到萌渚岭、越城岭之间了。这一变化是唐五岭较之前代记载的最大不同！

唐人对五岭及其位置的解释，不仅未能澄清唐以前五岭诸说，反倒又增添了新的说法。颜师古与章怀太子对于这些异说，大概也不能定夺，因而说："领者，西自衡山之南，东穷于海，一山之限耳，而别标名则有五焉。""一山之限"指的应当就是今天整个南岭山脉；"而别标名则有五"，是南岭又有五个子岭。二人没有辩证诸说，却都直接指认晋人裴渊的说法是正确的。

由上述诸段分析可知，探讨"五岭"及其位置问题，不仅涉及五岭名号及具体空间分布，还应将时间因素考虑在内，也就是说，五岭及其位置，起码在唐以前，在不同的历史时段是各不相同的。只有综合把握时空因素，方有可能对五岭做全面的认识，"五岭"方能名至实归。

三 后人的探讨

唐以后，唐"五岭"的观念则逐渐为世人所接受，遂成为一种固定的说法，并沿用至今。宋人王应麟《通鉴地理通释》："秦南守五岭：塞上岭，一也（今南安军大庾岭）；骑田岭，二也（今郴州腊岭）；都庞岭，

---

① 覃圣敏：《五岭辨正》，《文史》第三十二辑，中华书局1990年版，第44页。
② 《通典》与《南康记》并记第四岭为"甿渚"，与前引诸书记作"萌渚"或"萌诸"稍异。按地名同名异写，古代非常多见，无须多议。又顾野王《舆地志》第五岭记为"越岭"，此处或佚"城"字，或为越城岭的简称。

第四章 江南西道交通格局的演变

三也（今道州永明岭）；甿渚岭，四也（今道州白芒岭）；越城岭，五也（今静江府北、永州南临源岭）"。①《明一统志》"南安府（大庾岭所在）……当五岭最东"；"都庞岭，在永明县北五十里，东北连掩山，西南连荆峡镇。……一名永明岭。秦王翦降百越，以谪戍五万人守五岭，都庞其一也"；"越城岭，在兴安县北三里，即五岭之最西岭也。"② 如文初所引，现代地理学对"五岭"及其位置的界定，正是与唐人的"五岭"相应。

不过，由于五岭诸说差异较大，特别是唐代的五岭说与前代的说法矛盾之处非常明显，学者对"五岭"及其位置的探讨并未停止。宋人周去非在《岭外代答》中说：

> 自秦世有五岭之说，皆指山名之。考之，乃入岭之途五耳，非必山也。自福建之汀，入广东之循、梅，一也；自江西之南安，踰大庾，入南雄，二也；自湖南之郴，入连，三也；自道入广西，之贺，四也；自全入静江，五也。③

在这里，周氏提到了从南宋福建路的汀州（治今福建长汀）进入广南东路循州（治今广东龙川县西）、梅州（治今广东梅州）的道路，并认为五岭非山岭之名，而应是五条入岭的通道。周氏的观点正确与否暂且不论，他以入岭之途，即交通路线的方法来阐释"五岭"，则为我们全面认识五岭及相关问题，提供了新的视角。

清代学者赵一清认同《水经注》的记载，并且认为郦道元的说法与邓德明的说法无关，邓德明的说法是错的，"按《后汉书·吴佑传》章怀注引《南康记》曰：五岭，南康大庾，一也；桂阳甲骑，二也；九真都庞，三也；临贺萌渚，四也；始安越峤，五也。《广州记》则以为大庾一，始安二，临贺三，桂阳四，而以九真为揭阳，合为五岭。是注所言五岭之次与邓《记》合。第考班《志》，九真郡有都庞县。应劭曰，庞音

---

① （宋）王应麟：《通鉴地理通释》卷五"十道山川考·岭南·北据五岭"，四川大学出版社2009年版，第194页。
② 分别见（明）李贤：《明一统志》卷五八《南安府》、卷六十五《永州府》、卷八十三《桂林府》，《文渊阁四库全书》，台北商务印书馆1986年影印本，第473册，第190页上栏、第380页下栏、第744页上栏。
③ （宋）周去非：《岭外代答》卷一《地理门·五岭》，中华书局1999年杨武泉校注本，第11页。

龙。师古曰，音庞。而桂阳之部龙，乃岭峤之名。王象之《舆地纪胜》曰，山之绝顶曰都逢，土人语讹曰庞也。不知都、部字相似，庞、龙音相连，而强以都逢为土音。山之绝顶之说，殆因岭峤而傅会邪。此与九真之都庞县无涉，邓记误也。当以南平部龙为是"①。

杨守敬在《水经注疏》中，对五岭的问题做了更为深入的考证：

> 《汉书·张耳传》师古曰："裴氏《广州记》：大庾、始安、临贺、桂阳、揭阳，是为五领。邓德明《南康记》：大庾领，一也；桂阳骑田领，二也；九真都庞领，三也；临贺萌渚领，四也；始安越城领，五也。裴说是也。"《后汉书·吴佑传》章怀《注》引二书，亦以裴说为审，盖见邓《记》九真字不合也。不知邓数五岭，由东而西，则第三岭自当在骑田、萌渚之间。若九真之都庞已至极南，何得以为第三？此由南平都庞亦属桂阳，《记》蒙上省桂阳字。浅人不知，以为有脱文。但见九真有都庞县，遂加"九真"二字，非《记》原误也。至作都庞，毫无疑义。郦氏所言五岭之次与邓合，盖从邓说，此必作都庞，今本作部龙，乃以形近致误，此可望而知者也。②

杨氏进而批判了赵氏的说法：

> 赵氏拘于都庞之在九真，而云此以部龙为是，疏矣。宋本《寰宇记》，蓝山县，本汉南平也，有黄蘗山，今谓之都庞山，在县南九十里，即是五岭从东第三岭也。宋蓝山在今县北十五里。《通典》又谓都庞岭在永明县，与《注》异。③

按汉代桂阳郡南平县南邻桂阳县（治今广东连州），两县大概正以都庞岭为界。由于版本的缘故，有些版本的《水经注》记第三岭为"部龙"，杨氏对于赵氏的考证的批判，亦仅限于第三岭名号的争论，即第三

---

① （清）赵一清：《水经注释》卷三九，《文渊阁四库全书》，台北商务印书馆1986年影印本，第575册，第642页下栏。
② 杨守敬：《水经注疏》卷三九，江苏古籍出版社1989年点校本，第3册，第3205—3206页。
③ 同上。

第四章 江南西道交通格局的演变

岭究竟是都庞岭还是部龙岭？而对于第三岭的位置，他们并没有分歧，都认为应该在汉南平县（即宋蓝山县，治今湖南蓝山县北）境。[①] 杨氏除认同《水经注》五岭的说法外，经过考证，还认为邓德明之说实际与郦氏观点一致，甚至是郦氏沿袭了邓氏的说法。由杨氏的考证，则唐以前对于五岭的具体解释，除裴渊《广州记》外，不仅五岭名号一致，甚至叙述的次序也都是由东往西。对于裴渊《广州记》的观点，杨氏大概认为错误明显，故没有加以论述。再以杨氏考定的邓德明"五岭"较之唐代"五岭"，可以发现，两说对于五岭为哪五岭，也是惊人的相同；两说的差异，仅仅是第三岭都庞的位置问题，可惜杨氏对这一问题没有做进一步考证。

近代的法国汉学家鄂卢梭（L. Aurouseau）主多岭说。鄂氏考证秦平南越诸事，首先涉及五岭问题。他认为都庞岭在九真不可信，唐人都庞岭的说法亦不足据，都庞岭"应以部庞（音龙）为是。……此第三岭应是部山岭了。此山也在湖南省之南境，可是在蓝山县境，距钟水不远。质言之，在广东西北界附近，而处第二岭之西，第四岭之东。此第三岭应接连州江（广东），而由是直接通至番禺；可是他同第二第四两岭很近，虽然可以通到广东都会，然而不能直接达到一条重要的川流之上。他所经行的道路，不久便到北江同连州江汇流的处所，而与长沙、番禺的大道合而为一"，因而"此第三岭不甚重要"。鄂氏的观点与杨说有类似之处，但他同时并不否认裴渊的说法，认为第三岭的混乱，正是因其"不甚重要"，以至出现了"两种五岭"甚至"六岭"，"总而言之，此六岭，或此两种五岭，皆属两广北界不远的山岭。别言之，有五岭即在南岭山系之中，至若揭阳岭，则在近于广东海岸一小山系之中"。[②]

岑仲勉在评价鄂氏的著作时，也对五岭进行了考证，认为"五岭之解释，实随北方势力之消长而变迁；揭阳者，鄂氏所谓西汉自闽入粤之通道，亦最古之说也，故裴氏主之。迨晋穆永和四年（348），升平三年（359），两破林邑，孝武太元六年（381），杜瑗平九真之乱，安帝隆安三年（399），又败范达，宋文元嘉二十三年（446），檀和之大伐林邑，百

[①] 又有值得注意者，《南康记》所记五岭，除大庾岭外，其他四岭，三岭之前注以汉县，唯都庞前为九真郡，这大概也能作为"九真"为衍文的一个证明。

[②] ［法］鄂卢梭（L. Aurouseau）：《秦代初平南越考》，冯承钧译，《西域南海史地考证译丛》第二卷第九编，商务印书馆1962年版，第8—20页。

年之内,屡耀兵威,释五岭者随势力伸张,遂由岭东之揭阳,移为交南之都庞,固顺其自然之趋势者矣","《水经注》'部龙之峤',或作都庞,鄂氏持此为否认九真之证;然道元北人,说许有误,且其书迟于德明当可百年,宋而后交南汉族,势力渐削,沿至中唐,遂代以南方无显然出路之永明岭,得非五岭解释,随民族消长而嬗变耶"。岑氏没有轻易否认历代有关五岭的说法,认为五岭诸说都是对某一历史时期真实情况的反映,"九真"非衍文,"九真都庞"确实存在,五岭并非全部位于今南岭山脉之中,"五岭解释,应随历史之变化,作自然观也"。①

覃圣敏则否定了除《水经注》之外,包括邓德明《南康记》在内的诸家说法。他认为裴渊之说中的揭阳岭,"汉初已为闽越通道,但其时距秦亡已近百载,不可据此以为秦时此道已通……揭岭为僻塞之地,非为要途","揭阳岭道之通,或始自佗时"。对于第三岭,他认为邓德明"置都庞于九真境之误,并非自邓德明始,其前东汉服虔《汉书音义》,已将五岭置于交趾、合浦郡境,早开先河",而唐及唐以后典籍中记载的"今道县、江永都庞岭非五岭","五岭第三岭原名当为部山或部龙。因部龙与都庞字形相近,又因永明境有都庞岭,故后人误以为都庞当部龙,致使五岭第三岭移位",进一步断言:"此历史悬案,今可释然而决矣!"②覃氏认为有些版本的《水经注》记第三岭为"部龙"是正确的,又以此分析第三岭在唐代发生位移的原因。孰不知历代学者——特别是杨守敬对于第三岭已有详细考证,第三岭本来就应作都庞岭。

饶宗颐在《揭岭揭阳山辨》一文中谈到"揭岭为秦五岭之一,置戍所",③可惜未对五岭做进一步探讨。

综观唐以后对五岭诸说的探讨,多数学者试图肯定唐及唐以前的某一种说法,以此来否定其他诸说,这是较为合理但不一定科学的方法。少数例外者,如鄂卢梭的观点,仅仅罗列了诸家说法,并未做太多的考证,没有得出一个较为确定的结论,只是笼统地认为五岭应位于南岭及其余脉中,对于五岭究竟为哪五岭,实际上是模棱两可;岑仲勉注意到五岭在不

---

① 岑仲勉:《评〈秦代初平南越考〉》,《中外史地考证》上册,中华书局1962年版,第51—52页。
② 覃圣敏:《五岭辨正》,《文史》第三十二辑,中华书局1990年版,第46、47、49页。
③ 饶宗颐:《揭岭揭阳山辨》,原载《大光报·方志周刊》第52期(1948年),转引自《饶宗颐潮汕地方史论集》,汕头大学出版社1996年版,第157页。

同历史时期有不同的具体指向，因而没有否定任何一种说法，并尽力将诸种说法出现的时代与当时的情势联系起来，以证明有关五岭的诸种解释，实与中原势力对岭南地区影响的强弱息息相关。这种观点和方法虽然较为新颖，却过于牵强。

四 《元和郡县图志》的关键记载

覃圣敏在《五岭辨正》中引用了两条《元和郡县图志》的相关记载，并说"惟有缺卷，仅见二岭"。《元和郡县图志》有缺卷是真，对于五岭的记载，却并非"仅见二岭"。实际上，《元和郡县图志》尚有一条有关五岭的材料，似乎没有受到学者的重视，而这条材料对于解决五岭及相关问题，实在非常关键，《岭南道·始兴县》载：

> 大庾岭，一名东峤山，即汉塞上也。在县东北一百七十二里。从此至水道所极，越之北疆也。越相吕嘉破汉将军韩千秋于石门，封送汉节置于塞上，即此岭。本名塞上，汉伐南越，有监军姓庾，城于此地，众军皆受庾节度，故名大庾。五岭之戍中，此最在东，故曰东峤。高一百三十丈。秦南有五岭之戍，谓大庾、始安、临贺、桂阳、揭阳县也。①

按"秦南有五岭之戍，谓大庾、始安、临贺、桂阳、揭阳县也"一句，较之裴渊《广州记》："大庾、始安、临贺、桂阳、揭阳，斯五岭"，有值得推敲的地方。这两句话表面看起来极为相似，实则大有不同。《元和郡县图志》所记秦五岭，似乎统一认作为五岭所在的五个县名，这应是对《广州记》所记五岭最直接的解释。然而，考五县中揭阳县西晋已废②，至赵宋

---

① （唐）李吉甫：《元和郡县图志》卷三十四《岭南道一》，中华书局1983年点校本，第902页。中华书局本同卷校勘记第九八条："'从此至水道'至'揭阳县也'，今按，此一百四字，殿本同，它本脱。"很多学者没有看到这条材料，可能正是由于版本脱漏所致。

② （唐）李吉甫：《元和郡县图志》卷三十四《岭南道一》，中华书局1983年点校本，第895页。又《宋书》卷三十六《州郡志二》："陂阳男相，吴立曰'揭阳'，晋武帝太康五年（284），以西康揭阳移治故陂阳县，改曰'陂县'。然则陂阳先已为县矣。后汉《郡国》无，疑是吴所立，而改曰'揭阳'也"，此陂阳（揭阳）县，治今江西石城县西，中华书局1974年点校本，第1091页。

方复置①；大庾县则始置于隋②。唐代以前，五县从未同时出现。所以，若没有缺衍文的话，《元和郡县图志》的此处记载，极有可能是没有弄清大庾县的建置年代，进而没能完全正确阐释《广州记》的记载。③ 不过，《元和郡县图志》的记载，倒是明确指出晋人裴渊的说法，实际上是秦代的五岭，而且《广州记》所记秦代五岭，并不一定都是岭名，除大庾确为岭名外，其他四名应当是另外四岭分别所在的县名，也就是说，其他四岭分别位于四县境内。这四县的建置情况如下：

始安：西汉置，治今广西桂林；
临贺：西汉置，治今广西贺州东南贺街；
桂阳：西汉置，治今广东连州；
揭阳：秦置，治今广东揭阳西北。④

以上四县，除揭阳外，另外三县都是汉代始置，再参照大庾之名最早出现于汉代，因而《广州记》所记五岭又可能是后人对秦五岭的一种追述。秦代五岭，尤其除大庾之外的四岭，或本无具体所指，仅以四县笼统称之；或四县境内各有同名四岭，设县之时，皆以岭为名。

《元和郡县图志》的记载并非只是一条孤证，也不是李吉甫的一家之言。唐颜师古的观点，实际上是与《元和郡县图志》基本一致的。按颜师古注"五岭"，出现在《汉书·张耳陈余传》："秦为乱政虐刑，残灭天下，北为长城之役，南有五领之戍"⑤ 一文之下，颜师古以裴渊的说法为是，所指正是秦代的五岭。而章怀太子没能理解颜师古的意思，在注后汉史事时简单承袭了师古的观点。

---

① 《宋史》卷九〇《地理六》，中华书局1977年点校本，第2237页。
② 《隋书》卷三一《地理下》"南海郡始兴县"："平陈，改（安远）郡置大庾县，又于此置广州总管"，中华书局1973年点校本，第881页。
③ 此外，最大可能是"大庾"后缺一"岭"字，若果真是这样，则秦代五岭及其位置就更容易判断了。还有两种可能：一是"县"字为衍文，则《元和郡县图志》的记载与《广州记》完全相同；二是"揭阳"与"县"之间缺"揭阳"二字。"揭阳，县也"，当是对揭阳县这一唐代已消失的古县名的解释。又据前引校勘记，诸多版本《元和郡县图志》已脱佚这段话，发生衍文或缺字亦极有可能。
④ 以上四县始置年代，俱见《汉书》卷二八《地理志上》，中华书局1962年点校本，第1596、1629、1594、1628页。
⑤ 《汉书》卷三二《张耳陈余传》注，中华书局1962年点校本，第1832页。

较之秦代五岭，汉代五岭的范围开始缩小，由《元和郡县图志》可知其最东一岭为塞上岭（汉以后又名东峤或大庾岭），在唐始兴县（治今广东始兴西）东北172里，与前面诸说中提到的大庾岭实为一岭。其他四岭，据前引《元和郡县图志》两条记载及对杨守敬相关考证的分析，可以知道，汉及汉以后乃至今天，五岭的名号再没有发生变化，存在争议的只是第三岭都庞的位置问题，即都庞岭究竟位于汉代桂阳县（治今广东连州）还是唐代江华郡（治今湖南道县西）。这一争议实际上非常容易解决，因为前一种观点至迟在南北朝时已经出现，而后者则出现于唐代。除塞上岭外，汉代其他四岭的位置，应以杨守敬的考定为准：骑田岭和都庞岭，都在今广东连州北；萌渚岭，在今广西贺州北；越城岭，在今广西桂林北。

相对于汉代五岭，唐人所述的五岭，仅是都庞岭由原来骑田、萌渚之间，转到萌渚、越城岭之间，即今湖南道县南（唐代亦称永明岭）了。其他四岭，仍然和汉五岭完全一致。

此外，东汉服虔认为五岭在交阯（合浦）界中。据岑仲勉先生考证，裴骃《史记集解》所引《汉书音义》一书的作者，正是东汉服虔。《汉书音义》理应与颜师古所引服说一致，因此，或《汉书音义》缺，或颜氏所引衍"合浦"二字。颜师古认为"服说非也"；岑仲勉则认为依服氏之说，应有一五岭"在广州之西南"的汉交阯与合浦郡境；[1] 覃圣敏则否定服虔的说法[2]。按汉代虽有交阯郡、交阯县，但交阯亦可以代指岭南的广大地区，《史记·五帝本纪》：禹之功，"南抚交阯，北发西戎"[3]；西汉又设有交阯刺史部，《汉书·地理志上》："南置交阯、北置朔方之州"[4]。即便交阯、合浦并指汉郡，服虔以二郡指代岭南，亦不是没有可能。

五 结论："五岭"的时空变移

由前面对五岭及相关问题的探讨，我们可以得出以下结论
1. 五岭为哪五岭，秦汉两代发生了变化。秦代甚至秦以前五岭的具

---

[1] 岑仲勉：《评〈秦代初平南越考〉》，《中外史地考证》上册，中华书局1962年版，第53页。
[2] 覃圣敏：《五岭辨正》，《文史》第三十二辑，中华书局1990年版，第46页。
[3] 《史记》卷一《五帝本纪》，中华书局1959年点校本，第43页。
[4] 《汉书》卷二十八《地理志上》，中华书局1962年点校本，第1543页。

体所指较为模糊,后人记载甚至以五岭所在的县来指称。秦代五岭的范围,较之汉代五岭也相对广泛,向东延伸至南岭余脉的最东段,今闽南、粤西北地区。

2. 汉代五岭,方可谓名至实归,也就是说,"五岭"缩小为今天南岭的地理范围。并且,其五座山岭的名号在汉以后亦固定下来,再未发生变化;五座山岭的具体地理指向,除第三岭外,亦从未发生变动。

3. 汉代第三岭都庞岭的位置,至迟在唐代发生了变动。唐代五岭说成为后世乃至今日的"五岭"。

有关五岭的基本问题,可以说已经得到了澄清。然而,五岭为什么在不同的历史时期会发生如此巨大的变动?对于这些问题,宋人周去非的观点兴许可以提供一些线索。周氏认为,"自秦世有五岭之说,皆指山名之。考之乃入岭之途五耳,非必山也",随后罗列出了五条"入岭之途"。① 周氏以过岭通道的观点解释五岭,虽然较为独特,却并非首创。《晋书·地理志》:"自北徂南,入越之道,必由岭峤,时有五处,故曰五岭"②,《通典》亦言:"自北徂南,入越之道,必由岭峤,时有五处。"综观三家说法,五岭虽不能按周去非的理解,完全指五条"入岭之途",但五岭与过岭通道之间关系非常密切,由此可知。

按整体上呈东西走向的南岭山脉,绵延横亘于今湖南、江西与两广的交界处,对于山岭两侧的交往非常不利。但是,南岭群山之中的一些山岭因为具有独特的地貌特征,或形成低谷走廊,或形成构造断裂盆地,或较为低矮而较易翻越,遂成为南北交通的天然孔道。这些通道旁边的山岭历来为世人所重,至秦"时有五处",五岭因以得名。③

此外,周氏又言"乃若漳、潮一路,非古入岭之驿,不当备五岭之数。桂林城北二里,有一坵,高数尺,植碑其上曰'桂岭'。及访其实,乃贺州实有桂岭县,正为入岭之驿。全、桂之间皆是平陆,初无所谓岭者,正秦汉用师南越所由之道。桂岭当在临贺而全、桂之间实五岭之一途

---

① (宋)周去非:《岭外代答》卷一《地理门·五岭》,中华书局1999年杨武泉校注本,第11页。按周氏的观点,实际以裴渊的观点为是,这又为《元和郡县图志》的记载提供了支持。
② 《晋书》卷一五《地理志下》,中华书局1974年点校本,第464页。
③ 《中国大百科全书》编委会:《中国大百科全书·中国地理》卷,中国大百科全书出版社1993年版,第342页。

也"。① 漳州（治今福建漳州市）、潮州（治今广东潮州市）之间的傍海古道为后代新开，与本书关系不大，暂不讨论。② 但周氏的论述，尤其他的实地考察却说明了一个简单的道理：过岭诸道并非一时开通，而是随着时代的发展逐渐开辟的；并且，在不同的时代，过岭诸道的地位又是不同的。探讨五岭具体位置的变动原因，正应从这一客观事实出发，考究五岭通道地位的变化与五岭名称变化的互动关系。

仍有值得注意的是，即便唐及唐以后以唐说为准的记载，当叙及都庞岭时，往往仍然按照汉五岭的顺序，以都庞为"第三岭"。都庞岭的位置为什么会发生变动？后人缘何未对五岭重新排序，而是继续沿用汉五岭的顺序？又《淮南子·人间训》："（秦）又利越之犀角、象齿、翡翠、珠玑，乃使尉屠睢发卒五十万为五军，一军塞镡城之领，一军守九疑之塞，一军处番禺之都，一军守南野之界，一军结余干之水。"③ 秦五军与五岭有什么关系？这些问题的答案，似乎仍要从历代过岭交通的变迁入手来获取。

第二节 湘、赣水流域交通地位的演变——过岭交通述论

江南西道的交通线路，与自然地势有密切的关系。受地形地貌影响，汇聚到彭蠡泽和洞庭湖的诸条水系，就像叶脉一样遍布全境，道路往往顺着河流的走向形成，于是江南西道东、西两区各呈现出一个网状的交通体系。这两个网状交通体系，又往往跨越分水岭与区外内相连，使江南西道与外部联系密切。不过，如前文所述，湘、赣流域的交通，即过"五岭"交通才是江南西道内部最为重要的交通线，而且，这二水流域的交通线在不同的历史时期，其地位又有起伏，本节即对此展开讨论。

---

① （宋）周去非：《岭外代答》卷一《地理门·五岭》，中华书局1999年杨武泉校注本，第11页。

② 杨武泉在《岭外代答校注》中对这一条道路进行了考证："五岭诸说中，惟晋裴渊《广州记》谓五岭中有揭阳岭。揭阳，汉县名，晋无。地在今广东省东部，宋时为潮、梅二州。潮之东为漳州，梅之东为汀州。《代答》盖以揭阳岭在汀、梅之间，与漳、潮无涉也。然汉武帝时，东粤王馀善请以卒八千，从楼船将军击吕嘉等，兵至揭阳，'以海风波为解，不行'（见《汉书·南粤传》）。其进军道路必傍海，与漳、潮一途相合，则揭阳岭亦涉漳、潮。《代答》之说，未可尽信也"，又为一说。见所著《岭外代答校注》卷一《地理门·五岭》，中华书局1999年版，第12页。

③ （汉）刘安：《淮南子》卷一八《人间训》，中华书局1998年何宁集释本，第1289页。

在现代地理学中,"五岭"分别指南岭山脉中五座重要的山岭,甚或代指整个南岭山地。由于其独特的自然地理特征,五岭自古以来便是南北交通大道。历史上,这些南北大道在承担沟通南北的任务中起到了重要的作用。不过,由于种种原因,历代文献对于五岭、五岭通道及相关问题的记载多有混淆,过往学界对于五岭史地问题的研究多集中在五岭名号及其地望,五岭与岭南地区开发、南北交流等问题上。如覃圣敏《五岭辨正》[1]及拙文《"五岭"考辨》[2],基本厘清了五岭名号及地望问题;王元林《秦汉时期南岭交通的开发与南北交流》,详细考证了秦汉时期五岭通道的开发维护及其带来的岭南地区城市建设与中外经济交流等问题[3];陈代光《论历史时期岭南地区交通发展的特征》,既讨论了五岭通道及岭道的修缮问题,又注意把五岭通道放在全国的视角,特别是大一统王朝的背景下来讨论其重要性,很有启发性[4]。可惜该文是以整个岭南地区交通发展为核心进行的讨论,尽管过岭通道是文章讨论的重点,仍然不能将过岭交通格局在历史时期的变迁充分展现出来。尤其当我们弄清五岭名号及地望在历史时期的演变之后,应该更能够深刻理解五岭交通格局的变迁背后隐藏的,历代中原王朝对岭南乃至更远地方经略时,对五岭通道的最优化选择。这种选择又与当时的社会政治、经济及自然地理条件密不可分,进而不仅深刻了岭南地区的发展,还对中国社会产生深远影响。

一 路通南北:"五岭"与五岭通道

南岭山区是由若干突起的花岗岩穹隆山簇与短轴背斜山地,重叠与牵连着不同岩性和不同形态的山地丘陵组成,其间点缀分布有许多各种不同规模等级的灰岩盆地和局部红岩盆地。岭北湘江主要支流如潇水、春陵水、耒水、资江,沅水支流清水江、渠水;岭南珠江水系中的北水支流武水、浈水、涟江,西江支流贺江、漓江、融江,东江支流寻乌江、定江;

---

[1] 覃圣敏:《五岭辨正》,《文史》第三十二辑,中华书局1990年版,第44页。
[2] 刘新光:《"五岭"考辨》,《国学学刊》2009年第4期,第67—74页。
[3] 王元林:《秦汉时期南岭交通的开发与南北交流》,《中国历史地理论丛》2008年第4辑,第45—56页。
[4] 陈代光:《论历史时期岭南地区交通发展的特征》,《中国历史地理论丛》1991年第3辑,第75—95页。

第四章 江南西道交通格局的演变

以及江西赣江支流章江、贡江等，均发源或穿过境内，造成一些深切峡谷嵌入曲流，以及串珠状河谷平原和山间盆地。由于构造、岩性加上流水的侵蚀切割，以致山体破碎，出现褶岭隘道、湘桂夹道以及河路口、龙虎关、永安关、梅关、横浦关、阳山关、湟溪关等南北间的山垭低谷和走廊地带，历来为我国重要南北交通孔道。

"岭"，这里指"五岭"。在现代地理学中，五岭分别指大庾岭（位于今江西大余、广东南雄交界处）、骑田岭（位于今湖南宜章、郴州交界处）、都庞岭（位于今湖南道县、江永交界处）、萌渚岭（位于今湖南江华与广西贺州交界处）及越城岭（位于今湖南新宁、东安与广西全州交界处）5座南岭山脉中重要的山岭。由于其地位重要，五岭往往又成为整个南岭山脉的代称。但本书所谈的五岭，除非特别说明，并不代指整个南岭山脉。

五岭之所以重要，与五岭独特的山体特征有关。按南岭山脉总体上呈东西走向，就像一道巨大的屏障，横亘于今湖南、江西与两广的交界处，向东甚至延伸至闽南、粤西北，平均海拔1000—1500米，东西长约600公里，南北宽约200公里。南岭山脉的这种地貌特征，对于南北交通十分不利，但是，较为特殊的是，南岭山脉中的一些山岭，如五岭中的萌渚岭、都庞岭、越城岭和骑田岭等，则呈东北—西南走向，岭与岭之间常有低谷分布或构造断裂盆地，是天然的交通孔道。大庾岭虽为东西走向，但山间却存在一些低矮的垭口，翻越较易，如梅岭（即大庾岭）山口，海拔高程仅430米，成为沟通赣粤的孔道。南岭山脉又是长江水系与珠江水系的分水岭。南岭的南北两侧是众多河流的发源地，南下五岭即有多条水路可达今两广地区；由五岭北上，则仅有两条重要的水路与长江相通：一为湘江水路，一为赣江水路。由于南岭山脉的阻隔，岭南与岭北起初未能直接以水路相通。不过，五岭中的一些天然通道的两端，往往靠近一些天然水道的发源地，这些通道对于沟通南岭南北的交通，起到了纽带的作用。特别是南岭山地中有些地段的分水岭已经十分低矮狭窄，甚至出现了河流切穿分水岭脊的现象。如越城岭附近的漓江支流始安水与湘江上游的海阳河，通过修筑人工河道，就可以较为容易贯穿南岭两侧的河道，进而沟通长江水系与珠江水系。此外，沿河流分布的阶地，又往往成为纵贯南北的通途，同样十分重要。因而历史时期五岭为岭南、北的交往提供了重要的交通孔道，过岭交通也是先人较为注意的问题①。

《晋书·地理志》："秦始皇……以谪戍卒五十万人守五岭。自北徂南，入越之道，必由岭峤，时有五处，故曰'五岭'。"② 北宋余靖则说："凡广东、西之通道有三：出零陵（治今湖南永州市）、下离（漓）水者，由桂州（治今广西桂林市）；出豫章（治今江西南昌市）、下真（浈）水者，由韶州（治今广东韶关市）；出桂阳（治今湖南郴州市）、下武水者，亦由韶州"。在这里，余靖描述了三条过岭通道：由今湖南永州溯湘江而上，过五岭后入漓江，经广西桂林；由今江西南昌溯赣江、章江而上，过五岭后入浈水，经广东韶关；由今湖南郴州过五岭后入武水，同样经过韶关。秦代北方入越之道尚有五处，缘何到了宋代却变成了三道？宋代过岭通道是否仅有三条？余靖又言，"无虑之官峤南：自京都沿汴绝淮，由堰道入漕渠、溯大江、度梅岭、下真水，至南海之东、西江者，唯岭道九十里为马上之役，余皆篙工、楫人之劳，全家坐而致万里。故之峤南虽三道，下真水者十七八焉"。③ 可见，假使宋代入岭南仅有三道，而这三条道路的地位又各有不同。宋代由京都去岭南就任的官员，常走的路线是沿汴河入淮河，由淮河入运河，再沿运河进入长江，溯江而上转入赣江，度过大庾岭后，由浈水入珠江水系，转赴岭南各地。此又反映出过岭诸道，虽开辟较早，路线较多，但在地位上又各有不同。那么，在不同的历史时期，过岭诸道的地位是否一成不变？过岭诸道所承载的运输职能有什么不同？这些都是本节将要探讨的问题。

宋人周去非在《岭外代答》中说："自秦世有五岭之说，皆指山名之。考之，乃入岭之途五耳，非必山也。"与一般意义上的理解不同，周氏认为五岭指"入岭之途"，而不一定是山岭。周氏如此理解，并非空穴来风。东汉许慎《说文解字》："岭，山道也。"④ 可见，岭确实有山路的意思。不过，五岭并不能像周氏那样，随之被简单地理解为入岭之五途。

---

① 此段论述，据《中国大百科全书·中国地理》卷，中国大百科全书出版社1993年版，第342页；高冠民、窦秀英：《湖南自然地理》第三章及第八章第五节，湖南人民出版社1981年版，第25—43、181—183页。
② 《晋书》卷一五《地理志下》，中华书局1974年点校本，第464页。
③ （宋）余靖：《武溪集》卷五《韶州真水馆记》，《文渊阁四库全书》，台北商务印书馆1986年影印本，第1089册，第49页上栏。
④ （汉）许慎：《说文解字》卷九下，中华书局1963年影印本，第191页。

《广雅》"岭，阪也"①，王力先生也认为，"岭"与"领"同源，"'领'，是脖子，'岭'，是山坡。这与'颠'是头顶，'巅'是山顶，是一致的"。② 可见岭的本意为山坡。山坡往往较为平缓，人们可以较为容易地通过，久而久之，便有可能形成山道。明人张自烈说："岭，山道，山之肩领可通道路者。"③ 可见，"岭"字本身就体现出山岭与道路交通之间的密切关系。进之，岭又可指代整个山体。《后汉书·郑弘传》章怀太子注："峤，岭也。"④《尔雅》："锐而高，峤。"晋郭璞引《字林》："山锐而长也。"⑤ 东汉刘熙《释名》也说："山锐而长曰峤。"⑥ 岭与峤相通，因而"岭南"又被称为"峤南"。可见，"岭"由本意的山坡，转而指代"锐而高""锐而长"的山岭。以"岭"指山，体现出岭的重要地位，而这种地位的形成，又当与岭为人们提供越岭通道这一重要作用有关。"自北徂南，入越之道，必由岭峤，时有五处"反映出"五岭"本身就深深刻上了交通的烙印，有学者因此认为"途以岭显，实应兼存"⑦。

对于"五岭"为哪五岭，古代五岭是不是与现代五岭相一致的问题，前面已经做了详细考证，此不赘述，仅将考证结论简述如下。

（一）历史上分别存在着三种"五岭"，它们分别行用于不同的时代，即秦五岭、汉五岭以及至迟在唐代出现的"唐五岭"。

（二）秦代五岭的具体所指较为模糊，除大庾为岭外，其余四名皆是岭所在的县名：大庾（即今大庾岭，在今广东始兴东北）；始安（治今广西桂林）；临贺（治今广西贺州东南贺街）；桂阳（治今广东连州）；揭阳（治今广东揭阳西北）。秦代五岭覆盖的范围相对广泛，向东延伸至南岭余脉的最东段，今闽南、粤西北地区。

（三）汉代五岭的范围开始缩小，塞上岭（汉以后又名东峤或大庾

---

① （清）王念孙：《广雅疏证》（下）卷九下，上海古籍出版社1983年影印本，第1182—1183页。

② 王力：《同源字典》，中华书局1982年版，第329页。

③ （清）张自烈：《正字通》寅集，中国工人出版社1996年影印本，第304页。

④ 《后汉书》卷三三《郑弘传》，中华书局1965年点校本，第1156页。

⑤ （清）郝懿行：《尔雅义疏》中之七《释山第十一》，上海古籍出版社1983年影印本，第875页。

⑥ （汉）刘熙：《释名》卷一《释山第三》，中华书局1985年影印本，第12页，按其他版本"长"多做"高"。

⑦ （宋）周去非：《岭外代答》卷一《地理门·五岭》，中华书局1999年杨武泉校注本，第12页。

岭），在今广东始兴东北；骑田岭和都庞岭在今广东连州北；萌渚岭，在今广东贺州北；越城岭，在今广西桂林北。

（四）汉以后，汉代的五岭名号再未发生变化；五岭的具体位置，除第三岭外，亦从未发生变动。

（五）五岭之中的第三岭都庞岭，至迟在唐代发生了变动，由今广东连州移到湖南道县南的永明岭。唐代五岭说固定下来为后世沿袭，直至今日的"五岭"。

由前面所论，五岭与交通路线密不可分，几乎每一道岭都为人们提供了便利的越岭之道。但在不同的历史时期，五岭存在着不同的名号及具体位置，则又反映出不同的历史时期，过岭通道在时空上也发生了变化。

由于史书对于秦代五岭的记载相当模糊，除大庾岭可以确知外，其他四岭只能知道其所在的汉县，所以，秦代的过岭通道，除大庾岭一道外，其他几条则较为模糊。不过，宋人周去非对五岭道路的考订，对于把握秦代的五岭通道却大有帮助。

周氏认为"五岭"，"非必山也"，而是入岭的五条道路的观点并不可取，但他由这个观点出发，详细列出了五条"古入岭之驿"："自福建之汀，入广东之循、梅，一也；自江西之南安，逾大庾，入南雄，二也；自湖南之郴，入连，三也；自道入广西，之贺，四也；自全入静江，五也。"这五条入岭之道分别是：

（一）从南宋福建路的汀州（治今福建长汀县）进入广南东路梅州（治今广东梅州市）、循州（治今广东龙川县西）；

（二）从江南西路的南安军（治今江西大余县）翻越大庾岭，进入广南东路的南雄州（治今广东南雄市）；

（三）从荆湖南路的郴州（治今湖南郴州市）进入广南东路的连州（治今广东连州市）；

（四）从荆湖南路的道州（治今湖南道县）进入广南西路的贺州（治今广西贺州市西南贺街）；

（五）从荆湖南路的全州（治今广西全州县）进入广南西路的静江府（治今广西桂林市）。

周氏考订的第一条道路"自福建之汀，入广东之循、梅"之路，在大庾岭道之东，与汉以后五岭局促于现代五岭的范围不同。显然这条"古入岭之驿"，所指应当就是秦代穿越汉揭阳县境的过岭通道。按汉揭

110

第四章 江南西道交通格局的演变

阳境域广大，清人温仲和在《求在我斋集》中说："汉揭阳一县，地兼有今潮州（治今广东潮州市）九县。嘉应（治今广东梅州市）一州平远、镇平两县之地，正与汀赣交界。由大庾之东，穷至于海，为汉揭阳地。"这一地区"皆复岭重冈，深林丛谷"，分布着九连山、莲花山等东北—西南走向的山体，为南岭山脉的余脉。后世因而将其统称为"揭岭""揭阳岭"，因而温氏又言："自北而来，虔赣与汉揭阳县相接之地，皆复岭重冈，深林丛谷，即嘉应镇平、平远、长乐、兴宁，汀赣相连之界，其山皆可以揭岭统称之。"[①] 由此，秦代最东面一条过岭道路，大致可以确定，即由福建的长汀至广东梅州、龙川。

秦代的第二条过岭通道——大庾岭道，正是周氏考订的第二条道路。按"大庾岭"具体所指的山岭，在不同历史时期的"五岭"中，最为稳定，始终为同一岭。大庾岭道也是五岭通道最为稳定的一条。另外三条过岭道路，所经三县，都与周氏考订的另外三线所经道路相同。可见，周氏所考的这五条"古人岭之驿"，正是秦代的五岭通道。需要指出的是，秦代的五岭通道并非秦代方才形成，早在先秦时期就应当存在，一直发挥着沟通南北的作用。只是秦统一六国，拓土南越，过岭诸道方统一到王朝交通体系中来。

到了汉代，五岭的名号及其具体位置都发生了变化，因而过五岭的通道也随之发生变化。较之秦代五岭，汉代五岭开始名至实归，五岭分别指称五座山岭，位置也开始确定下来。少了最东面的"揭阳岭"，大庾岭成为五岭最东一岭；桂阳县则对应着两座山岭：骑田和都庞；临贺县对应着萌渚岭；始安县确定为越城岭。过岭通道因之发生变化，主要体现在：原本视作一途的桂阳县道，汉代得到细化，其他三条通道则变化不大。

至迟在唐代，五岭中的第三岭——都庞的位置发生了变化，由今湖南蓝山县境转移到了湖南道县境，五岭通道又增加了一条穿越新都庞岭的道路。

以上就"岭"的变迁，初步探讨了过岭通道随之变化的情况。值得注意的是，仅就过岭通道而言，这些道路并非一时开通，并且不仅限于五

[①] （清）温仲和：《求在我斋集》，转引自饶宗颐《揭岭揭阳山辨》，《饶宗颐潮汕地方史论集》，汕头大学出版社1996年版，第157页。与此岭被后世称为揭（阳）岭一样，后世也出现了始安岭、临贺岭以及桂阳岭等名号，应是对《广州记》的误解所致，但已经约定俗成，无须多论。

条，而是同时存在更多的通道；特别是五岭位置发生了变迁，旧有的五岭通道依旧发挥着作用，只是作用大小的问题。尤其像秦代过揭阳岭的道路，后来不仅没有因为五岭范围的缩小而不再发挥作用，相反过岭道路还有增辟[1]。但是，在不同的时代，都存在着五条主要的过岭通道，每条通道所经过的山岭，往往成为当时的"五岭"之一。既然五岭与交通的关系如此密切，那么反过来说，交通路线的变迁，是不是对五岭名号及其位置的变迁，同样产生过巨大作用，甚至，"五岭"的演变，是不是正因为随着人们对过岭通道的全方位认识，包括路线、里程以及运输能力等诸多问题认识的深入而发生的呢？这是后面将要探讨的问题。兹先以最晚形成的五岭，由东而西述五岭通道如下：

（一）越城岭道（湘桂道、灵渠）

此道由汉水、长江入湘江，溯湘江至全州；湘桂走廊的北面是五岭之越城岭，全州至兴安段地势较低，只有兴安严关乡一段十几里长的旱路。所以，秦朝付出三年的代价使监禄开凿灵渠，沟通湘江与漓江，"北水南合，北舟逾岭"，经兴安县灵渠入漓江，顺流南下，入西江，中原人从此可以荡舟岭南。

越城岭道系由今湖南南下两广最主要的水路，不过若由此路去广州，尚嫌迂远。西汉初，平南越赵佗，任用两个降汉的南越将领为"戈船将军"和"下濑将军"，一路沿漓江下梧州，另一路由零陵南溯潇水，沿贺江而下。可是，这二路兵未到达之前，南越已经被由北江南下的汉军平定了[2]。

越城岭道自秦汉以来一直是湖广与广西联系的过岭南北交通干线。从广州出发，需沿西江西行，过端州、康州、封州、梧州、富州、昭州，可至桂林，再沿灵渠经永州、衡阳，与桂岭道、骑田岭道相会。该线沿途，没有大的险阻，又尽可能地利用水路，所以在五岭西路交通中保持着最重要的地位，是岭南漕运的主干道。由灵渠维系的湘漓水道，后世屡有修缮。

（二）萌渚岭道

此道沿湘江上溯至湖南永州（零陵）后，与越城岭道分途，再沿潇

---

[1] 周去非又言："乃若漳（治今福建漳州市）、潮（治今广东潮州市）一路，非古入岭之驿，不当备五岭之数"说明这条揭阳岭南的傍海道是后来的新道，（宋）周去非：《岭外代答》卷一《地理门·五岭》，中华书局1999年杨武泉校注本，第11页。

[2] 《汉书》卷九五《南粤传》，中华书局1962年点校本，第3859页。

水上溯；顺着都庞岭谷地南下，经湖南道县、江永，越过萌渚岭隘口，到达广西的贺县。秦朝设置临贺县，遗址在今贺县东南。由此沿贺江顺流而下，至广东省西江沿岸的封开县江口镇，便可以顺西江而至广州。这条道路的优点也是有两条源头很近而南北分流的河：潇水与贺江。汉武帝平定南越以后，在萌渚岭与都庞岭之间设置谢沐县（治今湖南江永县西南），目的就是控制这条通道。此路从广州出发，沿西江至封州，北上贺州，改陆行，越萌渚岭至道州，可以与桂阳峤道相会。

（三）零陵、桂阳峤道

此道自湖南衡阳沿耒水上溯，经秦耒阳县，至郴县（治今湖南省郴州市）；由郴县转旱路，西南行，经蓝山县，南至汉桂阳县（治今广东连州市）；或南下坪石，再西南行，经星子也可至广东连县。这段陆路没有崇山峻岭，进入广东连州后，可利用洭水（湟水，今连江）、北江水路直下广州。

（四）骑田岭道

此道由郴州南下至坪石，顺北江上游武水南下韶关。此路较为便捷，但是穿过大瑶山至乐昌的武水水路，滩多流急，险恶不可名状。武水，古名虎溪，形容其水急崖陡，唐朝避帝祖讳而改。武水两岸皆红砂岩形成的丹霞地貌，岩石风化严重，容易崩塌，故此水路古代不常使用。

（五）大庾岭道

此道由南昌、吉安、赣州，越大庾岭至南雄、韶关。江西境内有赣江所资，广东境内有北江水道可以利用，沿途没有大的险阻，唯赣江上游章水与北江上游浈水之间被大庾岭分隔。汉武帝时，南越人击败韩千秋"使人函封汉使节，置塞上"[1]，即此地。唐代置"梅关"，所以大庾岭又称"梅岭"。

二 线分东西：早期的交流与秦下百越

早在先秦时期，五岭南北的交往已经相当活跃，靠近五岭的南越地区与中原的关系相当密切。春秋战国时期，中原各国混战不止，一部分人离开中原，来到比较安定且物产丰富的岭南地区，他们没有受到中原社会大变革的冲击，因而仍保存了商代和西周的埋葬习俗。广东清远、四会、德

---

[1] 《汉书》卷九五《西南夷两粤朝鲜传》，中华书局1962年点校本，第3856页。

庆、肇庆、始兴、罗定等地，广西恭城、平乐、宾阳等地曾发现了大量的春秋战国墓。这些墓葬都具有中原地区商和西周墓葬的特点，特别是具有明显的楚文化特征，而墓葬中出土的青铜器，则兼中原和岭南地方特色。值得注意的是，这批墓葬在空间上分布在南下五岭后南北纵向的河流附近，如恭城、平乐在漓江流域，清远、四会在北江流域，罗定在罗定江流域等。并且，这些流域在空间上，又主要分布在西江水系的北面，以及北江水系的西部几条支流。表明岭南地区和中原楚文化的交往不仅是沿着南岭山地的河谷进行，而且是沿着这些支流的北端，即秦过五岭通道中，过桂阳、临贺及始安三县的道路进行的。由这三路北上，进入湘江流域，正是当时楚国的势力范围。可见，春秋战国时期，楚国与岭南交往较为繁荣，这与南岭西段过岭通道的畅通有着密切关系。有学者认为，这一时期五岭南北的交往主要体现商业上，商业的发展可能是促进南越与中原交往的重要原因。[①] 后来秦始皇发兵岭南，是"利越之犀角、象齿、玳瑁、珠玑"[②]，说明秦以前就有商人把这批特产运到中原贩卖。《汉书·地理志》说：粤地"处近海，多犀、象、毒冒、珠玑、银、铜、果、布之凑，中国往商贾者多取富焉"[③]，反映的也是中原商人贩运南越特产的事实。春秋战国时期中原和南越关系的进一步密切，以及南越青铜文化的发展，为秦始皇统一岭南奠定了基础。以后，秦汉进军岭南，基本上是沿着这些河流而下的[④]。

秦统一六国后，开始向岭南进军，"三十三年（前214），发诸尝逋亡人、赘婿、贾人略取陆梁地"。[⑤]《淮南子》对秦的进军有详细记载："乃使尉屠睢发卒五十万为五军，一军塞镡城之领；一军守九疑之塞；一军处番禺之都；一军守南野之界；一军结余干之水。"[⑥] 按《淮南子》记载秦五路军的用词，非常微妙，它分别用了"塞""守""处""守"以及

---

① 廖国一：《论古代南越与中原的关系》，《广西师范大学学报》2002年第4期，第100页。
② （汉）刘安：《淮南子》卷十八《人间训》，中华书局1998年何宁集释本，第1289页。
③ 《汉书》卷二八《地理志下》，中华书局1962年点校本，第1670页。
④ 此段论述，详参廖国一《论古代南越与中原的关系》，《广西师范大学学报》2002年第4期，第100页；广东省博物馆：《广东考古结硕果，岭南历史开新篇》；广西壮族自治区：《三十年来广西文物考古工作的主要收获》，文物出版社1979年版，第325—348页。
⑤ 《史记》卷七《秦始皇本纪》，中华书局1959年点校本，第253页。
⑥ （汉）刘安：《淮南子》卷一八《人间训》，中华书局1998年何宁集释本，第1289页。

第四章　江南西道交通格局的演变

"结"等词汇，这与汉武帝时出兵南越，史书载汉军行进路线的用词，有很大差异。秦军似乎是先戍守住了几条入越的道路，进而才向百越进发，因而，五路秦军是不是全部翻过五岭进攻百越，以及过岭军队的数目等问题都值得仔细探讨。按镡城，县名，《汉书·地理志》作"镡成"，当为秦置，属黔中郡，汉属武陵郡，治今湖南靖州县，东南与广西始安隔越城岭相望。始安正为秦五岭通道之一，因此，第一军正是在秦五岭最西面的始安县境构筑要塞。九疑，山名，亦作"嶷"，正位于汉桂阳县北，第二路秦军把守五岭中桂阳县道的九疑山要塞。番禺，县名，在今广州市仓边街附近，南越的政治中心所在。第三路秦军越过五岭，在番禺附近驻守。南野，县名，秦置，治今江西南康市西南章水南岸，县南即是大庾岭。过大庾岭便是南越之地，第四路秦军应当就驻扎在大庾岭上。余干，县名，西汉置余汗县，后世改名余干，治今江西余干县。"余干之水"即今信江。信江源自武夷山脉，西流经余干县注入鄱阳湖。逆信江及其支流，有数条通道穿越武夷山脉，进入闽越境。第五路秦军集结于余干县，正是切断了闽越进入中原的通道，秦军亦可由此道进入闽越之地。

由上面的分析可以看出，秦军出兵百越，虽兵分五路，却并不一定是齐头并进，共征番禺。中路军已经进发到番禺城下，东路军却仍然集结在余干之水。秦军最初的行进路线未能与秦代五岭通道完全吻合。个中原因，虽与当时的政治形势有关，但交通的原因仍不可忽视。

按秦军过岭，粮草等大宗后备物资，因为五岭山地的阻隔，不能完全实现水运，因而战斗力大大削弱，"三年不解甲弛弩，使监禄无以转饷，又以卒凿渠而通粮道"。[1] 为了给前方军队运送粮草，秦始皇命史禄开凿人工运河，这便是造福后世的灵渠。灵渠的开凿，沟通了湘、漓二水，从而使长江水系与珠江水系联系起来。这条完全贯通的水道，就位于秦代五岭中最西面的始安县境，也就是秦军"塞镡城之岭"的地方，"湘水之南，灵渠之口，大融江、小融江之间，有遗堞存焉，名曰秦城，实始皇发谪戍五岭之地"。[2]

不过，灵渠凿通后，大量的秦军粮草虽然可以由灵渠转输供应，但秦

---

[1] （汉）刘安：《淮南子》卷一八《人间训》，中华书局1998年何宁集释本，第1289页。
[2] （宋）周去非：《岭外代答》卷一〇《古迹门·秦城》，中华书局1999年杨武泉校注本，第400页。

军的主要行进路线却并不一定是这一条。这主要因为由中原南下,特别是由关中南下番禺,经此条过岭通道远较过桂阳县的通道迂远。《元和郡县图志》记载了唐代广州(与汉代番禺治同一地)至国都长安,"取郴州路四千二百一十里"。① 唐代郴州与汉代桂阳郡同治一地(今湖南郴州),可知此路正是秦桂阳县道。而取桂州路(治今广西桂林市,即汉始安县治)至长安,则为五千四百零五里②。可见,由桂阳县过岭,较之由始安县过岭,可以节省一千二百里左右;较之位置更东的大庾岭道,也十分近便。兵贵神速,尤其在当时的生产条件下,秦军主力多走桂阳岭道,而庞大沉重的军需物资则多由始安水道转运,都是较为合理的。

值得注意的是,秦五岭通道中,似乎揭阳岭道一直没有得到利用。按南岭山脉东段当时正是闽越与南越的分界线,揭阳岭道则为闽越通南越之途。"结余干之水"的秦军是否由闽越之地,转而穿越揭阳岭道进入南越;抑或攻入百越的军队转而向东拓土,经由揭阳岭道进闽越?这些都无从考证。唯秦代五岭之为五岭,并不是因为秦五军而产生,只应是当时甚至更早的人们对南岭群山的总称,秦五岭与五军是不同的概念,应于理不悖。

三 重西轻东:汉代对湘水通道的重视

《史记·南越列传》载秦末南海尉"任嚣,病且死,召龙川令赵佗语曰:'闻陈胜等作乱,秦为无道,天下苦之。……中国扰乱,未知所安,豪杰畔秦相立。南海僻远,吾恐盗兵侵地至此,吾欲兴兵绝新道,自备,待诸侯变……'即被佗书,行南海尉事。嚣死,佗即移檄告横浦、阳山、湟溪关曰:'盗兵且至,急绝道,聚兵自守!'"任嚣提到的"新道",唐司马贞《史记索隐》注引汉末魏初苏林的说法,"秦所通越道";③《汉

---

① (唐)李吉甫:《元和郡县图志》卷三四《岭南道一》,中华书局1983年点校本,第886页。

② 据《元和郡县图志》卷三四《岭南道一》、卷三七《岭南道》四:"广州:正西微北至端州沿沂相兼二百四十里";"端州:东至广州二百八十四里……西至康州二百九十里";"康州:东至端州二百九十里……西北沂流至封州一百二十五里";"封州:东南沿流至康州一百二十里……西北沂流至梧州五十五里";"梧州:东南沿流至封州五十里……西北至桂州六百三十里";"桂州:北至上都三千七百五里……东南水路至梧州六百三十里",中华书局1983年点校本,第886、897、898、899、920、917—918页。

③ 《史记》卷一一三《南越列传》,中华书局1959年点校本,第2967、2968页。《汉

书》颜师古注曰"秦所开越道也"。① 又赵佗移檄绝道的几个关隘：横浦关，《史记索隐》引《南康记》："南野县大庾岭三十里至横浦，有秦时关，其下谓为'塞上'"，在今江西省大庾岭东南；阳山关，《史记索隐》引姚氏案："《地理志》云揭阳有阳山县。今此县上流百余里有骑田岭，当是阳山关"，在今广东阳山县西北；湟溪关，在今广东英德县西南连江注入北江处②。由横浦关北行，便是大庾岭道；由阳山关北上，就是九疑山，九疑山附近正当桂阳岭道；湟溪关则在下游控扼着这两条道路的交会点，成为南越政治中心——番禺北方的门户。赵佗绝道的这几个关隘，都位于五岭通道之南，可见赵佗确实意在保境自备，绝兵自守。"盗兵"不一定来自中原，至少也应当是今江西、湖南境的割据势力，他们多取这两条通道入越，说明这两条道路沟通南北的作用已经较为明显。

汉武帝时，为控制南越政权，"元鼎四年（前113），汉使安国少季往谕王、王太后，以入朝，比内诸侯；令辩士谏大夫终军等宣其辞，勇士魏臣等辅其缺，卫尉路博德将兵屯桂阳，待使者"③。此桂阳为县，已为马王堆汉墓出土的地图所证实④。桂阳岭道的重要性由此可见。后南越反叛，武帝派韩千秋率二千人讨越，"韩千秋兵入，破数小邑。其后越直开道给食，未至番禺四十里，越以兵击千秋等。遂灭之"。此次进军，本是汉军轻敌，以为可以轻而易举地击败南越，所以兵发仓促，冒然进军，势必选择较为便捷的入越之道。南越灭韩千秋军后，"使人函封汉使者节置塞上"。《史记索隐》引《南康记》以大庾岭一名塞上，《元和郡县图志》亦言："大庾岭……即汉塞上也……越相吕嘉破汉将军韩千秋于石门，封送汉节置于塞上，即此岭。"⑤ 由吕嘉封送汉节于大庾岭，可知韩千秋军或正由大庾岭道入越。且千秋冒进，过岭之后，粮草似乎不能及时供应，只得就地取粮，可见大庾岭道与桂阳岭道有相似之处：虽利于行军，却由于山路过长，不能运送大量军需物资。

此后，汉武帝开始大规模向南越用兵，"令罪人及江淮以南楼船十万

---

① 《汉书》卷九五《南粤传》，中华书局1962年点校本，第3848页。
② 《史记》卷一一三《南越列传》，中华书局1959年点校本，第2969页。
③ 同上书，第2972页。
④ 谭其骧：《马王堆汉墓出土地图所说明的几个历史地理问题》，《文物》1975年第6期，第22页。
⑤ （唐）李吉甫：《元和郡县图志》卷三四《岭南道一》，中华书局1983年点校本，第902页。

师往讨之",《史记·南越列传》详细记载了行军路线:"元鼎五年(前112)秋,卫尉路博德为伏波将军,出桂阳,下汇水;主爵都尉杨仆为楼船将军,出豫章,下横浦;故归义、越侯二人,为戈船、下厉将军,出零陵,或下离水,或抵苍梧;使驰义侯因巴蜀罪人,发夜郎兵,下牂牁江;咸会番禺。"①汇水,又名湟水,即今连江。这里,较为明确的行军路线有:伏波将军走桂阳岭道;楼船将军走大庾岭道;驰义侯走牂牁江道;弋船或下厉将军一路走漓水所经的始安岭道。唯不能确定的是"抵苍梧"一军的行进路线。按五路汉军的进军计划,最终都要抵达南越的政治中心,"咸会番禺",因而驰义侯、弋船和下厉将军的军队在向番禺进军的过程中,势必都要途经苍梧(今广西梧州),但史书将"或抵苍梧"一军单独记载,表明弋船或下厉将军的两路军马,必有一支直指苍梧。这一路军队的行进路线,应当就是秦代的临贺县境内的过岭通道,即由零陵南下过五岭后,入贺江直抵苍梧,然后由苍梧顺江东下进军番禺。

汉军虽兵分五路进讨南越,其进度却又各不相同。行军较为顺利的是走大庾岭道的楼船将军杨仆,"元鼎六年冬,楼船将军将精卒先陷寻陕,破石门,得越船粟,因推而前,挫越锋,以数万人待伏波"。寻陕在今广东清远市东北、英德县西南;石门,《史记索隐》引《广州记》:"在番禺县北三十里。昔吕嘉拒汉,积石镇江,名曰石门。"走桂阳岭道的伏波将军,"将罪人,道远,会期后"。伏波将军的行进路线"道远",并不能单纯理解为由桂阳岭道入越较大庾岭道远,而应是路博德"发罪人"所致。此外,杨仆所率全为"精卒",行军速度势必极快。较之于其他三路,这两路汉军最先进抵番禺城下并迅速败南越,"戈船、下厉将军兵及驰义侯所发夜郎兵未下,南越已平矣"。②

1972年,长沙马王堆三号汉墓出土的"西汉初期长沙国深平防区图",为我们把握当时的五岭通道提供了实证。图上绘有桂阳(今广东连县)、南平(今湖南兰山)、营浦(今湖南道县)、泠道、营道(均在湖南宁远县境)各县和道路水系。该图可能是为平南越而制作的,说明西汉初年这里是过岭的主要交通线之一。据谭其骧先生考证,这幅地图描绘的范围虽然较广,相当于今广西全州、灌阳一线以东,湖南新田、广东连

---

① 《史记》卷一一三《南越列传》,中华书局1959年点校本,第2975页。
② 同上书,第2975—2976页。

第四章　江南西道交通格局的演变

州一线以西，北起新田、全州一线，南达广东珠江口外的南海，但图中主要部分是墓主的驻防区域，即九疑山附近的"大深水"流域，比例尺介于十五万分之一到二十万分之一之间。九疑山西麓，深水岸边的"深平应是驻防的大本营所在，也就是三号墓墓主生前的常驻地"。汉政府在九疑山西麓筑塞设防，深水流域无疑是南北交通要道之一。溯深水西南行，可抵长沙国的南界桂阳县；沿深水支流西南行，可由营浦（治今湖南道县北）或今江华县过萌渚岭，下临贺县，直抵苍梧。前述"抵苍梧"的汉军，很可能走的就是这条过萌渚岭的道路。相形之下，九疑山东麓，尽管"已不在三号墓墓主人驻防范围之内"，"仅仅画出县治和一些道路，不画乡里"，在这幅图中地位并不重要。实际上，九疑山东麓亦是一条重要的过岭通道：由溯湘江支流舂陵水南下，经图中所绘舂陵、泠道、南平以及龁道等县，从九疑山东麓过岭，顺连江直抵汉桂阳县。这些"秦代已经有了的县"，较之三号墓主驻守的九疑山西麓的大深水流域要多得多，因而这条路线的重要性也显而易见[①]。这条路的东面，还有一条十分重要的路线，即溯舂陵水或耒水南下，过今骑田岭后，或下武水，抵曲江（治今广东韶关市），或同样由连江下桂阳。这两条同下桂阳的路线，由于距离特近，且有重合，因而常被视为一途，秦代的桂阳岭道，反映的就是这种情况[②]。

东汉初年，卫飒"迁桂阳太守。郡与交州接境，颇染其俗……先是含洭、浈阳、曲江三县，越之故地，武帝平之，内属桂阳。民居深山，滨溪谷……去郡远者，或且千里……飒乃凿山通道五百余里，列亭传，置邮驿。"经过大力整治，"于是役省劳息，奸吏杜绝。流民稍还，渐成聚邑，使输租赋，同之平民"，既保境息民，增加财赋，又保障了桂阳岭道的畅通。[③]

伏波将军马援平岭南征侧、征贰起义时，为解决粮饷，对灵渠水道进行整修，《太平御览》引《郡国志》言："开湘水为渠六十里。"[④] 章帝

[①] 谭其骧：《二千一百多年前的一幅地图》，《文物》1975年第2期，第43—48页；《马王堆汉墓出土地图所说明的几个历史地理问题》，《文物》1975年第6期，第20—28页。

[②] 有学者认为汉代的都庞岭就应在九疑山东南，详梁国昭《都庞岭何在？——对祝鹏先生有关古都庞岭考证的补充与修正》，《热带地理》1989年第1期，第48—53页。

[③] 《后汉书》卷七六《卫飒传》，中华书局1965年点校本，第2459页。

[④] （宋）李昉：《太平御览》卷六五《地部三〇·江南诸水·漓水》引《郡国志》，中华书局1960年影印本，第1册，第311页下栏。

119

时，郑弘"奏开零陵、桂阳峤道，于是夷通，至今（刘宋）遂为常路"。①桂阳峤道无须多言，零陵峤道极有可能是临贺岭道以及与灵渠水道并行的始安岭陆道。灵帝时，桂阳太守周憬又对桂阳岭道进行了修治。与卫飒通山道不同，周憬对过岭南的武水进行了整修。本来，由桂阳过岭后，有两条水道南下番禺，一为武水，一为连水，而武水较近。但武水穿越崇山峻岭，水流湍急，特别是流经坪石至乐昌一段，号称"六泷"，最为险恶，商旅往来，十分不便。周憬命人排除巨石，高填下凿，截弯取直并疏浚河床②。

秦汉两代是过岭交通发展的一个重要时期。秦汉两朝对南越的军事活动，促进了过岭通道的开辟，而过岭通道在秦汉王朝军队南下的过程中，又分别承担着不同的运输任务和职能。桂阳与大庾岭道，由于距离南越政治中心最近，因而成为主力军队南下的首选通道。特别桂阳岭道是中原南下番禺诸道中最为近便的一条，不仅成为重要的军事通道，使节、商旅等亦多取道于此，因而备受时人重视，汉代多次进行修整。较之桂阳岭道，大庾岭道除路程稍远外，岭道亦过于狭窄，甚至不能通车运，"以载则曾不容轨，以运则负之以背"③，只能依赖人力背负过岭。更有甚者，岭北的赣江水道也不利于航行，"赣川石阻，水急行难，倾波委注，六十余里"④，至南朝梁末，情况依旧，《陈书》载："南康灨石旧有二十四滩，滩多巨石，行旅者以为难。"南朝陈的开国皇帝陈霸先举兵北上，取道赣水，时"水暴起数丈，三百里间巨石皆没"⑤，方顺利通过。可见，这两条通道共同的缺点是陆路里程过长，粮饷运送不易；西面的始安岭道则因为灵渠的开通，珠江水系与长江水系相连，中原物资可以顺水运至岭南。此外，由马王堆汉墓地图可知，处在桂阳与灵渠间的临贺（即萌渚岭）

---

① 《后汉书》卷三三《郑弘传》，中华书局1965年点校本，第1156页。按同传同页载："旧交址七郡贡献转运，皆从东冶泛海而至，风波艰阻，沉溺相系"，可知其时海道已通，但由于不在本书讨论范围，故不详论。

② （汉）阙名：《桂阳太守周憬功勋铭》，（宋）洪适：《隶释》卷四，《文渊阁四库全书》，台北商务印书馆1986年影印本，第681册，第492页。

③ （唐）张九龄：《开大庾岭路记》，《全唐文》卷二九一，中华书局1983年影印本，第3册，第2950页上栏。

④ （清）杨守敬：《水经注疏》卷三九，江苏古籍出版社1989年点校本，第3册，第3230页。

⑤ 《陈书》卷一《高祖纪上》，中华书局1972年点校本，第1册，第5页。

第四章 江南西道交通格局的演变

一道也十分重要。

20世纪以来，五岭通道附近大量的考古发现，为我们理解过岭交通诸问题提供了旁证。汉代以前，包括从新石器时代、商代、西周以迄春秋战国时代的墓，其墓圹主要是长方形的土坑，不论大小深浅如何，都是由地面一直往下掘，称为"竖穴"墓。西汉中期，在黄河流域开始流行在地下横掏土洞，作为墓圹，称为"横穴"墓。西汉时，主要是在中原地区，盛行用庞大的空心砖堆砌墓室。至西汉末年，石室墓也开始流行。总起来说，用横穴式的洞穴作墓圹，用砖和石料构筑墓室，是汉墓与汉以前的墓在形制和构造上的主要区别，其特点在于模仿现实生活中的房屋。王仲殊先生认为："汉代墓制的这种变化，从时代上说，主要是在西汉中期才开始的，从地区上说，首先发生于黄河流域，然后逐渐普及到各地。在西汉前期，统治阶级仍然习惯于沿用战国以来的竖穴式土坑墓，墓中筑木椁。在长江流域以及南方和北方的边远地区，这种竖穴式木椁墓一直延续到西汉晚期，甚至到东汉。"[①]因此，这种汉代中原地区开始出现的葬式，随着时间的推移，其在空间上的拓展，从一个侧面反映了中原势力扩张的轨迹。这种墓葬分布数量越多，就越能说明汉人在该地区的生活，或者，中原文化的影响越大。

今湖南省境内的汉代墓葬，不仅数量远远多于东面的江西省，分布也远较江西省广泛。而且，湖南省境的汉代墓葬，多分布在湘江水系南下五岭的沿线；江西境内的汉墓，仅豫章郡治（治今江西南昌市）附近较为密集。汉代墓葬的这种分布状况，从一个侧面向我们展现了当时的人们选择交通路线的一种趋向性，即无论是中原地区的人们南下，还是岭南地区的人们北上，他们多选择今湖南省境内的南北大道，而不是东面江西境内的大庾岭道。所以，今湖南境内的几条过岭通道远比江西境内的大庾岭道繁忙得多。仅就今湖南境内的几条过岭通道来说，桂阳岭道无疑最为重要；最西面的灵渠所经的岭道，尽管岭北的零陵郡内似乎尚未发现墓葬，但从岭南大量汉墓的发现，可以证明这条岭道也相当重要。桂阳岭道与始安岭县之间的道路，史籍一直缺乏明确的记载，仅从马王堆汉墓地图知其为南北要道之一，而大量汉墓的发现则说明东汉郑弘奏开的零陵、桂阳峤道，并非特指个别线路，而应是对零陵、桂阳境内诸条过岭通道的开拓。

[①] 王仲殊：《汉代的墓葬》，《汉代考古学概说》，中华书局1984年版，第85页。

121

进之，秦汉两代对于过岭通道的开辟，在加强南北交通的同时，人们对五岭的认识势必随之加深。按：秦五岭，不仅覆盖的范围较之后代广泛，而且名号十分模糊，多以岭所在的县指称，反映了先秦以来的人们，由于对过岭通道的认识并不充分，只能大体言之。到了汉代，随着一次次军事行动以及南北交往的增多，五岭通道不断得到拓展，人们对五岭的认识也深入。每一条过岭通道上最为重要的山岭开始为人们熟知，并被进一步固定为"五岭"。始安的越城岭、临贺的萌渚岭、桂阳的都庞岭和骑田岭，再加上原已存在的大庾岭，"五岭"在汉代被固定下来。

四　东西易位：隋唐时期大庾岭道的后来居上

东汉末年，天下大乱，统一的局面不复存在，后虽有西晋的短暂统一，却很快又陷入分裂。永嘉丧乱，洛阳司马氏政权不保，辗转定都建康（今江苏南京市），建立了偏安江左的东晋政权。较之于中原的洛阳，建康不仅位于长江下游地区，而且位置偏东，建康与岭南地区的交通，又以五岭通道中位置同样偏东的大庾岭道最为便捷，大庾岭道逐渐受到重视和利用。

实际上，早在孙权建立东吴时，大庾岭的地位便开始发生了变化。从韦正《长江中下游、闽广地区六朝墓葬的分区和分期》所附南朝不同时期的墓葬分布图可以看出，赣江流域在吴至东晋早期的墓葬数量众多，其分布密度比其他地区，特别是西面的湘江流域高得多。虽然广西西北部，即分布在西部几条过岭通道周围的墓葬也较多，但是据韦正对出土器物的研究，这些墓葬主要是五岭南北的局部地区之间联系较强的体现而已[①]。东晋南朝与岭南的地区联系，主要通过赣江水道实现，这一点有大量史籍记载可资印证。

东晋义熙五年（409），刘裕率军北伐，国都建康守备空虚，始兴太守（治今广东韶关市东南）徐道覆认为"今日之机，万不可失"，力劝广州刺史卢循乘机北上偷袭建康，"若平齐之后，刘公自率众至豫章，遣锐师过岭，虽复君之神武，必不能当也"，进而威胁说："君若不同，便当

---

① 韦正：《长江中下游、闽广地区六朝墓葬的分区和分期》，博士学位论文，北京大学，2002年，第66页。

第四章 江南西道交通格局的演变

率始兴之众"越过大庾岭,"直指寻阳(治今江西九江市)"①。卢循依其计。义熙六年(410),卢循越大庾岭,沿赣水北上,转而顺江而下,直指建康。为回撤的刘裕所败后,又原路退回岭南,不久彻底失败。

南朝梁末爆发了侯景之乱,陈开国皇帝陈霸先时监始兴郡,为赴援国都,派"二千人顿于岭上"。镇守广州的萧勃,千方百计阻挠霸先北上,"时蔡路养起兵据南康(治今江西南康市),勃遣腹心谭世远为曲江令,与路养相结,同遏义军。大宝元年(550)正月,高祖发自始兴,次大庾岭,路养出军顿南野(治今江西南康市西南章水南岸),依山水立四城以拒高祖。高祖与战,大破之。路养脱身窜走,高祖进顿南康"。其后陈霸先沿赣水出湓口,扼守长江,于梁武陵王天正元年(552)自豫章出发,顺江东下,攻夺建康,灭侯景,遂掌握萧梁的朝政大权,并大有取代之势。太平二年(557),"萧勃举兵,自广州渡岭,顿南康",军抵豫章后不久便被陈霸先讨平②。卢循、陈霸先与萧勃北上,都由广州北越大庾岭,循赣水北上。由此可知江西一地据长江中游,对制约荆扬、攻夺建康极为重要。

东晋宁康三年(373),释道安分张徒众,释慧远"于是与弟子数十人,南适荆州,住上明寺。后欲往罗浮山,及届浔阳,见庐峰清静,足以息心,始住龙泉精舍"。又有释慧永,"素与(慧)远共期,欲结宇罗浮之岫。远既为道安所留,永乃欲先逾五岭。行经浔阳,郡人陶范苦相要留,于是且停庐山之西林寺"③。罗浮山在岭南,浔阳治今江西省九江市。慧远与慧皎在不同时期,由荆州南下,不走湘南诸道,却由浔阳南下,所行路线相同,个中原因,耐人寻味。

隋开皇十年(590)高智慧为乱、王仲宣反亦是一例,"(裴矩)奉诏巡抚岭南,未行而高智慧、汪文进等相聚作乱,吴、越道闭,上难遣矩行。矩请速进,上许之。行至南康,得兵数千人。时俚帅王仲宣逼广州,遣其所部将周师举围东衡州。矩与大将军鹿愿赴之。贼立九栅,屯大庾岭,共为声援。矩击破之,贼惧,释东衡州,据原长岭。又击破之,遂斩

---

① 《晋书》卷一〇〇《卢循传》,中华书局1974年点校本,第2635页。
② 《陈书》卷一《高祖纪上》,中华书局1972年点校本,第1册,第12页。
③ (南朝梁)释慧皎:《高僧传》卷六《义解三·晋庐山释慧远》《晋庐山释慧永》,中华书局1992年点校本,第212、232页。

师举，进军自南海援广州。仲宣惧而溃散"。①

隋末林士弘起义，不仅占据了今江西全境，还从大庾岭南下攻占番禺及其附近地区。史载："林士弘者，饶州鄱阳人也。大业十二年（616），与其乡人操师乞起为群盗。师乞……攻陷豫章而据之，以士弘为大将军。隋遣持书侍御史刘子翊率师讨之……隋师败绩。大业十三年（617），徙据虔州，自称皇帝，国号楚……攻陷临川、庐陵、南康、宜春等诸郡，北至九江，南洎番禺，悉有其地。其党张善安保南康郡，怀贰于士弘，以舟师循江而下，击破豫章。士弘尚有南昌、虔、循、潮数州之地。……武德五年（622），士弘遣其弟鄱阳王药师率兵二万攻围循州，刺史杨略与战，大破之。士弘惧而遁走。……其年（622），洪州总管张善安……发兵讨之，会士弘死，部兵溃散。"② 林士弘的割据长达六年（617—622），势力地跨五岭南北，固然与隋末唐初社会变乱，尤其是唐初无暇南顾有关。但其能够穿越大庾岭，跨岭而治，则表明大庾岭南北的交往已日渐增多，大庾岭道至少在区域性交通中的地位越来越重要。

五　重东轻西：宋以后固化的格局

唐代是五岭交通发生巨变的时期，主要体现在大庾岭道的后来居上，逐渐取代西面四条过岭通道，成为南北交通首要的交通路线。大庾岭道地位的攀升，则要归功于隋代大运河的修筑。大运河将北方地区与江淮以至东南沿海紧密联系起来，东南地区的财赋，通过这条运河，可以顺利地运到中原乃至关中地区，大运河逐渐成为南北物资交流的大动脉。

与此同时，"五岭之外，财赋盛于东禺，兵马出于西桂"③，岭南地区日渐发展，特别是东部亚区，也开始成为唐宋中央政府财赋的来源，岭南与中原地区需要加强交通。因此，与大运河这条位置偏东的水道相呼应，客观上需要一条靠近大运河的道路，大庾岭道的重要性开始凸显。

前面已经介绍了大庾岭道的缺陷，即岭道的狭窄与赣江水道的险滩。不过，这些缺点都较易克服，开元四年（716）张九龄奉命开大庾岭路，

---

① 《隋书》卷六七《裴矩传》，中华书局1973年点校本，第1577页。
② 《旧唐书》卷五六《林士弘传》，中华书局1975年点校本，第2276页。
③ （明）杨士奇：《历代名臣奏议》卷四七《治道》"宋高宗时中书舍人胡安国上时政论"，上海古籍出版社1989年影印本，第1册，第638页下栏。按容肇祖点校本胡寅《斐然集》："五岭之外，财赋盛于东南，兵马出于西北"，中华书局1993年点校本，第541页。

第四章 江南西道交通格局的演变

据所撰《开大庾岭路记》：

> 初，岭东废路，人苦峻极，行径寅缘数里，重林之表，飞梁嶪峨，千丈层崖之半，颠跻用惕，惭绝其元。故以载则曾不容轨，以运则负之以背。而海外诸国，日以通商，齿革羽毛之殷，鱼盐蜃蛤之利，上足以备府库之用下足以赡江淮之求，而越人绵力薄材，夫负妻戴，劳亦久矣。

新路开通以后，"坦坦而方五轨，阗阗而走四通，转输以之化劳，高深为之失险"，大庾岭道交通条件大为改善①。又文初已有交代，大庾岭较之于其他四岭，相对低矮，山间多旷谷，垭口较易翻越。对于赣水险滩，唐路嗣恭子应贞元（785—805）初年，"出为虔州刺史……凿赣石梗崄以通舟道"，赣水河道亦得到整治②。从此，除大庾（治今江西南康市）至浈昌（治今广东南雄市）间为陆路外，其他皆可以水路相通，大庾岭道在唐代南北交通中扮演越来越重的角色。

唐朝时对大运河及其他水路交通非常重视。唐太宗于贞观初年，有江州刺史左难当肃清江路一事，"时以江中盗贼劫掠，为商旅之弊。诏以难当为静江大使，自是江路肃清"，③ 保证了江西与北方各地水上运输的畅通，江西的水上交通繁荣起来。唐代诗人王勃在《滕王阁序》中描写当时鄱阳湖区的情景："舸舰迷津，青雀黄龙之舳。虹消雨霁，彩彻云衢。落霞与孤鹜齐飞，秋水共长天一色。渔舟唱晚，响穷彭蠡之滨"④。洪州都督兼刺史张九龄的诗《候使石头驿楼》描绘当时赣江的航运："山槛凭高望，川途渺北流。远林天翠合，前浦日华浮。万井缘津渚，千艘咽渡头。渔商多末事，耕稼少良畴。"⑤ 水上交通的发达，竟使人们趋商弃农，这大概是隋炀帝修建大运河时所未料到的，唐代诗人白居易曾提到，江西

---

① （唐）张九龄：《开大庾岭路记》，《全唐文》卷二九一，中华书局1983年影印本，第3册，第2950页上栏。
② 《新唐书》卷一三八《路嗣恭传》，中华书局1975年点校本，第4624页。
③ （宋）王钦若：（宋本）《册府元龟》卷六九五《牧守·屏盗》，中华书局1989年影印本，第2437页下栏。
④ （唐）王勃：《秋日登洪府滕王阁饯别序》，《全唐文》卷一八一，中华书局1983年影印本，第2册，第1846页下栏。
⑤ （唐）张九龄：《候使石头驿楼》，《曲江集》卷三，商务印书馆1937年版，第27页。

125

商人"南北东西不失家,风水为乡船作宅",以船为家,来往于东西南北经商①。

中宗神龙元年(705),宋之问坐与张易之交通之罪,贬岭南泷州(治今广东罗定市东南)。他由长安南下,经商州、邓州至襄州,过安州、黄州抵蕲州。由蕲州渡江,入江州后,经洪州赣水南下,越大庾岭赴泷州。沿途宋之问创作了大量唐诗,其中《早发大庾岭》《题大庾岭北驿》及《度大庾岭》三首诗直接提到了大庾岭②。

天宝七载(748),鉴真和尚第五次东渡日本,因台风遭船难,漂至广州,其后(天宝八载,749)由广州北返扬州,据《唐大和上东征传》:

> 大和上住此(指广州)一春,发向韶州,倾城远送。乘江七百里,至韶州禅居寺,留住三日……至浈昌县(治今广东南雄市),过大庾岭,至虔州开元寺……次至吉州……从此向江州,至庐山东林寺……和上留连此地,已经三日,即向浔阳龙泉寺……从此陆行至江州城……太守亲从浔阳县至九江驿,和上乘舟与太守别去。从此七日至润州江宁县(治今江苏南京市)……归扬府(治今江苏扬州市)。③

其路线为广州—韶州(由浈昌过大庾岭)—虔州—吉州—江州—长江—润州—扬州。

对中原前往岭南路线记载最为清晰的,是唐中后期的李翱。宪宗元和三年(808)十月,李翱应岭南节度使杨于陵之辟为幕府,元和四年(809)正月,李翱由洛阳出发,南下赴广州就任,他在《来南录》中详细记载了沿途所经:

> 元和三年十月,翱既受岭南尚书公(即杨于陵)之命。四年(809)正月己丑,自旌善第以妻子上船于漕。乙未,去东都……明日及故洛东,吊孟东野。……庚子出洛下河,止汴梁口。遂泛汴流,通河于淮。辛丑,及河阴。乙巳,次汴州……二月……乙酉,次宋

---

① (唐)白居易:《盐商妇》,《全唐诗》卷四二七,中华书局1960年版,第13册,第4706页。
② 《全唐诗》卷五一、五二,中华书局1960年版,第2册,第623、640及641页。
③ [日]真人元开:《唐大和上东征传》,中华书局1979年点汪向荣校注本,第74—80页。

第四章 江南西道交通格局的演变

州……丙辰，次泗州……壬戌，至楚州。丁卯，至扬州。……辛未，济大江（长江）至润州。戊辰（寅），至常州。壬午，至苏州。……戊子，至杭州。……癸巳，驾涛江逆波至富春。丙申，七里滩至睦州。……辛丑，至衢州。……三月丁未朔，翱在衢州。甲子，女某生。四月丙子朔，翱在衢州，与候高宿石桥。丙戌，去衢州。……戊子，自常山上岭，至玉山。庚寅，至信州。甲午，望君阳山，怪峰直耸似华山。丙申，上于越亭。乙亥，直渡担石湖。辛丑，至洪州，遇岭南使，游徐孺亭，看荷华。五月壬子，至吉州。壬戌，至虔州，己丑，与韩泰安平渡江，游灵应山居。辛未，上大庾岭，明日至浈昌。癸酉，上灵屯西岭，见韶石。甲戌，宿灵鹫山居。六月乙亥朔，至韶州。……戊寅，入东荫山……过浈阳峡。己卯，宿清远峡山。癸未，至广州。①

此路线与前述鉴真北上颇为相似，在彭蠡湖至广州部分完全相同，不同处在于李翱由浙江入江西，鉴真则由北部沿长江东下。二人的差异在于方向不同，李翱为南下西行，其原因可能与鉴真为北上东行，鉴真可利用河川顺流而下有关。若李翱采用鉴真的路线则必须逆长江流西行，多有不便。李翱所用路线虽也逆浙江而行，水势不如长江强，行舟较易。

不过，严耕望先生对于长江与黄河流域间的东部道路，又有以下观点：

> 隋开汴河，唐代利之以为南北漕运之大动脉，东道之重要性渐得与中道平衡，然东道去政治中心较迂远，故轻装行旅而南者，尤其南下长江中游及巴蜀、岭南者，仍取中道为多。②

严氏认为"轻装行旅而南者"，多行长江中游南下，这与前面所引的例子并不矛盾。因为东道的特色就在于水运，所以成为漕运的主要线路，中道则因为里程较近而成为"轻装行旅"的首选。前引宋之问与李翱等

---

① （唐）李翱：《来南录》，《全唐文》卷六三八，中华书局1983年影印本，第7册，第6443—644页上栏。
② 严耕望：《荆襄驿道与大堤艳曲》，《唐代交通图考》第四卷，台北"中研院"史语所1985年版，第1040页。

人南下的例子，主要以其详细的记载来证明这条大道的通畅。如若从润州等江南东道地区赴岭南，则大庾岭道就成为首选了。唐宣宗大中三年（849），润州司马许浑转任监察御史亦取道江西南下广州巡察，其《丁卯集》卷上《留别赵端公并序》云："余行次钟陵，府中诸公宴饯赵端公。晓赴郡斋。一约余来，且整櫂，因留别"[1]，诗曰："孤帆已过滕王阁，高榻留眠谢守窗。"滕王阁在洪州，许氏由洪州下吉州，有《舟行早发庐陵郡郭寄滕郎中》诗，庐陵郡即吉州。在吉州，许浑巧遇其表兄军倅，记曰："余祗命南海，至庐陵，逢表兄军倅奉使淮海，别后却寄是诗。"许浑巡察事毕后仍循原路返京口，有诗《韶州韶阳楼夜宴》记其由广州北上，停于韶州，其后北上，过大庾岭，有《南海府罢归京口经大庾岭赠张明府》诗为证。其《南海府罢南康阻浅行侣稍稍登陆而迈主人燕饯至频暮宿东溪》诗："暗滩水落涨虚沙，滩去秦吴万里赊。马上折残江北柳，舟中开尽岭南花。离歌不断如留客，归梦初惊似到家。山鸟一声人未起，半床春月在天涯。"[2] 这是许浑再度经虔州北返的记录。

唐穆宗咸通三年（862），南诏兵乱，四年（863）攻陷交阯，唐廷派荆南、江西、鄂岳、襄州兵平叛，《资治通鉴》载：

> 春，正月，庚午……是日，南诏陷交阯，蔡袭左右皆尽……幕僚樊绰携其印浮渡江。荆南、江西、鄂岳、襄州将士四百余人，走至城东水际，荆南虞候元惟德等谓众曰："吾辈无船，入水则死。不若还向城与蛮斗，人以一身易二蛮，亦为有利。"遂还向城，入东罗门；蛮不为备，惟德等纵兵杀蛮二千余人。逮夜，蛮将杨思缙始自子城出救之，惟德等皆死。……诏诸道兵赴安南者悉召还，分保岭南西道。[3]

又"康承训至京师，以为岭南西道节度使，发荆、襄、洪、鄂四道

---

[1] 钟陵，《太平寰宇记》卷一〇六《江南西道四》"南昌县"条："唐（肃宗）宝应元年（762）六月，改为钟陵县，因山为名。贞元中，又改为南昌县"，中华书局2007年点校本，第2101页。

[2] 以上所引许浑诗，俱见《全唐诗》卷五三五、五三六、五三四、五三三，中华书局1999年增订本，第16册，第6110、6117、6101、6100、6096、6089页。

[3] （宋）司马光：《资治通鉴》卷二五〇"唐懿宗咸通四年"，中华书局1956年点校本，第8102、8103页。

第四章　江南西道交通格局的演变

兵万人与之俱……秋，七月……时诸道兵援安南者，屯聚岭南"。① 并由江西、湖南水道运粮，"南蛮陷交趾，征诸道兵赴岭南，诏湖南水运自湘江入澪渠，并江西水运，以馈行营诸军。湘、澪溯运，功役艰难"。②

按唐廷此次出兵岭南，就交通而言，与秦汉对南越的军事行动颇有相似之处。除数路并出外，还由水道运粮接济，但与秦汉时期最大不同之处在于，江西即大庾岭一路不仅是军队南下的通道，并且与灵渠水道一样担负起漕运的任务，大庾岭道地位已极为重要。

咸通六年（865）唐又置镇南军于洪州，积粟驻守以接应岭南。"杨收建议，以'蛮寇积年未平，两河兵戍岭南冒瘴雾物故者什六七，请于江西积粟，募强弩三万人，以应接岭南，道近便，仍建节以重其权。'从之。五月，辛丑，置镇南军于洪州。"③ 唐后期，江浙与江西皆是唐廷财赋的重要来源，由江西南取大庾岭道南下又十分便利，唐廷在江西积粟援助岭南，可谓最明智的选择。这种情况在唐末卢光稠、刘隐之争中表现得更为明显。昭宗天复二年（902），"虔州刺史卢光稠攻岭南，陷韶州，（胡三省注：韶、虔二州相去虽六百余里，特以大庾岭为阻，而实邻境也）使其子延昌守之，进围潮州。清海刘隐发兵击走之，乘胜进攻韶州。隐弟陟以为延昌有虔州之后，未可遽取；隐不从，遂围韶州。会江涨，馈运不继（胡三省注：自广州运粮以馈韶州行营，常溯流而上；江涨则水湍急，不可以溯，馈运由此不继），光稠自虔州引兵救之；其将谭全播伏精兵万人于山谷，以羸弱挑战，大破隐于城南，隐奔还。"④ 韶州、虔州虽有大庾岭之隔，实已往来便利，可互相支持。据岭南广州者，对虔州、韶州常须加意防备，即因攻军常由此南下。

唐末黄巢起义曾由福建南下攻陷广州，唐廷遂欲于广州剿灭黄巢，"贼更推黄巢南陷广州，（高）骈建遣（张）璘以兵五千屯郴扼贼西路，留后王重任以兵八千并海进援循、潮，自将万人徭大庾击贼广州，且请起

---

① （宋）司马光：《资治通鉴》卷二五〇"唐懿宗咸通四年"，中华书局1956年点校本，第8104、8105页。
② （宋）王溥：《唐会要》卷八七《漕运》，中华书局1955年版，第1599页。
③ （宋）司马光：《资治通鉴》卷二五〇"唐懿宗咸通六年"，中华书局1956年点校本，第8111页。
④ （宋）司马光：《资治通鉴》卷二六三"唐昭宗天复二年"，中华书局1956年点校本，第8589页。

荆南王铎兵三万壁桂、永，以邕管兵五千壁端州，则贼无遗类"。① 唐将领高骈计划兵分郴州、循、潮傍海道以及大庾三路进击广州，同时桂州、永州、端州各驻重兵以防贼西逃。高骈的围堵策略几乎封住了所有的过岭通道，其中以大庾岭道为重中之重。唐李肇说："凡东南郡邑，无不通水，故天下货利，舟楫居多。……舟船之盛，尽于江西，编蒲为帆，大者或数十幅。……江湖语云：'水不载万'。言大船不过八九千石。然则大历、贞元间，有俞大娘航船最大，居者养生送死嫁娶，悉在其间。开巷为圃，操驾之工数百。南至江西，北至淮南，岁一往来，其利甚溥，此则不啻载万也。"②

唐代形成的五岭交通格局，在宋代得到进一步确定。北宋嘉祐八年（1063）蔡挺"知南安军提点江西刑狱提举虔州监。自大庾岭下，南至广，驿路荒远，室庐稀疏，往来无所芘。挺兄抗时为广东转运使。乃相与谋课民植松夹道，以休行者"③。清顾祖禹记："宋嘉祐八年（1063），蔡挺详刑江西，弟抗漕广东，乃商度工用，陶土为甓，各甃其境。北路广八尺，长一百零九丈，南路广一丈二尺，长三百一十有五丈，仍复夹道种松，以休行旅，遂成车马之途。又立关于岭上，植柱揭名'梅关'，以分江、广之两界。章颖诗云：'两州南北护梅关，尽日人行石壁间'，盖实录也。"④

宋人对唐以来所形成的新过岭交通格局，已经非常熟悉，并开始有意识地加以评述，文初引北宋名臣余靖的论议已相当具体，他还说："唐汉之西都也，繇湘衡而得骑田，故武水最要。今天子都大梁，浮江淮而得大庾，故真水最便。骑田虽乘驿旧途，而王官往来太平水道，是以风亭水馆、高台上舍，徒在真水。不视溪山巧拙而偏诊左臂者，势使之然耳。"⑤ 欧阳修则说："江西出岭，路绝近，次则出湖南，已为稍远。"⑥

---

① 《新唐书》卷二二四下《高骈传》，中华书局1975年点校本，第6394页。
② （唐）李肇：《唐国史补》卷下，上海古籍出版社1979年点校本，第62页。
③ 《宋史》卷三二八《蔡挺传》，中华书局1977年点校本，第10575页。
④ （清）顾祖禹：《读史方舆纪要》卷八三《江西一》，中华书局2005年点校本，第3888页。
⑤ （宋）余靖：《韶州新修望京楼记》，《武溪集》卷五，《文渊阁四库全书》，台北商务印书馆1986年影印本，第1089册，第48页上栏。
⑥ （宋）欧阳修：《与王深甫论裛公碣》，《欧阳修全集》卷七〇，中华书局2001年点校本，第1017页。

当然，在大庾岭道地位得到确定的同时，五岭西部其他几条过岭通道，仍旧积极发挥着其沟通南北的作用。如传统的桂阳岭道，一直是南北要道之一。南宋乾道元年（1165），湖南旱饥，"郴州宜章民李金以县抑买乳香急，乘众怒猝起为乱，众逾万人。分道南出，犯广东、西九郡之境。还，入道州桂阳军界，杀掠万计，连破郴、桂两城，数道大震"，[①]此次岭北宜章人民变，分道过岭后又杀回郴州与桂阳军境，可见这一地区过岭道路的通畅。又嘉泰二年（1202），湟水上游"崖坠壅水，高者数十丈，下者百余尺。雨不时霁，则溪谷倒注横溢，航楫不通，估货不行"。至嘉定十三年（1220），在连州太守杨侯榕的倡议下，再次对湟水进行疏浚，使"群川众壑，各得所归"，南北运输变得更为通畅，州人喜极而泣，认为"连始复为郡矣"，由此可见这条岭道对于连州的重要作用[②]。但是，唐宋时期的情形是"五岭之外，财赋盛于东禺，兵马出于西桂"[③]，财赋在东，东部的大庾岭道的地位不言而喻。特别对于立国东南的南宋来说，由这几条过岭道路去转运"东禺"的贡赋实在过于迂远，其在帝国交通线中的地位不可避免地下降。

隋唐时期形成的重东轻西的过岭交通格局，此后数百年间，再没有发生变动。即便如元、明、清三代，将国都定在今日北京，隋代大运河演变为京杭大运河，不仅不会影响大庾岭道的主导地位，还进一步有所加强。直到近代新式交通工具，特别是轮船的引入、海运开始兴起，不仅极为繁荣的大庾岭道首先受到沉重打击，五岭其他交通线也同样沉寂下来。只是到了近代，随着五口通商活动的发展和粤汉铁路的通车，大庾岭道这条商路才彻底冷清下来，而西面的湘江通道则再一次勃兴，一切似乎来了一个轮回，又回到了秦汉时期五岭通道西重东轻的局面，只不过已经进入现代化交通工具的时代，与过去不能相提并论。

六 小结

张泽咸先生在《唐代工商业》一书中说："如果说，汉代出航是以徐

[①] （宋）朱熹：《观文殿学士刘公神道碑》，《晦庵集》卷八八，《朱子全书》，上海古籍出版社、安徽教育出版社2002年点校本，第24册，第4119页。

[②] （宋）叶适：《连州开楞伽峡记》，《水心先生文集》卷一一，《宋集珍本丛刊》，线装书局2004年影印本，第66册，第479页下栏。

[③] （明）杨士奇：《历代名臣奏议》卷四七《治道》"宋高宗时中书舍人胡安国上时政论"，上海古籍出版社1989年影印本，第1册，第638页下栏。

闻、合浦为主导，到了唐代，航运已是彻底地让位于广州，它已成为全国最大的外贸中心。"① 汉代徐闻（治今广东徐闻县西南）、合浦（治今广西浦北县西南旧州）二县，位于唐代广州（即汉代番禺）西南。汉代番禺虽为岭南政治中心，出航却以徐闻、合浦二港为主，个中原因，虽与岭南地区的政治形势、经济形势及军事形势等有关，但不可回避的事实就是，岭北的中原及关中地区与南洋甚至更远地方政治、经济等方面的往来，在更多地取道湘江水道过岭之后，更愿意顺着水路南下由徐闻、合浦直接向南航行。这样不仅可以缩短路程，还可因灵渠转输大宗物资而尽可能地减少海运之苦，故而形成了合浦成为岭南西部地区的区域中心城市，进而陆上向南辐射到交趾；徐闻则更多地辐射到对岸的海南岛。同一时期粤东地区的番禺则有点"偏安"，并没有像唐代那样成为整个岭南地区的中心城市。

这种格局在唐代得到彻底改变。唐代广州才成为全国最大的外贸中心，同时也奠定了岭南地区中心城市的地位，究其原因，除去岭南地区在汉唐间数百年的社会经济发展之外，外部原因仍然不可小觑，那就是隋代大运河的凿通对沟通南北的重要作用，以及随之而来的五岭交通格局的转变，也就是大庾岭道在五岭交通格局中扮演着越来越重要的角色，以致成为南北交流的主要通道。在这种局面下，离大庾岭道较近的广州，就一举超越汉代的合浦、徐闻成为南北政治、经济、文化交流的岭南重镇，成为唐代最大的外贸中心。

与此相对应的是徐闻、合浦衰落的原因也可以从这个角度来考量。除去常态化讨论的徐闻、合浦两地自身的先天不足，外部因素同样需要注意，大庾岭道的崛起，使得南北交通的重心整体东移，番禺地位的攀升必然影响到徐闻与合浦的发展。旧有西部岭道虽然还在，依然可以发挥沟通岭南西部甚至更南的地区的作用，但以中原王朝经略岭南角度出发，势必会选择更为容易的东道。重东轻西的结果便是徐闻、合浦为代表的岭南西部地区越来越被忽视，地位越来越低，进而影响唐及唐以后中原王朝对于极南边疆的态度及措施。

还有值得注意的，五岭交通格局在历史上的变迁，还会影响五岭南北地域发展的差异，特别是岭北的湘江流域和赣江流域，在不同的历史时期

---

① 张泽咸：《唐代工商业》，中国社会科学出版社1995年版，第224页。

分别作为连通南北的主要通道。如赣江流域，在隋唐时期后来居上，超越湘江流域成为五岭交通格局中最为重要的角色，前引李肇的记载表明唐人已经深刻地意识到江西地区在帝国交通格局中地位的崛起。重东轻西的五岭交通格局给赣江流域带来的最直接后果便是该地区经济的快速发展。五代、两宋时期表现得最为明显，道路的拓展、新的建制城市大量出现、赋税商税的大量增加。经济的巨大发展，从而带动了江西地区文化的大发展。

第三节　江南西道内部主要交通路线

唐宋时期江南西道的水陆交通线都非常发达，重要交通线往往是水运两线并行，或水运与陆运相结合，构成一条条贯穿全境的通途①。南方地区虽水陆兼有，若以大规模物资转输，水运又是首选。唐李肇称"天下货利，舟楫居多"，"洪鄂之水居颇多，与邑殆相半"②；杜甫诗云："蜀麻吴盐自古通，万斛之舟行若风。"③水运最大的优点在于运量大、成本低。《唐六典》载：

> 凡陆行之程：马日七十里，步及驴五十里，车三十里。水行之程：舟之重者，溯河日三十里，江四十里，余水四十五里；空舟溯河四十里，江五十里，余水六十里。沿流之舟则轻重同制。河日一百五十里，江百里，余水七十里……凡天下舟车水陆载运，皆具为脚直，轻重、贵贱、平易、险涩，而为之制。（林甫注：河南、河北、河东、关内等四道诸州运租、庸、杂物等脚值，每驮一百斤，一百里一百文，山阪处一百二十文，车载一千斤九百文。黄河及洛水河，并从

---

① 如（宋）王溥《唐会要》卷六一《御史台中·馆驿》载："（开元）二十八年（740）六月一日，敕曰：先置陆驿，以通使命。苟无阙事，雅适其宜。如闻江淮、河南，兼有水驿，损人费马，甚觉劳烦。且使臣受命，贵赴程期，岂有求安，故为劳扰，其应置水驿，宜并停。"又"大中五年（851）七月敕：如闻江淮之间，多有水陆两路。近日乘券牒使命等，或使头陆路，则随从船行。或使头乘舟，则随从登陆。一道券牒，两处祗供。害物扰人，为弊颇甚"可以为证，中华书局1955年版，第1060、1066页。

② （唐）李肇：《唐国史补》卷下，上海古籍出版社1979年点校本，第62页。

③ （唐）杜甫：《夔州歌十绝句》，《全唐诗》卷二二九，中华书局1960年版，第7册，第2508页。

幽州运至平州，上水，十六文；下，六文。余水，上，十五文；下，五文。从澧、荆等至杨州，四文）①

水运费用最省，长江水道又较其他水道为低，沿流仅需四文。但对于时间要求较高且体积较小的运输，如文书、信札等特殊物资，水运速度则不比畜力。如前文《唐会要》言江淮间先置陆驿，又"兼有水驿"，说明陆驿的重要性。

唐宋地志中，如《元和郡县图志》《太平寰宇记》及《舆地广记》等对于"八到"或"四至八到"的记载，绝大多数为两地之间的道路里程②，由这些"四至八到"可以得出唐宋时期州县之间的交通路线。

一 东部亚区

江南西道东部亚区的交通主要以汇入彭蠡湖的诸条水系为中心，形成放射状交通线路。如第一章介绍，境内最重要的河流为赣水。赣水及其上游支流章、贡二水，大体呈南北流向，由南至北贯通虔、吉、洪西部三州，注入彭蠡湖。西部的袁州则主要有赣水中游支流渝水流经。洪州则囊括修水及锦江流域。东部盱水主要由南而北贯穿抚州，最后由洪州入彭蠡泽。饶州则基本将余水、昌江及乐安江等三个流域包含在内。彭蠡泽汇合诸水后，在江州北界进入长江。溯江而上，可达江南西道西部及山南东道地区；顺江而下，则首先到达宣州地区，由宣州可以北达中原，也可以直通吴越③。

由前述水系所经诸州，东部亚区主要交通线可以分为以下几种情况。

首先是境内的干线交通。包括：

（一）长江航道。长江由江州北界流过，是本地区连通外地的天然干道。东部亚区各州入彭蠡湖后，由江州可上溯关中及巴蜀，东下中原及

---

① （唐）李林甫等：《唐六典》卷三"户部郎中员外郎"条，中华书局1992年点校本，第80—81页。

② 曹家启：《唐宋地志所记"四至八到"为道路里程考证》，《中国典籍与文化》2001年第4期，第37页。

③ 如（宋）周密：《癸辛杂识》"别集"上《鱼苗》："江州等处，水滨产鱼苗。地主至于夏，皆取之出售，以此为利。贩子辏集，多至建昌（治今江西永修县西北），次至福（治今福建福州市）、建（治今福建建瓯市）、衢（治今浙江衢州市）、婺（治今浙江婺州市）。"鱼贩所至，可能是水陆兼有，中华书局1988年点校本，第221页。

吴越。

（二）赣水航道。由彭蠡湖借赣水南下，经吉、虔二州直指大庾岭，这是长江航道转入鄱阳湖以后最重要的交通路线。东部亚区得到发展，与这条航道关系极为密切。

这两条航道，不仅是东部亚区的干线交通，也是整个唐宋帝国交通线的重要环节。其次，才是境内各州县间支线交通，主要有：

（一）盱水通抚州州治临川与南丰县，是它州入抚州的主要途径。

（二）沿修水上溯，可达洪州豫宁县。继续上行，过幕阜与九岭山间的隘道，可达江南西道西部亚区岳州昌江县或潭州浏阳县。

（三）由洪州境内锦江西行至高安，继续西行过九岭山与武功山间的浅丘可入潭州境。

（四）由赣水入支流渝水西入袁州。该水是袁州东西交通大道，新喻县及州治宜春顺渝水进入赣江，通达南北。溯渝水西上，转陆路过罗霄山可到达江南西道西部亚区潭州醴陵县，进入湘水流域。

（五）经吉州境内支流庐水通西部安福县。

（六）虔州境内赣水支流为主要交通路线：贡水居东，其支流桃水南通信丰，其上游虔化水、安远水各通虔化、安远，伸入赣南山地；章水居西，经南康、大庾，由大庾岭陆路越大庾岭入岭南，接浈昌，顺北江上游浈水，南抵广州。

（七）由彭蠡湖，入饶州，可借余水通贵溪、弋阳、上饶三县，进而入江南东道境玉山县。继续东行经衢州、睦州、杭州可达运河。

（八）由彭蠡湖至饶州州治鄱阳，溯鄱水上游昌江，经新昌，进入江南东道黟县；溯乐安江上行，可达江南东道婺源县。

二 西部亚区

江南西道西部亚区的自然地理条件与东部亚区十分相似，其交通路线的格局也多有雷同。西部亚区以洞庭湖为中心形成放射状交通线路。区内最重要的河流为湘水，流域贯通永、道、郴、衡及潭五州。湘水源于越城岭后，顺地势在永州境内东北流，至祁阳县附近，渐有东流的趋势，直至舂陵水汇入后才折向北流。但这段河流以东、以南的湘江支流较赣水为多，而且这些源于南岭山地的支流多呈南北流向。此段湘江及其众多的支流，再加上连州境内五岭以南的湟水，形成了天然的南北交通孔道。衡州

135

境内湘水还有两条重要的支流洣水及蒸水。潭州境内则有㴷水、浏阳及涟水等。这几条支流都近乎东西流向，为境内东西交通提供了便利。资水源于邵州，经潭州西北部地区，经由岳州入洞庭。受地势影响，资水两岸支流不多，即使有也相对较短。沅水大部分河段位于黔中道境，仅下游的一段流经朗州。澧水及其支流溇水都发源于黔中道境，但主要河段都位于江南西道的澧州境。湘、资、沅、澧四水汇于洞庭湖之后，于岳州巴陵以北流入长江。岳州除总纳洞庭湖及前述四水尾闾外，还囊括汨罗江流域。鄂州则包含隽水流域。

西部亚区主要交通线可以分为以下几种情况。首先仍是干线交通。包括：

（一）长江航道。如东部亚区，长江由岳州北界流过，是西部亚区连通外地的天然干道。顺江而下，可抵鄂州，进而或北上关中，或继续东下江州；溯江而上则进入山南东、西道。

（二）湘水航道。由洞庭湖溯湘水南下，经潭州，至衡州境，有多途通南岭。诸条都是长江航道转入洞庭湖以后重要的交通路线。

同样，这两条航道，与东部亚区的干线交通地位都极为重要，既是西部亚区的干线交通，也是整个唐宋帝国交通线的重要环节。只是在不同的历史时期，其地位有高低之别。其次，才是境内各州县间支线交通，主要有：

（一）沿汨罗江东南行，可达岳州境内的昌江县。继续东下越过幕阜山可达江南西道东部洪州境。

（二）沿潭州浏阳水上溯，可达浏阳县，继续东行同样可抵洪州境。

（三）由㴷水由东行可达潭州醴陵县，由水路继续东下，可抵东部亚区袁州萍乡县。

（四）衡州境内洣水及其支流攸溪，通茶陵及攸县。

（五）潭州境内涟水通湘乡县。

（六）澧水东西贯通澧州全境，境内安乡、澧阳（州治）、石门及慈利皆分布在澧水岸边。

（七）沅水横贯朗州，由沅水上溯，可深入黔中道腹地，因而朗州的控守作用十分重要。

（八）资水流经邵、潭二州。相对于其他几水，资水由于地势约束，并且与其他流域交通不易，因而开发较晚。开元末年仅有邵州州治邵阳及潭州益阳县依水而建，流域内其他地方多为非汉民族居住，汉人势力伸入较晚。宋代为控守非汉民族，在邵阳东南跨资、沅二水流域建有武冈军。

三 东、西亚区之间

东、西部亚区之间，因为幕阜、九岭山以及罗霄山等山脉的阻隔而界限分明。实际上，依第一章介绍，由于地质构造的影响，这些山脉并未完全封闭，而且山谷中发育着切割山地两翼的河流。由河流上溯，越过分水岭，可以贯通两区。因此，江南西道内东、西部之间的交通，除依靠长江水道实现外，还有其他道路可通。据学者对六朝墓葬及出土器物的研究，早在六朝时期，"通过武功山两侧谷地，赣中南与湘中南联系不断"[1]。《宋史·地理志》也说："（荆湖）南路有袁（治今江西宜春市）、吉（治今江西吉安市）壤接者，其民往往迁徙自占，深耕概种，率致富饶。"[2] 可见，中部接壤地区的交流并非难事。前文在分别叙述东、西部亚区交通路线，其实已经包括了这些路线，兹将一些史实补述于后。

唐末，马殷盘踞湖南，袁州刺史钟匡时曾率军讨伐，《新唐书》载："（钟）传以匡时为袁州刺史，击（马）殷。"[3] 袁州与潭州间虽有山脉相隔，但九岭山与武功山间的浅丘可以让袁州刺史顺利通过。《元和郡县图志》记：潭州"东南至袁州五百二十五里"。[4]《太平寰宇记》也说：袁州"西至潭州五百二十六里……西南至潭州界二百三十里"。[5] 可见，由袁州去往潭州，应是沿着渝水西南行，过分水岭转入湘水支流渌水，经醴陵县（治今湖南醴陵市）再前往潭州的。宋人洪迈在《夷坚志》支癸卷第四《醴陵店主人》一则中记："吉水县（治今江西吉水县）人张诚，以乾道元年（1165）八月往潭州省亲故，次醴陵界，投宿村墟……"[6]《夷

---

[1] 韦正：《长江中下游、闽广地区六朝墓葬的分区和分期》，博士学位论文，北京大学，2002年，第68页。
[2] 《宋史》卷八八《地理志四》，中华书局1977年点校本，第2201页。
[3] 《新唐书》卷一九〇《钟传传》，中华书局1975年点校本，第5487页。
[4] （唐）李吉甫：《元和郡县图志》卷二九《江南道五》，中华书局1983年点校本，第702页。
[5] （宋）乐史：（宋本）《太平寰宇记》卷一〇九《江南西道七》，中华书局2000年影印本，第164页下栏。
[6] （宋）洪迈：《夷坚志》支癸卷第四《醴陵店主人》，中华书局1981年点校本，第3册，第1247页。

坚志》虽为志怪之书，《醴陵店主人》一篇也是叙张诚遇鬼之事，不可考其实，但洪氏记张诚由吉水前往潭州省亲的道路，却是当时客观存在的。"次醴陵"恰说明张诚由吉水出发，经由袁州境转入醴陵县。

唐天祐四年（907），"黑云都指挥使吕师周与副指挥使綦章将兵屯上高。师周与湖南战，屡有功，（杨）渥忌之。……师周遂奔湖南"。上高，据《通鉴》胡注："上高在洪州高安县界。宋置上高县，属筠州。在州西南九十五里。"① 上高（治今江西上高县）位于潭州正东，中间虽有大山阻隔，却是去往洪州的近道。吕师周与綦章屯兵上高，就是为了防御湖南马氏，并与湖南屡战，可见，由湖南东下经上高进入江西境，是一条非常重要的通道。宋元丰元年（1078），又有荆湖南路詹遇反，转战入江西境，忤全捕盗追入江西战死事：

> （十月庚戌），诏赐侍禁忤全赙赠如死事。例录其弟宣为三班借职。以全无子故也。全本隶荆湖南路钤辖何次公下，捕盗为先锋，至袁州万载县精进寺前，与贼詹遇等斗，死之。及是，江南西路转运判官彭汝砺言，近缘巡历至全死所……②

万载（治今江西万载县）位于宋代袁州北境，居上高上游，忤全捕盗应与吕师周奔湖南所经路途相似，只不过反其道而行罢了。

---

① （宋）司马光：《资治通鉴》卷二六六"后梁纪太祖开平元年"，中华书局1956年点校本，第8667页。
② （宋）李焘：《续资治通鉴长编》卷二九三"元丰元年"，中华书局1995年点校本，第7149页。

第五章

江南西道的内部亚区

南宋高宗绍兴二年（1132），中书舍人胡安国献《时政论》，凡十论，其《制国论》谓：

> 昔祖宗宅都于汴，其势当自内而制外，是故置京西路，而襄州在汉水之南，则以制湖北也；置湖北路，而岳、鄂在荆水之南，则以制湖南与江西也。今建都江左，未能恢复中原，则当自南而制北，置于江西者治南昌，而分兵屯鄂；置于湖南者治长沙，而分兵屯岳；置于湖北者治荆南，而分兵屯襄，则东南之势全，恢复之基立矣。①

《建炎以来系年要录》录胡氏之论曰：

> 今日之势，宜以襄阳隶湖北，岳阳隶湖南，而鄂渚隶江西。盖祖宗都汴，其势当自内而制外。今都江左，当自南而制北，与祖宗事虽殊而意则同，此复中原之势也。②

胡氏所言"祖宗"当指宋太祖赵匡胤③。按北宋定都的汴京（治今河南开封市），位于中原地区，宋廷对于南面的江汉平原乃至长江以南广大区域的统治，势必从中原的角度，以地缘政治的思维去考虑如何通过行政

---

① （宋）胡寅：《先公行状》，《斐然集》卷二五，中华书局1993年点校本，第541页。
② （宋）李心传：《建炎以来系年要录》卷五三"绍兴二年夏四月甲申"，中华书局1956年版，第935页。
③ （宋）王应麟《玉海》卷一八二《乾德转运使》："乾德元年（963）正月，以沈义伦为京西、韩彦卿为淮南转运使，诸道置转运始见此"，江苏古籍出版社、上海书店联合出版1987年影印本，第5册，第3352页上栏。

区划上的合理措置，才能实现对南方地区最有效的控御和管理。而对南方地区的控御，"自内而制外"就意味着"自北而制南"，京西路、湖北路的设置，就是其中的典型：襄州治在汉南而北隶京西南路；岳（治今湖南岳阳市）、鄂（治今湖北武汉市武昌区）在江南而隶荆湖北路。宋廷打破自然分野，将本不属于同一地理单元的区域，人为地整合在一起，其目的，胡安国说得非常明白，就是要通过襄州"以制湖北"，通过岳、鄂"以制湖南与江西也"。

"靖康之难"北宋亡，赵宋政权的国都从地处中原的汴京，转为东南一隅的南宋"行在"——临安。国都位置虽然发生了变化，"自内而制外"的"祖宗之法"却丝毫未变，只是胡安国认为应该在空间思维上来一个180度大转弯，从原来的"自北而制南"变成"自南而制北"。胡氏的政论意在恢复中原，所言并非不正确，却没有被朝廷完全采纳，南宋朝廷还是大体继承了北宋转运使路的划分体系。事实证明，这样的地缘政治划分体系，对于只求偏安的南宋政权来说，仍然是合理有效的。

正是基于"自内而制外"的考虑，于是在宋代转运使区划中，出现了与当代鄂、湘二省辖区似中有异的荆湖南、北二路，主要表现为：荆湖北路北部不辖襄州，南部却跨过长江，统辖位于长江以南的鄂、岳二州，西南则沿着沅水流域，一直延伸到广南西路，将沅、澧二水流域的大部囊括在内；荆湖南路仅据有湘、资二水流域，与今日湖南"三湘四水绕洞庭"相比小了很多。与此同时，荆湖路东面的江南西路，尽管具备了当代赣省的雏形，仍然有较大差别，主要表现在北面鄱阳湖周边的江州（治今江西九江市）、南康军（治今江西星子县）及饶州（治今江西波阳县）等地，长期隶属江南东路，而西北面的兴国军（治今湖北阳新县），则深入了今鄂省的黄石、咸宁等地。

由宋代回溯，我们又可以发现，宋代江南的政区空间格局，并非宋代首创，而是有着深远的历史渊源。五代十国时期，马楚政权的活动范围，主要就在宋荆湖南路地区，都长沙府（治今湖南长沙市）；宋江南西路辖境，是杨吴和南唐国土的构成部分之一，杨吴都江都府（治今江苏扬州）、南唐都江宁府（治今江苏南京市）均偏处东北一隅，却地控大江南北。马楚和吴国政权，都是由唐末的方镇演变而来。唐末割据的方镇首领又都由唐中期各道观察使、节度使自立而成。唐元和年间的40多个方镇中，江南有浙西、宣歙、江西、鄂岳、湖南等道观察使。其中，江西、湖

第五章 江南西道的内部亚区

南两道与宋代江西、荆湖南两路辖区已经大体一致。唐代江西、湖南两道作为两个整合的地缘政治空间的出现,是汉魏以来的首创,因此可以说宋代这两路的规制,应是肇始于唐代江西、湖南两道。

由此可见,唐开元江南西道是长江中游以南、五岭以北地域分化与整合史上的关键阶段,宋代则是这种新分化发展及初步定型的时期。唐宋政权对这一地域空间的分化与整合,与该区域的社会流动与秩序有直接或间接的关系。本章拟对唐开元江南西道的地域空间,依照唐中后期各观察、节度使辖区,对湖南、江西、宣歙、鄂岳及荆南之朗澧五个子区域在唐、五代、两宋 600 多年间地域空间的发展演化进程分别展开讨论,关注其先整合后析置,再重新整合的内在必然性。

第一节　湖南:南通岭峤,唇齿荆雍

开元江南西道的理所豫章郡,即洪州,位于江西道的东北部,地处赣江下游地区,其作为江南西道东部这一地理单元的区域中心城市是毋庸置疑的,但是由于中间山脉的阻隔,洪州与西面的湘江流域的联系,一般要通过向北由鄱阳湖入长江水道,溯江而上至岳州入洞庭湖,再溯湘江到达各地来实现。因此,以洪州统理湘江流域就有些勉为其难了。杜佑曾云:"夫湘川之奥,人丰土辟,南通岭峤,唇齿荆雍,亦为重镇。"[1] 可见,在杜佑的眼中,湘水流域不仅是南通岭峤的要道,而且与北面的荆州,甚至更北面的关中地区唇齿相依。定都关中的大唐政权,通过荆湘来控制岭外地区,从空间距离上来讲,最为近便。随着形势的发展,湘水流域与关中唇齿相依的密切联系,使江南西道的再次析置在所难免。

中唐湖南道的设置有一个渐进的过程,先是肃宗至德二年 (757),"置衡州防御使,领衡、涪、岳、潭、郴、邵、永、道八州,治衡州(治今湖南衡阳市)"。乾元元年 (758) "罢领郴州",乾元二年,"涪州隶荆南节度使,岳州隶鄂岳团练使",衡州防御使仅领衡、潭、邵、永、道五州。到了广德二年 (764),"置湖南都团练守捉观察处置使,治衡州,领衡、潭、邵、永、道五州",至 "大历四年 (769),湖南观察使徙治潭州

---

[1] （唐）杜佑:《通典》卷一八三《州郡十三》,中华书局 1988 年点校本,第 4874 页。

（治今湖南长沙市）"①，治所由衡州向北迁至潭州，又增领郴、连二州，湖南观察使的建制逐步稳定下来②。

按湖南观察使治所由衡州徙至潭州，是由湘水中游地区向下游迁移。衡州的主要作用在于"控引交广"，由湘水流域南下诸条过岭通道，必经衡州而分，"自岭而北取道湖南者，必以衡州为冲要"③，以衡州分兵对各条岭道的控扼作用非常有效。但是，观察处置使较之单纯军事功能的防御使来说，需要兼理民事。要实现对衡州北至岳州之间的整个湘水、资水流域的有效控御和管理，势必选择更靠近富庶的下游平原地区的潭州，能够更好地承担这些职能。湖南观察使设置仅五年，潭州便能够取代衡州而成为湖南观察使固定的治所，显然潭州作为湖南区域中心城市具有更大的优势。

唐湖南观察使辖区仅囊括湘、资二水，宋荆湖南路的辖境则基本与唐湖南观察使范围一致，这与元明湖广行省将湘、资、沅、澧四水整合为一个政区不同。唐吕温有言："湘中七郡，罗压上游，右振牂蛮，左驰瓯越，控交、广之户牖，扼吴、蜀之咽喉，翼张四隅，襟束万里，半天下之安危系焉。"④ 宋王应麟《玉海》汇集前贤评述，对潭州形胜也有类似看法："南五岭，北洞庭，控湖湘上游。控交广之户牖，扼吴蜀之咽喉。翼张四隅，襟束万里……控百粤包九疑……重湖通川陕之气脉，九郡扼蛮猺之衿喉，中兴以来见谓重镇。"⑤ 以潭州为代表的湘江流域，在唐宋人的眼中，主要作用在于沟通岭峤，南控百越。《宋史·地理志》言荆湖南北路重镇："江陵，国南巨镇，当荆江上游，西控巴蜀。澧、鼎、辰三州，皆旁通溪洞，置兵戍守。潭州为湘、岭要剧，鄂、岳处江、湖之都会。全、邵屯兵，以扼蛮獠。"⑥ 可见，在宋人眼中，江陵的作用在于西控巴

---

① 《新唐书》卷六九《方镇表六》，中华书局1975年点校本，第1937页。
② （唐）李吉甫：《元和郡县图志》卷二九《江南道五》，中华书局1983年点校本，第701页。
③ （清）顾祖禹：《读史方舆纪要》卷八十《湖广六》，中华书局2005年点校本，第3780—3781页。
④ （唐）吕温：《湖南都团练副使厅壁记》，《全唐文》卷六百二十八，中华书局1983年影印本，第7册，第6339页下栏。
⑤ （宋）王应麟：《玉海》卷十九《地理·潭州》，江苏古籍出版社、上海书店联合出版1987年影印本，第1册，第379页。
⑥ 《宋史》卷八八《地理四》，中华书局1977年点校本，第2201页。

蜀；澧（治今湖南澧县）、鼎（治今湖南常德市）、辰（治今湖南沅陵县）三州，在于控制溪洞等少数民族；潭州的作用，正是控守洞庭湖以南的湘、资二水流域以至岭南地区；湖南西部、西南部的全、邵二州，又在于控制蛮獠。

湖南在唐宋时期的重要作用，源自其独特的区位特点。湖南西以雪峰、武陵山脉与黔中为界，南以五岭与岭南地区相接，东、西、南三面山地环绕，逐渐向中部及东北部倾斜，基本形成三面环山、向北敞开的马蹄形盆地。北部主要为洞庭湖湖积平原，地势平坦，是重要的产粮区。湘水，源于今广西兴安海洋山龙门界，自湘潭以上较大的支流，多发源于五岭北麓，集中分布在湘水干流右侧，使湘江水系形成掌状分布。与东面溯赣水仅有大庾岭一条干道不同，沿湘水及其支流向南，有多条大道可以过岭。

北宋名臣余靖曰："唐汉之西都也，繇湘衡而得骑田，故武水最要。今天子都大梁，浮江淮而得大庾，故真水最便。骑田虽乘驿旧途，而王官往来太平水道，是以风亭水馆、高台上舍，徙在真水。"[1] 余氏提到了武水、真水两条过岭通道：由湘州南下衡州，溯湘江支流过骑田岭走武水，以及由洪州溯赣水过大庾岭走真水，都可抵达岭南的区域中心城市广州。余靖认为宋代这两条道路的地位与汉唐相比发生了变化，变化的主要原因是国都的地理位置所致。汉唐国都位于关中地区，由关中南下五岭，走湘江水道自然近便，而北宋国都东移大梁（今河南开封），依汴河而输江南财富。通岭南之路，自然以位置更靠东面的大庾岭道为首选。实际上，除去国都地理位置的因素外，"江淮"间交通的顺畅也是重要因素，主要体现便是大运河的开凿。隋凿通大运河，东南各地与中原地区的联系变得更为容易，过五岭诸道中，与大运河联系最为近便的大庾岭道地位自然上升。这种局面在唐代就开始出现，宋代定都中原，这种优势只是更为明显罢了。

胡安国以岳、鄂在荆水之南，作用在于"制湖南与江西"，而湖南的主要作用，又在于对岭南以及西面蛮獠的控扼，加之区域内有多条过岭通道，其在唐宋时期的发展仍是相当迅速的。唐元和二年（807），李吉甫

---

[1] （宋）余靖：《武溪集》卷五《韶州新修望京楼记》，《文渊阁四库全书》，台北商务印书馆1986年影印本，第1089册，第48页上栏。

上国计簿，称"总计天下方镇四十八，州府二百九十五，县千四百五十三。……每岁赋税倚办止于浙江东西、宣歙、淮南、江西、鄂岳、福建、湖南八道四十九州，一百四十四万户"①，湖南为唐廷赋税倚办八道中最西面一道，经济实力可见一斑。又据初步统计，唐代湖南地区新增县级政区18个，其中有11个分布在五岭北麓地区。这些新增设的县，绝大多数位于湘水上游支流岸边，这些支流又大多当五岭通道，是南北交通的必经之地，说明过岭通道远不止余靖所言骑田岭道。由骑田南下武水的道路，只是其中最为繁忙的罢了，观第四章论历代五岭交通格局中，所引穆宗咸通年间为应付南诏兵乱的进军史实一例可知。

唐穆宗咸通三年（862），南诏兵乱，四年，攻陷交阯。唐廷派康承训率荆南、江西、鄂岳、襄州兵平叛，"康承训至京师，以为岭南西道节度使，发荆、襄、洪、鄂四道兵万人与之俱……时诸道兵援安南者，屯聚岭南"，②并由江西、湖南水道运粮，"南蛮陷交阯，征诸道兵赴岭南，诏湖南水运自湘江入澪渠，并江西水运，以馈行营诸军。湘、澪溯运，功役艰难"。③溯湘水干流上行，通过桂州（治今广西桂林市）境内的灵渠进入漓江，转赴岭南各地，同样是一条重要的过岭通道。不过相对于其他道路，由桂州过岭，路程较为迂远。据前一章的统计，以《元和郡县图志》记广州至长安："取郴州路四千二百一十里"，郴州路即是余靖所言武水路；取桂州路至长安，则为五千四百零五里。由武水过岭，较之由桂州过岭，可以节省一千二百里左右，不过武水岭道旱路较长，并不利于粮饷的转输。粮饷由灵渠及江西水运，是为了充分利用水路，但是对于兵贵神速的"行营诸军"，特别是正北面的荆、襄及鄂三道兵过岭，极有可能会取武水路南下。

除去对岭南地区产生积极的军事守控作用外，湖南对于西南蛮獠的控扼，在唐宋时期也逐渐表现出来。在湖南西部，资水及湘水支流涟水上游地区的梅山之中，是"梅山蛮"聚居的地区，"梅山峒蛮，旧不与中国

---

① （宋）司马光：《资治通鉴》卷二三七"唐宪宗元和二年"，中华书局1956年点校本，第7647页。

② （宋）司马光：《资治通鉴》卷二五〇"唐懿宗咸通四年"，中华书局1956年点校本，第8104、8105页。

③ （宋）王溥：《唐会要》卷八七《漕运》，中华书局1955年版，第1599页。

通。其地东接潭，南接邵，其西则辰，其北则鼎、澧，而梅山居其中"，① 大体包括今安化县、宁乡县全境及娄底、怀化、邵阳等市的大部分地区。唐代梅山蛮见诸史籍的活动的并不多，唐廷在这里置县也较少，反映出该地区"不与中国通"的相对封闭状态。及至五代，梅山蛮开始活跃起来。后汉乾祐三年（950），朗州刺史马希萼与弟马希广争权，遂联合辰、溆二州及梅山蛮取益阳（治今湖南益阳市）、迪田（治今湖南湘乡市北），进而攻陷长沙②。北宋初年，梅山蛮多次与汉人冲突，遂有熙宁五年（1072）宋开梅山蛮之举：

> 于是遂檄谕开梅山，蛮徭争辟道路，以待得其地。东起宁乡县司徒岭，西抵邵阳白沙砦，北界益阳四里河，南止湘乡佛子岭。籍其民，得主、客万四千八百九户，万九千八十九丁。田二十六万四百三十六亩，均定其税，使岁一输。乃筑武阳、关硖二城，诏以山地置新化县，并二城隶邵州。自是，鼎、澧可以南至邵。③

宋廷将梅山蛮正式纳入版籍，使其与内地百姓一样缴纳赋税，并在这里设县建制。据统计，宋代在荆湖南路西部地区增设6县，反映出宋代该地区得到了初步开发的事实。并且，湖南西部的邵州与北面的鼎、澧二州可以直通，为未来这一区域的整合打下了基础。

第二节　江西：襟江带湖，控蛮荆而引瓯越

唐乾元元年（758），"置洪吉都防御团练观察处置使，兼莫徭军使，领洪、吉、虔、抚、袁五州，治洪州"，上元元年（760），"洪吉观察使增领信州（治今江西上饶市）"。到了广德二年（764）"洪吉都防御团练观察使，更号江南西道"④。值得注意的是，湖南观察使也于广德二年措

---

① 《宋史》卷四九四《梅山峒》，中华书局1977年点校本，第14196页。
② （宋）司马光：《资治通鉴》卷二八九"后汉隐帝乾祐三年"，中华书局1956年点校本，第9425、9426、9445页。
③ 《宋史》卷四九四《梅山峒》，中华书局1977年点校本，第14197页。
④ 《新唐书》卷六八《方镇表五》，中华书局1975年点校本，第1905页。

置①，且此前宣歙、鄂岳都已从开元江南西道中析置出来，分立为观察使，在这个时候洪吉观察使更名为江南西道，是唐廷对于"江南西道"这一名号的重新定位，也就意味着开元江南西道经过重新分化，整合成一种新的行政空间秩序。贞元四年（788），"江南西道观察使增领江州（治今江西九江市）"②，此后，除建制偶有升降以及宣歙观察使一度废属外，江西道的辖境终于相对固定下来。至五代十国政权分立，江西道与宣歙道遂成为杨吴和南唐疆域的主要构成部分。

赵宋立国，惩唐亡之弊，极力加强中央集权，在地方政区的措置上，显然有意识地偏离"山川形便"的原则，将路这一兼有行政、监察双重职能的高级政区所辖地域，造成"犬牙交错"之势，以利于中央对地方的控制。宋廷对江南西路的划分，明显体现出了这种意图。宋代的江南西路并不与唐后期江西道观察使辖境一致，而是缺去东北一隅的南康军、江、饶及信三州，却在西北边越过幕阜山而新设立兴国军，领有今湖北省东南部的阳新、大冶、通山三县。江州、饶州、信州及南康军四州军属江南东路，与长江南岸的江宁府（今南京市）、宣州、歙州、池州、太平州以及广德军等共组成一个新的行政地域空间。可以看出，组成宋代江南东路的基础，便是唐后期的宣歙观察使辖地。旧的体制秩序在流动中，被重新整合成一种新的秩序，江南西路不再是一个完整的自然地理区域了。

唐代江西道的总地势是南部及东西两翼山峦起伏，中部为赣江干支流河谷丘陵，北部为相对平坦的鄱阳湖平原，大体是由四周渐次倾向鄱阳湖低落的盆地地形。南部及东西两侧比较高峻，而中部则比较平坦旷豁。鄱阳湖水系切割山地与各个丘陵、盆地相通，把这几种地貌单元联系在一起，构成了不规则的环状结合的地貌格局。赣水为境内最长、流域面积最广的河流，由南而北流贯全省，沿赣水上下形成历史时期穿越五岭南北稳定的交通大道。

清人顾祖禹在谈到江西的地理大势时说："庐阜为之山，彭蠡为之泽，襟江带湖，控荆引越，形胜有由来矣。"③ 顾氏言江西地区"控荆引越"，并指明其"形胜有由来矣"，表明江西的形胜还有着深刻的历史渊

---

① 《新唐书》卷六九《方镇表六》，中华书局1975年点校本，第1937页。
② 《新唐书》卷六八《方镇表五》，中华书局1975年点校本，第1910页。
③ （清）顾祖禹：《读史方舆纪要》卷八三《江西一》，中华书局2005年点校本，第3890页。

第五章 江南西道的内部亚区

源。唐代诗人王勃在《滕王阁序》中说："南昌故郡，洪都新府。星分翼轸，地接衡庐。襟三江而带五湖，控蛮荆而引瓯越"[1]，可见江西的区位优势，唐人早已认识到了。

江西的区位特点，成为江西地域分化整合的潜在动力，对江西地域发展也产生了巨大推力。江西区位特点的最直接体现，就是以赣江水道为主，连接长江与岭南的干线交通，在沟通南北中所起的重要作用。此道由南昌、吉安、赣州，越大庾岭至南雄、韶关。江西境内有赣江所资，岭南有北江水道可以利用，沿途没有大的险阻。

汉魏六朝时期，较之西面的武水道，最初大庾岭道除路程稍远外，岭道亦过于狭窄，甚至不能通车运，"以载则曾不容轨，以运则负之以背"[2]，只能依赖人力背负过岭。更有甚者，岭北的赣江水道也不利于航行，"赣川石阻，水急行难，倾波委注，六十余里"[3]，至南朝梁末，情况依旧，《陈书》载："南康赣石旧有二十四滩，滩多巨石，行旅者以为难"。陈开国皇帝陈霸先举兵北上，取道赣水，时"水暴起数丈，三百里间巨石皆没"[4]，方顺利通过。可见，这两条通道共同的缺点是陆路里程过长，粮饷运送不易。但是，隋代凿通大运河，将黄河流域与江、淮以至东南沿海紧密联系起来，江南地区的财赋，通过这条运河，可以较顺利地运到中原乃至关中地区，大运河成为南北物资转输的大动脉。对于诸条过岭通道来说，大庾岭道凭借着与运河最为邻近的缘故，地位开始急剧攀升，遂演变为南北交通中最为重要的交通路线。

经过唐朝对大庾岭道的持续维护与改造，江西境内的赣江水道在唐代后期南北交通中扮演越来越重要的角色，像洪州以"江淮之间一都会也"，甚至多见胡商身影。《太平广记》载唐肃宗乾元（758—759年）中，唐军收复二京，粮饷不继，江淮度支使征波斯胡人财，以补时用，

---

[1] （唐）王勃：《秋日登洪府滕王阁饯别序》，《全唐文》卷一八一，中华书局1983年影印本，第2册，第1846页上栏。

[2] （唐）张九龄：《开大庾岭路记》，《全唐文》卷二九一，中华书局1983年影印本，第3册，第2950页上栏。

[3] （清）杨守敬：《水经注疏》卷三九《赣水》，江苏古籍出版社1989年点校本，第3册，第3230页。

[4] 《陈书》卷一《高祖纪上》，中华书局1972年点校本，第1册，第5页。

"胡乐输其财而不为恨"。① 又有临川岑氏于溪中偶得宝石,后途经豫章,偶遇波斯国人邀而问之:"君有宝邪?"岑氏出示宝石,胡人欲以三万为价得之②。遇有象牙之类南海市舶货,洪州商胡更肯出大价求买,竟有"累自加直至四十万"者③。北宋定都开封,更加仰仗唐以来所形成的新过岭交通形势,这在前面一章已经多有引述。宋人的评价,反映出国都位置的变移引起交通干线地位的变化,同时也推动了地缘政治空间秩序的重新组合。

唐中宗神龙元年(705),宋之问坐与张易之交通之罪,贬岭南泷州(治今广东罗定市东南)。他出长安后南逾商山,经过南阳盆地进入江汉平原。他并没有取道潭州溯湘江过岭,而是沿汉水东下进入江州,转而溯赣水走大庾岭道南下,表明江西与西面荆楚、襄邓及关中之间的紧密联系。江西依靠自身的区位优势,对于荆楚同样起到了控扼作用,无怪乎王勃会说江西"控荆蛮"了。宋代江南西路的辖境向西北跨过了幕阜山,一直延伸至唐鄂州境,并且,宋廷在此设立了兴国军这样一个州级政区。元人刘埙认为宋代出现"军"原因,正是"当时诸州地理阔远,绥御不及,故于接境聚军,以控扼之"。④ 胡安国以宋置荆湖北路,包江南的鄂、岳二州在内,是为了"制湖南与江西",而江南西路辖境向西北的延伸,则体现出江西路对于荆楚同样具有较强的控扼作用。

唐宋江西地区的社会经济发展速度已经逐渐超过了湖南,反映在县级政区的增置上。据初步统计,唐代江西观察使新增14县,五代新置13县,宋代又新增14县,而且分布较均匀,基本上从江河干流向支流推进,从下游向上游溯源发展,没有出现像唐代湖南那样集中分布在五岭北麓的现象。五代时期新置诸县基本为赵宋继承,说明这些县邑的最初设置,并非分裂政权的临时措置,而确实是移民的开发和社会经济发展客观的需要,尤其大量的县邑是由"场"升置而成,更能证明这一点,这在本书

---

① (宋)李昉:《太平广记》卷四〇三《宝四》"紫靺鞨"条引《广异记》,中华书局1961年版,第9册,第3251、3252页。
② (宋)李昉:《太平广记》卷四〇四《宝五》"岑氏"条引《稽神录》,中华书局1961年版,第9册,第3261页。
③ (宋)李昉:《太平广记》卷四四一《畜兽八》"阆州莫徭"条引《广异记》,中华书局1961年版,第9册,第3600页。
④ (元)刘埙:《前代军垒》,《隐居通议》卷二九,《丛书集成初编》,中华书局1985年版,第303、304页。

第三章中已有详细讨论，此不赘述。

唐李肇说："凡东南郡邑，无不通水，故天下货利，舟楫居多。……舟船之盛，尽于江西，编蒲为帆，大者或数十幅。……江湖语云：'水不载万'。言大船不过八九千石。然则大历、贞元间，有俞大娘航船最大，居者养生送死嫁娶，悉在其间。开巷为圃，操驾之工数百。南至江西，北至淮南，岁一往来，其利甚溥，此则不啻载万也。"① 唐代江西凭借南北交通干线的区位优势，取代了湖南诸条过岭通道在整个王朝南北交通体系的首要地位，又促进了区域内社会经济的迅速发展。至元灭南宋以后设立江西行省，将宋广南东路囊括在内，体现了江西对于广东的控扼。到了明代，又基本恢复到唐江西观察使的地理范围，从此江西地域再未发生大变。可见，江西省境是在漫长历史长河中，因其固有的区位特点，随着社会的发展，不断分化整合而成的。这其中唐江西观察使道辖境应是元明江西行省框架的渊源。唐以前从来没有整合过这样一种区划，唐以后又经历了五代宋元的演变才形成了明代江西省的范围。

第三节　鄂、岳：湖湘之要地、吴蜀之腰膂

南宋绍兴二年（1132）八月，左司谏吴表臣言：

> 大江之南，上自荆鄂，下至常润，不过十郡之间，其要紧处不过七渡。上流最急者三：荆南之公安（今湖北公安县西北）、石首（今湖北石首市西），岳之北津（今湖南岳阳市北）；中流最紧者二：鄂之武昌（今湖北武汉市），太平之采石（今安徽当涂县北）；下流最紧者二：建康之宣化（今江苏南京市浦口镇），镇江之瓜洲（今江苏镇江市北）是也。惟此七渡，当择官兵、修器械。其余数十处，或道路迂曲，或水陆不便，非大军往来径捷之处，略为之防足矣。②

吴氏提到了南宋长江中下游地区江防最为重要的七个渡口，其中，位

---

① （唐）李肇：《唐国史补》卷下，上海古籍出版社1979年点校本，第62页。
② （宋）李心传：《建炎以来系年要录》卷五七"绍兴二年八月辛丑"，中华书局1956年版，第994页。

于唐开元江南西道的有三,即岳之北津、鄂之武昌以及太平之采石。这三个渡口并非南宋时方才出现,而是很久以来便成为南北交通的重要津渡。

按津渡的主要作用有二。一在于沟通两岸,互通物资。这可以说是津渡的最基本作用,而且,在承平时期往往体现得最为充分。二在于军事控守。一旦津渡位于军事前沿,就会成为交战双方争夺的焦点。津渡的这一作用,在政权分立,特别是南北分裂、划江而守的时期最为凸显。同样,长江津渡历来为南北物资转运的重要通道,而在南北以江为限的军事对抗时期,津渡的江防作用受到重视,时人的评议为后世留下了宝贵的资料。津渡的作用既然十分重要,津渡所在州的地位势必加重,唐代江南西道内三个津渡所属州分别是岳、鄂及宣三州①。此外,由荆南之公安与石首这两个津渡过江南下,即是江南西道的朗(鼎)、澧二州。

鄂、岳,宣、歙及朗(鼎)、澧三个地区,位于江南西道的北部,三个地区的北界,就是江南西道的北界。这三个地区最初整合到江南西道一个大区之中,安史之乱后,随着江南西道的析置而分离出去,经五代割据,至宋代再也没有整合为一体的记录,并且产生了新的地域划分与归属:鄂、岳与朗(鼎)、澧隶荆湖北路,宣、歙二州则成为江南东路的重要组成部分。从本节开始,拟通过对江南西道内部这三个子区域进行个案分析,力图从另一个角度把握唐宋江南西道地域发展与行政区划间的关系。

开元江南西道的鄂州治今武汉市武昌区,与淮南道的沔州(治今武汉市汉阳区)隔江相望,辖境约当今湖北东南部的鄂州、黄石、咸宁全境及武汉市的部分地区;岳州治巴陵,即今湖南省岳阳市,辖境约当今湖南岳阳市全境及益阳市部分地区。唐宋时期,鄂、岳二州地域因其重要地位,无论是统一的中央政权还是割据政权,都对其非常重视,尤其在高层政区的划分上,体现了统治者对二州及其战略效用的统筹安排。

一 唐宋鄂、岳二州的地域演变

唐初为了迅速确立对全国的有效统治,在交通要冲、战略重地"边

---

① 太平州,本宣州当涂县(治今安徽当涂县),南唐立新和州。宋开宝八年(975)平江南,改为平南军,太平兴国二年(977)升为太平州,见(宋)乐史(宋本)《太平寰宇记》卷一〇五《江南西道三》,中华书局2000年影印本,第139页下栏。

第五章 江南西道的内部亚区

缘镇守及衿带之地"置总管府，从军事上着眼，将一些相关的州划在一起，统一指挥。武德七年总管府改为都督府，性质不变。总管（或都督）的州县，常有变动。如江州总管府，设于武德五年（622），"置总管，管江、鄂、智、浩四州，并管昌洪四总管府"，显然旨在加强对长江防线的镇守。随着以江西为中心的林士弘和以湖南为中心的萧铣两个地方性统治势力的消灭，江州总管（都督）府便于贞观元年（627）罢撤[①]。鄂、岳二州于天宝元年（742）一度分别改名为江夏、巴陵二郡，乾元元年（758）改回。

鄂州城西临大江，面对夏口（汉水汇入长江处，历史上虽有变迁，但始终未能摆脱鄂州城的控制），"地居形要，控接湘川，边带汉沔"[②]，历代常以重兵屯之。鄂州雄峙江南，沔州隔在江北，划江分管，常有不便。安史之乱爆发后，危及淮南、山南，唐王朝为了保障对大江两岸的操控，于肃宗乾元元年（758）分别置浙江西道节度使兼江宁军使，领昇、润、宣、歙、饶、江、苏、常、杭、湖十州，治昇州（今江苏南京市），以昇州刺史韦黄裳为之；浙江东道节度使，领越、睦、衢、婺、台、明、处、温八州，治越州（今浙江绍兴市），以户部尚书皇室李峘为之，兼淮南节度使[③]。此事虽因刘展之叛致乱而未奏效，却能反映中唐君臣开始调整管理江南地区的一种思路。故，乾元二年（759）又设置鄂、岳、沔三州都团练守捉使，治鄂州。永泰（765—766）后，鄂、岳二州从江南西道分离出来，置鄂岳观察使，领鄂、岳、蕲（治今湖北蕲春县）、黄（治今武汉市新洲区）四州，以鄂州为治所。以后又增领安州（治今湖北安陆）、申州（治今河南信阳市），此数州皆在江北。

鄂州对岸的沔州也是原隶属淮南道，因其控制汉水入江之口，所以在鄂岳观察使节制下曾游移不定，一度省出，又复领；宝历二年（826）鄂岳节度使牛僧孺以沔州与鄂州隔江相对，距离一里余，奏请省其州而并入

[①] 浩州，武德五年（622）以彭泽为中心而设，武德"八年，废浩州及乐城县入彭泽县"，《旧唐书》卷四〇《地理三》，中华书局1975年点校本，第1608页。
[②] （唐）李吉甫：《元和郡县图志》卷二七《江南道三》，中华书局1983年点校本，第643页。
[③] （宋）司马光：《资治通鉴》卷二二〇"唐肃宗乾元元年"并胡注，中华书局1956年点校本，第7063页。《新唐书》卷八〇《太宗诸子》，中华书局1975年点校本，第3568、3569页。

鄂州①。岳州的情况亦曾类似②。鄂岳观察使从江南西道分离出来,最盛时,掩领鄂、岳、蕲、黄、沔、安六州,实现了跨江而治,打破了唐初以来淮南道与江南西道划江而理的常局。

北宋初年,出于战事的需要,鄂、岳二州属河南路,平江南后改隶荆湖北路,与汉阳军隔江相望。南宋建炎二年(1128)兼鄂岳制置使。四年,鄂州路统鄂、岳、筠、袁、处、吉等州和南安军。寻改为鄂州路安抚使,"各带沿江管内安抚司公事"。此后至宋亡,鄂岳一直属荆湖北路③。终宋一代,鄂岳不再划江而治,仍然是在同一地缘政治理念下保持了中唐以来的地方行政空间秩序。

长江中游地区,由于四面高山环峙,中间较为低平,总体上呈现为一个大的盆地。长江干流东西横贯这个大盆地,在这个盆地中央地区曲折流过。同时,发源于长江中游以南的几条支流如湘、资、沅、澧等,由于地质构造的影响,所有干支流最终都汇入洞庭湖,形成树枝状扇形水系。长江主泓在经过洞庭湖区后折向东北,在今武汉市附近东流,穿越大别山南部的鄂东丘陵与幕阜山脉间的缺口,继续东迤而去。唐宋时代的鄂州,位于这段东北流向的长江干流东南与幕阜山脉间的地区,紧紧扼住了这个狭窄的缺口。其治所江夏(治今武汉市武昌区)则控守着汉水入江之处。岳州,囊括了洞庭湖及其平原的大部分地区,湘、资、沅、澧四水皆由岳州入洞庭,因而控扼所有由洞庭湖入大江的水道。其治所巴陵更是位于洞庭湖北汇长江的瓶颈之处。鄂、岳二州境内玉池山、龙华山及连云山皆为幕阜山余脉,地貌由东南较高的低山、丘陵和岗地,渐次向东北过渡到沿江、沿洞庭湖平原④。这些沿江平原土地肥沃,适宜农耕,同时又地处南北交通要道,特别是长江的两个重要渡口,即巴陵和江夏,使鄂、岳二州成为江南西道的北部重要门户。

---

① 《旧唐书》卷一七《敬宗纪上》:"(宝历二年)四月庚戌,鄂岳观察使牛僧孺奏:'当道沔州与鄂州隔江相对,才一里余,其州请省并,其汉阳、汉川两县隶鄂州。'从之。"中华书局1975年点校本,第519页。又《元和郡县图志》卷二七《江南道三》:鄂州"西至沔州,隔江七里",中华书局1983年点校本,第644页。按:"一里"乃"七里"之误。
② 《旧唐书》卷四〇《地理志三》,中华书局1975年点校本,第1610页;《新唐书》卷六十八《方镇五》,中华书局1975年点校本,第1909页。
③ 《宋史》卷八八《地理志四》,中华书局1977年点校本,第2192页。
④ (宋)王象之:《舆地纪胜》卷六九引《岳阳记》:"幕阜亦谓天岳,州据其阳,故谓之岳阳。"中华书局1992年影印本,第2346页。

鄂、岳二州既为江南西道的北部门户，又体现在其为南北通衢、东西要津上。水路方面，由此二州溯长江主流西上可达山南、剑南诸道。沿江东下，则直抵江南东道，并且，由鄱阳湖南下赣水，又可以到达江南西道东部洪州等地，进而越五岭进入岭南道。由洞庭湖南下，则深入江南西道西部湘、资、澧水流域，同样能够越五岭进入岭南道。沿岳州境内汨罗江水上溯，陆行越过幕阜山后入修水流域，东下直达洪州。由鄂州过江，溯汉水北上，有多条道路到达东、西二京。重要的陆路交通往往依傍水路交通线，《唐会要》载"大中五年（851）七月敕：如闻江淮之间，多有水陆两路。近日乘券牒使命等，或使头陆路，则随从船行。或使头乘舟，则随从登陆。一道券牒，两处祗供"，① 江淮间水陆两路并存的普遍性由此可见。而且，水陆两线并非完全分开，如溯汨罗江入洪州境的道路，便是水陆兼行。此外，一些交通要冲，典型如巴陵、江夏，既是大江上重要的津渡，又是水运联运或转运站。《元和郡县图志》记：岳州"西北至江陵府五百七十里。南至潭州五百五十里。西至澧州四百四十里。东北至鄂州五百五十里。北至复州沔阳县五百五十里"。②

此外，由岳州西北出，又有吴表臣所言长江上游另外的两个渡口，即"荆南之公安、石首"。沿这两个渡口上溯，可以到长江中游地区另外一条沟通南北的重要通道，这便是荆襄路。荆襄路由荆州（治江陵，今湖北荆州市）北上襄州（治襄阳，今湖北襄樊），水陆兼行进而分赴两京。

二 "湖湘之要地、吴蜀之腰膂"

安史之乱期间，运河漕运受阻，唐廷财赋转由长江上溯至中游转运。相比之下，鄂州水道比荆襄道近便，且水路路程长，江淮租赋大部分自鄂州溯汉水而上。德宗时爆发"四镇之乱"，"南北漕运皆绝"，经峡路出川租赋也在鄂州转入汉水航线，上溯商州，再取陆路运抵长安。代宗时，"淮河阻兵，飞挽路绝，盐铁租赋，皆溯汉而上。以侍御史穆宁为河南道转运、租庸、盐铁使，寻加户部员外，迁鄂州刺史，以总东南贡赋"。③

---

① （宋）王溥：《唐会要》卷六一《御史台中·馆驿》，中华书局1955年版，第1060页、1066页。

② （唐）李吉甫：《元和郡县图志》卷二七《江南道三》，中华书局1983年点校本，第656页。

③ （宋）王溥：《唐会要》卷八七《转运盐铁总叙》，中华书局1955年版，第1588页。

自代宗宝应元年（762）起，江淮的贡赋，皆避开淮水、汴河，而逆长江、汉水，经洋、梁二州及越南山（一名商山）入京畿。正因为如此，鄂州（治江夏县，今武汉市）一跃成为盐铁、租赋的转运枢纽，穆宁为鄂州刺史，"以总东南贡赋"。《旧唐书·五行志》载："广德元年（763）十二月二十五夜，鄂州失火，烧船三千艘，延及岸上居人二千余家，死者四五千人。"① 是为鄂州贸易繁忙的佐证。

唐末藩镇割据，降至五代分裂，鄂、岳二州更是割据势力重点争夺的地区。如中原地区的朱全忠曾遣将共守鄂州，而淮南势力杨行密为了将势力向西南延伸，派刘存攻拔之，并以存为鄂岳观察使②。

五代十国时期，岳州是十国中楚与吴—南唐（吴与南唐前后相替，分别与楚对峙——笔者注）、南平重点争夺的地区。吴、楚间的争夺，如开平元年（907），吴水师三万攻潭州。楚主马殷命都指挥使秦彦晖统水军3万、副指挥使黄璠帅"战舰三百"顺江而下迎击，大破吴兵于潭州浏阳口，进而夺回上年被吴攻取的岳州③。乾化二年（912），吴水师攻下岳州，马殷遣水军都指挥使杨定真率军救之，吴师被迫退出岳州④。天成三年（928），吴水师万人复攻岳州。马殷遣右丞相许德勋采取前后夹击的办法，以"战舰千艘"，大败吴师于洞庭湖入汇长江的荆江口⑤。

赵宋立国后，鄂、岳二州隶荆湖北路，个中原因，宋人胡寅说得非常明白：

> 昔祖宗宅都于汴，其势当自内而制外。是故置京西路，而襄州在汉水之南，则以制湖北也；置湖北路，而岳鄂在荆水之南，则以制湖南与江西也。⑥

---

① 《旧唐书》卷三七《五行志》，中华书局1975年点校本，第1367页。
② （宋）司马光：《资治通鉴》卷二六五"唐昭宣帝天祐二年"，中华书局1956年点校本，第8641页。
③ （宋）司马光：《资治通鉴》卷二六六"后梁太祖开平元年并胡注"，中华书局1956年点校本，第8682页。
④ （宋）司马光：《资治通鉴》卷二八六"后梁太祖乾化二年"，中华书局1956年点校本，第8764页。
⑤ （宋）司马光：《资治通鉴》卷二七六"后唐明宗天成三年并胡注"，中华书局1956年点校本，第9017页。
⑥ （宋）胡寅：《先公行状》，《斐然集》卷二五，中华书局1993年点校本，第541页。

第五章　江南西道的内部亚区

北宋建都中原的东京，鄂岳是中原南下湖南与江西的要道，以鄂岳制湖南和江西，势所必然。又《宋史·地理志》："江陵，国南巨镇，当荆江上游，西控巴蜀。澧、鼎、辰三州，皆旁通溪洞，置兵戍守。潭州为湘、岭要剧，鄂、岳处江、湖之都会。全、邵屯兵，以扼蛮獠。"[①] 可见，在宋人眼中，江陵的作用在于西控巴蜀；澧（治今湖南澧县）、鼎（治今湖南常德市）、辰（治今湖南沅陵县）三州，在于控制溪洞等非汉民族；潭州（治今湖南长沙市）的作用，在于控守洞庭湖以南的湘、资二水流域以至于岭南地区。而鄂、岳二州，则凭借其"处江、湖之都会"的优越地理区位，成为无论是建都北方的北宋，还是立国东南的南宋重点控制的区域。北宋黄裳说："自洞庭纳湘峡，迳武昌会汉沔，然后沿九江而下。东南之旅，度翼星之分，趋荆州之域，必溯江夏、泛洞庭，而后南走二广，西向三蜀。然则南郡之有武昌，山水之聚，舟车之会者也。"[②]

实际上，早在晋代，岳州对其以南地区的控守作用，就已经为时人所熟知。为充分发挥这种作用，西晋大将杜预还曾开凿新河道，"旧水道唯沔汉达江陵千数百里，北无通路。又巴丘湖，沅湘之会，表里山川，实为险固，荆蛮之所恃也。（杜）预乃开杨口、起夏水，达巴陵千余里。内泻长江之险，外通零、桂之漕。南土歌之曰：'后世无叛由杜翁，孰识智名与勇功。'"[③]巴陵，治今湖南省岳阳市，夏水在岳州以北，杜预在江汉平原上开河，便利了中原地区与巴陵间的交通，巴陵的地位随之上升，"南土"之歌虽有夸大之处，却在客观上反映了巴陵的重要作用。

宋代鄂、岳二州归属荆湖北路，从某种意义说是将朝廷势力进一步延伸至另外几个地区的桥头堡：由鄂岳控制荆江以至巴蜀，由鄂岳控制南面湘、资、澧、沅四水流域；由鄂岳控制东南的江西。因此，二州既没有划到位置偏南的荆湖南路，也没有像胡寅所说的那样：岳州分隶湖南而鄂州分隶江西，其军事目的非常明显，就是考虑到了二州互为掎角的作用。对于立国东南的南宋来说，鄂、岳二州的这种划属尤为重要。

南宋大臣王炎分析当时长江中游地区的形势，曾言："今荆襄之间其重镇有三：一曰襄阳，二曰江陵，三曰鄂渚"，"江汉上游之所恃以为金

---

① 《宋史》卷八八《地理四》，中华书局1977年点校本，第2201页。
② （宋）黄裳：《鄂州白云阁记》，《演山集》卷一四，《文渊阁四库全书》，台北商务印书馆1986年影印本，第1120册，第108页上栏。
③ 《晋书》卷三四《杜预传》，中华书局1974年点校本，第1031页。

汤者，特三镇耳"。对于三镇的地位，他说："夫襄阳，国之门户也，而恃江陵以为唇齿，恃鄂岳以为根柢。"王炎提出了长江中游地区有三个重镇，并对其地位进行阐述：位置最北的襄阳为南宋北面门户；稍南的江渚重镇江陵，与其形成唇亡齿寒的依存关系；最偏东南的鄂州，则成为另外二镇的根本。他进而提出了驻防的策略，"兵聚于此"，"大将在鄂渚，戍卒凡五六万人；其副在襄阳，戍卒才二万人。江陵介于襄鄂之间，戍卒不满万人"，并认为："其表里重轻之势，不可不素定也。"① 相对于另外两镇，鄂州除同样具备便利交通的条件外，还在于距离南宋"行在"临安更近。所以，除商旅往来之外，对于南宋防御北方，鄂州又有其特殊意义。因此，罗愿说，"鄂州地势要重，实荆襄之肘腋，吴蜀之腰膂，淮南江西为其腹背，四通五达，古来用武之地"②，鄂州处于荆襄、吴蜀、淮南、江西几大区域的交会点上，其地位之重可以想见。

绍兴四年（1134）宋军收复襄、邓等失地后，大臣赵鼎言："湖北鄂、岳最为上流要害，乞令飞屯鄂、岳，不惟江西藉其声势，湖、广、江、浙亦获安妥。"于是以随、郢、唐、邓、信阳并为襄阳府路隶飞，飞移屯鄂，授清远军节度使、湖北路、荆、襄、潭州制置使③。岳飞在鄂州驻屯大军，节制京西与荆湖南北路，鄂州的地位迅速上升。绍兴十年（1140），金兵再次大举南下。岳飞自鄂州率宋军主力北上迎敌，连克洛阳、郑州等地，逼近开封。

南宋初年，鄂、岳由于是前线，其军粮由江西供应，"绍兴初，因地之宜，以两浙之粟供行在，以江东之粟饷淮东，以江西之粟饷淮西，荆湖之粟饷鄂、岳、荆南。量所用之数，责漕臣将输，而归其余于行在，钱帛亦然"。④ "行在"杭州，每月消费粮米十四万五千万石，除依靠"诸路纲运及贩米客船"外，隆兴年间（1163—1164）还有人规划用国库款从江西、湖南购买军粮，由官方用鄂州（今湖北武昌市）的商船押运至杭

---

① （宋）王炎：《上葛枢密》，《双溪类稿》卷二一，《文渊阁四库全书》，台北商务印书馆1986年影印本，第1155册，第672页下栏。
② （宋）罗愿：《鄂州到任五事札子》，《罗鄂州小集》卷五，《宋集珍本丛刊》，线装书局2004年影印本，第61册，第724页下栏。
③ 《宋史》卷三六五《岳飞传》，中华书局1977年点校本，第11383页。
④ 《宋史》卷一七五《食货志上三·漕运》，中华书局1977年点校本，第4260页。

州,"常使及二百万石"①。此规划虽未能实施,但江西、湖南的大米常年由商船东下运销杭州,却是明显的事实,只是官方未能把这批商船组织起来而已。不过,商贾已经常利用长江航线,而长江中游地区因为扼东西交通之孔道,宋人王炎说:"商贾米船溯江而上,则聚于鄂渚;沿江而下,则先经由华容、巴陵。"②这也体现了除具备军事上的战略地位外,鄂州还是江南地区一个极为重要的区域中心市场,日本学者斯波义信认为,鄂州"除去作为湖广总领所的所在地而筹措大军的需要外,它并且还是湖南北、广南、蜀、江西等地商人汇集的交通要道"。③王炎也说:"且如湖湘,唯鄂渚最为要地。盖南则潭、衡、永、邵,西则鼎、澧、江陵、安、复、襄阳数路,客旅兴贩,无不辐凑鄂渚。"④可见,各地商贾经常利用长江及其支流的航路汇聚鄂州,发散货物,从这一点来理解明清时期的鄂州,为何能够发展成为全国四大米市应是有道理的。

明末清初的顾祖禹在分析长沙府的战略价值时,结合历代有识之士的论断,对以长沙为核心的湖湘地区在整个王朝中的战略地位进一步展开了分析和总结:

> (长沙)府南距五岭,北界重湖,内抚蛮猺,外控黔粤……春秋时楚得其地以为南府,故能雄长于江汉间……汉初封吴芮于此,以拒塞南越,南越有事,长沙其兵冲也。后汉时亦为大郡。吴蜀分荆州,长沙属吴,于是蜀之资粮恒虞不给。晋室多事,因置湘州以控压南服,元帝谓谯王承曰:"湘州据上流之势,控三州之会",乃使承出镇焉。自宋以后湘州尝为重镇。梁、陈之间,力争巴、湘。巴、湘属陈,而江南始可固。萧铣先得长沙,遂能南尽交趾。唐师克铣,兵入长沙,交、广诸州相率受命矣。杜佑曰:"湘州之奥,人丰土辟,南通岭峤,唇齿荆雍。"是也。

---

① (宋)朱熹:《敷文阁直学士李公墓志铭》,《朱文公文集》卷九四,《朱子全书》,上海古籍出版社、安徽教育出版社2002年点校本,第25册,第4326页。
② (宋)王炎:《上章岳州书》,《双溪类稿》卷二〇,《文渊阁四库全书》,台北商务印书馆1986年影印本,第1155册,第658页下栏。
③ [日]斯波义信:《南宋米市场分析》,《日本学者研究中国史论著选译》第五卷《五代宋元》,中华书局1993年版,第288、289页。
④ (宋)王炎:《又画一札子》,《双溪类稿》卷二三,《文渊阁四库全书》,台北商务印书馆1986年影印本,第1155册,第687页下栏。

乾宁初，刘建锋以乌合之众，袭取潭州。马殷继起，遂霸有湖南，兼收岭外。王逵、周行逢之属，因其余绪，亦专据一隅，传十余祀。宋平湖南，置荆湖南路于此。刘攽云：长沙左纳夏汭，右抗荆门，控百粤而包九疑，形势与荆州相颉颃，故尝为湖南之都会。吕和叔亦云："湘中七郡，弹压上游，左振牂蛮，右驰瓯越，控交、广之户牖，拟吴、蜀之咽喉，翼张四隅，襟束万里。"皆实录也。……王应麟云："长沙，湖南襟要也，指顾伸缩，皆足有为。"是故南出则连、韶之项背可拊，东顾则章、贡之肘腋可抉，西下则黔、粤之咽喉可塞也。争南服者不得长沙，无以成席卷之势，若拮据于滇、黔、岭峤之间而不得长沙，虽欲执橐鞬于中原，马首且安托哉？[①]

第四节　宣、歙：地控荆吴

宣州地区位于开元江南西道的东北一隅，使得江南西道的辖境，沿大江东北斜插入江南东道，战略地位极为重要。宣州正南为歙州，据《唐六典》及《旧唐书·地理志》，宣、歙二州分属开元江南西道和江南东道，但《新唐书·地理志》则将二州同记在江南西道下。据唐人陈简甫在《宣州开元以来良吏记》中说："开元癸酉岁，国家以天下久平，四海繁富，虑吏之不率，人之不康，乃诏分十道署廉察以督之。此州统江南之西，包谭衡十有六州。而班公景倩始受命焉。"[②] 陈文作于大历年间，开元癸酉岁为开元二十一年（733），班景倩于是年督察江南西道，并以宣州统管江南西道，可见当以《唐六典》及《旧唐书》为准。《新唐书》所记，可能与安史之乱以后，二州分别从江南西、东两道分离出来，独立成宣、歙道观察使，并且长时间整合成为一个区划单元，直至宋末都没有再次分开有关。唐人张九龄说："故人宣城守，亦在江南偏。"[③] 张九龄所言江南，极有可能是较为狭义的"江南"，即仅指宣州东南的江南东道地区。可见，在当时人的眼中，宣州虽在江南，却偏处一隅。唯其偏处江南

[①] （清）顾祖禹：《读史方舆纪要》卷八〇《湖广六》，中华书局2005年点校本，第3746—3747页。

[②] （唐）陈简甫：《宣州开元以来良吏记》，（宋）李昉《文苑英华》卷八三〇，中华书局1966年影印本，第4380页下栏。

[③] （唐）张九龄：《当涂界寄裴宣州》，《曲江集》卷三，商务印书馆1937年版，第35页。

第五章 江南西道的内部亚区

一隅，却成为开元末隶属江南西道的重要根源，而且，宣州又以其优良区位特点，与东南诸州的关系极为密切，下面将展开讨论。

一 宣、歙二州的地域演变

"淮南望江南，千里碧山对。我行倦过之，半落青天外。宗英佐雄郡，水陆相控带。长川豁中流，千里泻吴会"①，区区几句五言诗，唐人李白在《赠从弟宣州长史昭》一诗中，就将宣州的形势概括得非常到位。开元间的宣州（治今安徽宣城市）及歙州（治今安徽歙县）辖境，相当于今安徽长江以南地区、江西婺源县及江苏省南京市的小部分地区。该地区北阻大江，与淮南道隔江相望。东、东南以茅山、牛头山、天目山及白际岭与江南东道润、杭、衢、睦等州为界；东南至皖南山区边缘的浅丘如莲花山、五龙山等与江南西道江州、饶州为界，疆界分野，除婺源县外，多以分水岭为界。

宣州与歙州，天宝间曾一度分别改名为宣城郡和新安郡，乾元元年（758）即复旧。此外，宣州于唐初武德四年（621）分置池州，贞观元年废。至"永泰元年（765），江西观察使李勉以秋浦去洪州九百里，请复置池州。仍请割青阳、至德二县隶之。又析置石埭县，并从之。后隶宣州"。② 大历元年（766）十二月，设宣歙道观察使；大顺元年（890），升宣歙道为宁国军；天复三年（903），复宁国军为宣歙道。五代杨吴亦置宁国军，南唐因之。宋仍曰宣、歙二州，改属江南东路。

宣、歙二州位于长江以南，地势主体为江南低山丘陵区，由西南的低山向东北的丘陵逐渐下伏。大部分海拔200—400米，由火山喷发的花岗岩组成的黄山、九华山山势雄伟挺拔，其岩性易被侵蚀成柱状，峭壁千仞。山形圆浑、秀气，黄山屹立在中部，高峰海拔1873米，为该地区最高点。平原多分布长江沿岸，随江水流向略呈东北—西南走向，主要是由长江及其支流的冲积作用和湖泊的淤积作用而成。海拔多在20米左右，发源于南部山区的水流较多，因而河网密集，土地肥沃。此外低山丘陵间，主要是河流中下游两岸阶地会有一些冲积平原，面积较小。总体而

---

① （唐）李白：《赠从弟宣州长史昭》，《李太白全集》卷一二，中华书局1977年点校本，第618页。

② 《旧唐书》卷四〇《地理三》，中华书局1975年点校本，第1603页。

言，与肥沃的东部太湖平原、鄱阳湖平原适宜农耕不同，宣、歙二州山多地狭，传统粮食作物不能占绝对的主导地位。但凭借山区的优势，该地区经济作物如茶叶、桑麻等较为发达。

就宣、歙二州自身而言，宣州的地理区位及自然地势较歙州又要强一些。二州虽同属皖南丘陵，地貌类型相似，但以黄山山脉为分水岭，二州的界限还是较为明确。宣州北临大江，为交通要道。沿江平原全部分布在宣州境。这些平原多由发源于近乎东北—西南走向的黄山、天目山山脉北麓的贵池、青弋、溧水等河流，孕育了大片冲积平原。歙州四面环山，由黄山、白际岭及莲花山夹峙成，地势中间低四周高。面积本来就小于宣州，丘陵山地的分布又较宣州为多。发源于境内、近东西流向的新安江是唯一一条较大的河流，而且，歙州仅踞其上游，平原面积自然有限。山多田少，并且多是薄田、山坡梯田。唐咸通三年（862）秋，歙州司马张途描述了祁门的地理情况："邑之编籍，民五十（千）四百余户，其疆境亦不为小，山多而田少。"①宋人罗愿在所撰《新安志》中也说："新安为郡，在万山间。其地险狭而不夷，其土驿刚而不化。水湍悍少潴蓄。自其郡邑固已践山为城，至于四郊都鄙，则又可知也。大山之所落，深谷之所穷。民之田其间者，层累而上，指十数级不能为一亩。"②

二 "地控荆吴"

李白诗曰："常夸云月好，邀我敬亭山。五落洞庭叶，三江游未还。"③敬亭山位于宣州城北郊。诗人遥想站在敬亭山上，放眼洞庭与三江，以寄托相思之情。然则李白的诗句，点明宣州所处的地理位置及交通优势。宣州长江沿岸受境内山地及长江北岸大别山脉夹峙的影响，江流曲折，急缓相间，石质基岩（矶头）出没，多江心洲，沿岸平原宽窄不等，制约了古代长江津渡的选址。唐代此段长江的渡口主要是采石和芜湖，并且，两个渡口相去不远。由此过江北上，有两条大道，一条为巢肥通道，

---

① （唐）张途：《祁门县新修闾门溪记》，（宋）李昉：《文苑英华》卷八一三，中华书局1966年影印本，第4296页下栏。

② （宋）罗愿：《新安志》卷二《叙贡赋》，《文渊阁四库全书》，台北商务印书馆1986年影印本，第485册，第369页上栏。

③ （唐）李白：《寄从弟宣州长史昭》，《李太白全集》卷一四，中华书局1977年点校本，第691页。

第五章　江南西道的内部亚区

当时人称"二京道";另一条则可以称作"和、滁道"。

江淮之间,大别山逶迤东去,逐渐过渡为比较低平的丘陵地带,成为江淮间的分水岭。在这片丘陵的中部,有一个蜂腰地段,大约在今肥西县北境的将军岭与合肥市西北郊的衔接处,有源头比较接近的施、淝二水南北分流。施水,又称南淝水,南流入巢湖;淝水,又称东淝水,北流入淮河。沿此二水而行,水陆相辅,可出入于淮南、江北,这就是巢肥通道。唐代巢湖南有濡须水与长江相通,沿巢肥通道南下过江便是宣州。

历史上,巢湖、芜湖与江西北部一带有"吴头楚尾"之称,因其地是春秋时期吴楚两国交界处,且有南北通道相连,东西头尾相接。上古时期,长江风大浪急,古人尚未能驾驭舟船利用江航,吴楚交兵时,吴国军队多由此渡江入淮,再西行至荆楚。吴王夫差开邗沟沟通江淮以后,经过魏晋南北朝历代不断整修,水路交通条件渐渐优于巢肥通道。特别是隋炀帝大运河修成,江淮间以水运联系为主,寿州、庐州、和州一线的巢肥通道地位有所下降。

由宣州芜湖、采石过江后西行,或由陆路,或由濡须水行到达淮南道的庐州,北上寿州再沿颍水进入中原。《元和郡县图志》记宣州:"西渡江至庐州六百四十里。"[①] 大和三年(829),陈鸿在《庐州同食馆记》中,描述了唐代经过庐州郡治合肥城南门同食馆的南北大道:

> 东南自会稽、朱方、宣城、扬州,西达蔡汝,陆行抵京师。江淮牧守,三台郎吏,出入多游郡道。是馆成,大宾、小宾皆有次舍。开元中,江淮间人走崤函,合肥、寿春为中路。大历末,蔡人为贼,是道中废。元和中,蔡州平,二京路复出于庐。西江自白沙、瓜步,至于大梁,斗门堰埭,盐铁税缗,诸侯榷利,骈指于河,故衣冠商旅,率皆直蔡会洛,道路不蓐。[②]

这里之所以被称为"中路",史念海先生认为是相对汴渠以及溯江而上经襄阳至长安这东、西两路而言的,由于该路直通东西二京,故被称为

[①] (唐)李吉甫:《元和郡县图志》卷二八《江南道四》,中华书局1983年点校本,第681页。

[②] (唐)陈鸿:《庐州同食馆记》,《全唐文》卷六一二,中华书局1983年影印本,第7册,第6181页上栏。

"二京路"①。

二京路为南北要道除前引陈鸿文可以看出外,杨行密割据淮南同样被用到。唐昭宗二年(893),杨行密派大将"李神福围庐州。甲午,杨行密自将诣庐州,田頵自宣州引兵会之",②后天复三年(903),杨行密妻弟朱延寿守寿州,田頵守宣州,二人谋反行密。田頵"遣二使诈为商人,诣寿州约奉国节度使朱延寿",并"遣前进士杜荀鹤至寿州,与延寿相结;又遣至大梁告朱全忠,全忠大喜,遣兵屯宿州以应之"。③

由宣州采石过江,沿和、滁到达泗州。这条线路的特点是江南西道地区进入淮南和中原地区直线距离较近,花费的时间远比沿江到达扬州入邗沟来得快。《元和郡县图志》卷二八:"西北至上都取和、滁路三千一十里,取润州路三千七十里。西北至东都取和滁路二千一百五十里……正北微西至和州二百五十里。"④按由和、滁路先北上再西北至长安,比先东下润州再折回赴长安,实际路程极有可能不止近六十里。唐末天下纷争,军阀杨行密割据淮南。为向江南发展势力,先于昭宗大顺二年(891)派部将李神福率军攻打和、滁州,进而由采石过江,渐次将宣、歙地区归为己有。⑤

但是,由宣州过江的通道,在唐宋时期的地位没有东面的润、扬州之间的大道重要。《元和郡县图志》载:池州"东北陆路至宣州三百四十里",而池州"西北至上都取宣州路三千四百一十里……西北至东都取宣州路二千五百一十里"。⑥依照前面宣州"八到"所载,这里所讲的"宣州路"应是由宣州东下润州过江,而不是由采石过江的"和滁路"。由池州北上,为何多取较为迂远的润州路而不是和滁路?这极有可能是漕运线路所致。池州在宣州西南,紧邻大江,由江南西道乃至岭南的物资在鄱阳

---

① 详见宓三能(史念海)《说唐代经过庐州的二京路》,《中国历史地理论丛》1994年第4期,第34、44页。
② (宋)司马光:《资治通鉴》卷二五九"唐昭宗景福二年",中华书局1956年点校本,第8444页。
③ (宋)司马光:《资治通鉴》卷二六四"唐昭宗天复三年",中华书局1956年点校本,第8614页。
④ (唐)李吉甫:《元和郡县图志》卷二八《江南道四》,中华书局1983年点校本,第681页。
⑤ (宋)司马光:《资治通鉴》卷二五八"唐昭宗大顺二年",中华书局1956年点校本,第8416页。
⑥ (唐)李吉甫:《元和郡县图志》卷二八《江南道四》,中华书局1983年点校本,第688页。

第五章 江南西道的内部亚区

湖入长江后东下，至扬州转入运河，可以全程水运北上，而和滁路则需水陆兼程，这种大规模的物资转运，自然会舍和滁路而走润州。但和滁路近便，对于非大规模物资，并且时间性较强的运输尤其是军事行动来说，则又成为首选。前引杨行密南下的例子就是证明①。此外，又有宋初于采石开长江架浮桥先例一事。太祖开宝七年（974）为平定江南，采纳江南布衣樊若水的建议，"造舟为梁以济师"，于采石以大船架浮桥，"三日而桥成，由是大军长驱以济，如履平地"②。又地理位置偏南、不当漕运主线的歙州，《元和郡县图志》对其"八到"的记载："西北至上都取宣州路三千四百五十里，西北至东都三千二百二十五里；取宣州润州路二千五百九十里。"这里的"宣州路"应是指由采石过江的"和滁路"。不当漕运主线的歙州，两路同书，可见"宣州路"与"宣州润路"都是较为重要的大道。

宣州与江西道其他地区的联系，由唐代宗永泰元年（765）饶州陈庄之乱可以窥得一斑。《旧唐书》载：

> 时宣、饶二州人方清、陈庄聚众据山洞，西绝江路，劫商旅以为乱。芃乃请于秋浦置州，守其要地，以破其谋。李勉然其计，以闻。代宗嘉之，以宣州之秋浦、青阳、饶州之至德置池州焉。③

秋浦、青阳二县地处宣州境内东南，至德县位于饶州北境，以三县设池州来"扼衿要，守其要地"，说明陈庄的势力主要在这个区域的山区至江浒一带。又陈庄势力曾进入江西道其他地区，"连陷江西州县"，江西观察使李勉"与诸道力战，悉攻平之"④。宣州经池州可以轻松实现与江西道境内其他地区的连通。又宋人洪迈在《夷坚志》中记：

> 祁门汪氏子，自番阳如池州，欲宿建德县。未至一舍间，过亲故

---

① 当然，这并不意味着润州路只行漕运。（唐）杜牧：《樊川文集》卷三载《将赴宣州留题扬州禅智寺》诗："杜陵隋苑已绝国，秋晚南游更渡江。"知杜牧赴宣州任，是由扬州过江，然后西行到达宣州。上海古籍出版社1978年点校本，第44页。
② （清）徐松：《宋会要辑稿·方域》一三之一九"桥梁"，中华书局1957年影印本，第8册，第7539页下栏。
③ 《旧唐书》卷一三二《李芃传》，中华书局1975年点校本，第3654—3655页。
④ 《旧唐书》卷一三一《李勉传》，中华书局1975年点校本，第3634页。

居，留与饮。行李已先发，饮罢，独乘马行，遂迷失道，与从者不复相值。深入支径榛莽中，日且曛黑，数人突出执之。行十里许，至深山古庙中，反缚于柱……解缚谢之，送出官道。①

《夷坚志》虽为志怪之书，然所载交通道路却应是当时客观存在的。番阳县治今江西波阳县，池州治今安徽池州市，建德县治今安徽东至县东北，祁门汪氏子由番阳乘马前往池州，途经建德县，明显走陆路。汪氏子在遭劫后，因遇鬼无恙，劫匪以为有福，急忙"解缚谢之，送出官道"，又表明此人所行应为官道，则由番阳前往池州，有陆路官道可通。进之，这条道路可能早在唐代就可能已经存在了。

宣州与江西道其他地区的交通较为容易，开元间江南道分东、西，江西按察使班景倩由宣州监察江南西道，宣州的交通优势应该是重要因素。唐德宗时淮西之乱阻隔江淮，江南米粮贡物改经宣州、饶州接长江：

> 时南方藩镇各闭境自守，惟曹王皋数遣使间道贡献。（胡注：曹王皋时节度江南西道）李希烈攻逼汴、郑，江、淮路绝，朝贡皆自宣、饶、荆、襄趣武关。皋治邮驿，平道路，由是往来之使，通行无阻。②

唐后期逢中原有乱，江东贡赋不能以汴渠运抵东都及关中时，由宣州长江水道溯流鄂州，进而转运北方的路线便开始繁忙起来。

由宣州顺江而下至润州更是当时的交通要道。唐宪宗元和二年（807），李锜于润州反叛，唐廷"以淮南节度使王锷统诸道兵为招讨处置使，征宣武、义宁、武昌兵，并淮南、宣歙兵俱出宣州，江西兵出信州，浙东兵出杭州以讨之"。胡注"淮南兵与宣歙兵会于宣州界，乘上流之势以临京口。是时，宣州之地，北尽当涂，至江浒"。淮南兵要在宣州与宣歙兵会后下润州，交通便利由此可见。此外李锜还"以宣州富饶，欲先

---

① （宋）洪迈：《夷坚志》甲志卷第一四《建德妖鬼》，中华书局1981年点校本，第1册，第126页。
② （宋）司马光：《资治通鉴》卷二二九"唐德宗建中四年"，中华书局1956年点校本，第7379页。

第五章 江南西道的内部亚区

取之,遣兵马使张子良、李奉仙、田少卿将兵三千袭之"[①]。宣州富饶虽是事实,但宣州位居上游,夺取了宣州,不仅对下游润州有控守之势,对于进而夺取整个江东以致江西都有重要意义。

五代时期,南唐建都金陵,由于地理位置较近,宣州的军事地位及其作用突出,"宣城奥区,国家巨屏","宣城重镇,陪京之南,制天险之津梁,据三楚之襟带,境环千里,邑聚万民,我朝以来,戎寄尤切"。[②]"制天险之津梁",由于采石渡位于宣州境,宣州因之成为京都附近的重镇,更成为控制"三楚"的"襟带"了。地跨江淮而立国,正是靠着鄂津、采石、宣化、瓜步四个长江津渡将大江南北整合在一个地域中,而宣州(宁国节度使)、鄂州(武昌节度使)、洪州(镇南节度使)则是江南的三大支撑点。

北宋宣和二年(1120),宣、歙二州东南睦州青溪县(治今浙江淳安县西北)爆发了方腊起义。方腊军很快攻陷了睦州及歙州,进而东下掠取杭州,声势越来越大。宋廷急忙发兵讨伐,其中刘延庆率部从淮南过江,"由江东入至宣州泾县,遇贼伪八大王,斩五千级,复歙州,出贼背。统制王禀、王涣、杨惟忠、辛兴宗自杭趋睦,取睦州,与江东兵合,斩获一百七十里,生擒方腊及伪相方肥等,妻邱、子亳二太子等凡五十二人"。[③] 此次战役,正是刘延庆所率的"江东兵""出贼背",与从杭州来的部队合击方腊,使其腹背受敌,方腊才会迅速失败被俘。宣、歙二州对浙西一带的控御作用,在此次平方腊的军事行动中,淋漓尽致地发挥出来。

三 繁荣的商品经济

宣州明代为宁国府,顾祖禹谓"(宁国)府陪辅金陵,襟带杭、歙,阻山控江,形势便利。据险而守,择利而动,纵横南北,亦创起之绪也。杨行密用宣州遂并淮南。明太祖下宁国克奠南服,非已然之验矣?"[④] 顾氏着书,重在军事,唐宋时期的宣、歙二州,除具备军事控守的极佳条件

[①] (宋)司马光:《资治通鉴》卷二三七"唐宪宗元和二年",中华书局1956年点校本,第7641、7642页。

[②] (唐)徐铉:《朱业宣州节度使制》、《魏王宣州大都督制》,《全唐文》卷八七八、卷八七九,中华书局1983年影印本,第9册,第9185页下栏、9192页上栏。

[③] (宋)方勺:《泊宅编》附《青溪寇轨》,中华书局1983年点校本,第109页。

[④] (清)顾祖禹:《读史方舆纪要》卷二八《江南十》,中华书局2005年点校本,第1348—1349页。

外，凭借极为有利的区位优势，商品经济的繁荣也是宣、歙地区的一大特征，元稹说："宣城重地，较缗之数，岁不下百余万。管干剧职，灵盐近戎，分务简僚，不易宜称"①，杜牧甚至称宣、歙二州，"赋多口众，最于江南"②。宣、歙二州商品经济发达的原因，除占据优良的地理区位外，还有其他三方面的原因，略述于后：

（一）茶、麻等经济作物发达。依照前面的分析，宣、歙二州的传统农业并不发达，但宣州周围山地丘陵众多，物产丰富。《元和郡县图志》载：宣州"开元贡白纻布。自贞元后，常贡之外，别进五色线毯及绫绮等珍物，与淮南、两浙相比"③，这些贡物至宋代仍旧④。据《唐六典》，宣、歙地区都有进贡纻布的记载。纻布，即麻布，说明该地区麻的种植非常普遍。张途曾经描述歙州普遍种植茶树的盛况：歙州"山多而田少，水清而地沃。山且植茗，高下无贵土。千里之内，业于茶者七八矣"⑤。歙州茶产量很大，唐代曾置有茶院，"天祐中，陶雅为歙州刺史，命制置茶院"⑥。宣州亦产茶，宋人洪迈说："仙人掌茶，今池州九华山中亦颇有之，其状略如蕨拳也。"⑦

（二）商业贸易繁荣。凭借优良的交通区位优势及丰富的物产，宣、歙二州的商业发达，"宣、歙土狭谷少，所仰四方之来者……商旅辐凑，民赖以为生"⑧。李白诗云："鱼盐满市井，布帛如云烟。"⑨薛邕任刺史

---

① （唐）元稹：《授卢萼监察里行宣州判官制》，（宋）李昉：《文苑英华》卷四一二，中华书局1966年影印本，第2088页下栏。

② （唐）杜牧：《樊川文集》卷八《唐故宣州观察使御史大夫韦公墓志铭》，上海古籍出版社1978年点校本，第129页。

③ （唐）李吉甫：《元和郡县图志》卷二九《江南道四》，中华书局1983年点校本，第681页。又后面列举诸种史实，是为了分析宣、歙二州富庶的原因，并非单纯讨论经济及相关问题，所以不再展开详细论证。

④ （宋）乐史：（宋本）《太平寰宇记》卷一〇三《江南西道一》，中华书局2000年影印本，第130页上栏。

⑤ （唐）张途：《祁门新修阊门溪记》，（宋）李昉：《文苑英华》八一三，中华书局1966年影印本，第4296页下栏。

⑥ （元）胡炳文：《送文公五世孙序》，《云峰集》卷三，《文渊阁四库全书》，台北商务印书馆1986年影印本，第1199册，第763页下栏。

⑦ （宋）洪迈：《容斋四笔》卷一〇《青莲居士》，中华书局2005年点校本，第509页。

⑧ （宋）司马光：《资治通鉴》卷二三七"唐宪宗元和三年"，中华书局1956年点校本，第7653页。

⑨ （唐）李白：《赠宣城宇文太守兼呈崔侍御》，《李太白全集》卷一二，中华书局1977年点校本，第611页。

时，"劝农殖谷，百谷年丰。通商鬻货，万货云丛。阐道都会，敦儒泮宫"①。

（三）矿冶、造纸等手工业发达。"宣州，秦故郡之地，阻以重山，缘以大江，封方数百里，而铜陵铁冶，繁阜乎其中"，②《元和郡县图志》记："赤金山，在（当涂）县北一十里。出好铜，与金类。"③ 又"东流县……控带江山。唐会昌初建为东流场，在古废和城县侧。大中四年，移于今理。伪唐保大十一年（953），升为东流县"。歙州则产银和铅④，《新唐书》卷四一载宣、歙二州都贡纸。此外，宣州的石砚也非常有名，李白赞"笺麻素绢排数箱，宣州石砚墨色光"⑤ 可证。

综上所述，宣、歙二州以其既有山川之要，又兼海陆之丰的特点，成为唐代江南的区域中心城市。歙州与宣州间互为倚重的联系，宣州对歙州各条出山口道路的控扼作用，或许正是二州能够整合为一个观察使辖区的内在因素。开元间江南道分东、西之时，江南西道按察使可能一度设在宣州，正体现出其前述诸种优势，以致实现"统江南之西"的形势。

第五节 朗（鼎）、澧：控制蛮猺、捍御荆楚

唐代朗（治今湖南常德市，北宋初更名为鼎州）、澧（治今湖南澧县）二州，位于江南西道西北一隅，西与黔中道毗邻，北临山南东道，岳州在其东，潭州在其南。澧州占据了澧水流域的大部分地区，朗州则位于沅水下游地区。沅、澧二水是今湖南省境四条干流中位置偏西的两条。澧水最短，位于湖南省的西北部；沅水较长，受地势的影响，沅水深入黔中。

朗、澧二州辖境在秦汉时期为一个完整的武陵郡（治今湖南常德

---

① （唐）阙名：《大唐宣州刺史薛公去思碑》，《全唐文》卷九九○，中华书局1983年影印本，第10册，第10234页上栏。
② （唐）陈简甫：《宣州开元以来良吏记》，（宋）李昉：《文苑英华》卷八三○，中华书局1966年影印本，第4380页上栏。
③ （唐）李吉甫：《元和郡县图志》卷二八《江南道四》，中华书局1983年点校本，第683页。
④ 《新唐书》卷四一《地理志五》：歙州绩溪县，"有银有铅"，中华书局1975年点校本，第1067页。
⑤ （唐）李白：《草书歌行》，《李太白全集》卷八，中华书局1977年点校本，第456页。

市），其后即告分离，发展至民国时期，才又整合成为常德这样一个统县政区。期间的纷繁演变，并非一蹴而就。以高层政区而言，唐以前，朗（鼎）、澧二州辖境曾长时期作为北面荆州（治今湖北荆州市）或鄂州（治今湖北武汉市武昌区）的附庸，唐代这种情况得到改变，二州开始南隶江南（西）道。安史之乱以后，藩镇割据，二州又隶荆南节度（治荆州）。宋代推行路制，二州同属荆湖北路。及至清代立湖南省，朗（鼎）、澧二州才又重新整合为一个统县政区。纵观朗（鼎）、澧二州的地域发展过程，唐宋时期是一个重要阶段，主要体现便是高层政区的剧烈演变。这一剧烈演变，与二州的地域特点、交通区位以及当时的政治、经济及军事等方面的因素关系密切，特别宋代以二州作为开"嵠峒蛮"的桥头堡，凸显了二州在区域开发中的重要地位，为后世沅、澧二水流域的发展奠定了基础。

一 朗（鼎）、澧二州的地理特征

朗（鼎）、澧二州所处沅、澧二水是今湖南省境四条干流中位置偏西的两条。澧水最短，位于湖南省的西北部；沅水较长，受地势的影响，河流的形状南北较长，东西较窄。

沅水源自唐代的黔中道（治今重庆彭水县），中上游大部分河段位于黔中道境；澧水同样源出自黔中道，主体部分位于澧州境内。沅水自河源至龙标（今湖南洪江）为上游，位于云贵高原地区，平均海拔1000米左右，因河道切割高山，形成很多深谷，平原很少。自龙标至沅陵为中游。中游为丘陵地区，海拔多在400—1000米，丘陵中间有长短不一的峡谷。这一地区的河谷平原面积较小，以溆浦平原及支流舞水下游芷江平原较大，是沅水流域早期城市选址的对象。沅陵以下为下游。由沅陵附近开始，河道整体呈向东北—东流向，山势低落，由丘陵向平原地带过渡，无较大的支流汇入，今桃源县以下为冲积平原，河道平缓。沅水左岸支流较多，主要有舞水、辰水、武水、酉水；右岸主要有渠水、巫水、溆水，汇集成羽毛状河系[①]。

澧水位于沅水下游以北，以武陵山为二水分水岭，是湘、资、沅、澧

[①] 《湖南省志》编纂委员会：《湖南省志》第二卷《地理志》，湖南人民出版社1982年版，第514页。

四大水系中最短的一条。流域内地势西、南、北三部较高，而东部较低，干流源出自黔中道东北部今鄂西山地，河道偏于流域之南，支流多位于澧水北岸，并总体呈西北东南流向，形成梳状河系。干流自源头至桑植称为上游，处高山峻岭之中，两岸山峰在1000—2000米。桑植至石门为中游，属丘陵地区，两岸大部在海拔500米以上，水道长266公里。石门以下为下游，流经石门、澧阳、安乡等地，属平原地貌，地势开阔平坦，海拔35—80米。由于地势过低，今澧水下游在洪水暴涨时，水位往往高于田地，为防洪灾，沿岸多修筑堤防。唐宋时期，由于东面洞庭湖水域面积不断扩大，对朗、澧二州形成较大威胁，宋人记："（洞庭）湖夏水泛涨，则接澧、朗、岳三州界。"① 雨季洪水涌入洞庭湖，湖水暴涨，不仅浮没沅、澧二水的部分下游地区，还使北面的荆州受到牵连，"洞庭信巨浸，畜洩浮荆州"②，时人经常筑堤防洪，"澧阳旧苦众溪羡溢，岁筑堤防，然后郊与市咸得奠厥居"③。洞庭湖水域的盈缩，不仅影响到该地区的农业生产，还对该地区的发展及行政区划也产生了重大影响。

二　唐宋朗（鼎）、澧二州的地域演变

相对于其他几道，唐宋朗（鼎）、澧二州的开发较晚，这从政区建置可以看出来。唐宋朗（鼎）、澧二州辖境在秦、汉时期同隶一个郡级政区：秦属黔中郡④，两汉属武陵郡。西汉武帝设十三部刺史，武陵郡属荆州刺史部，至东汉"州"开始成为正式的高层政区，武陵郡仍隶属荆州。唐宋朗（鼎）、澧二州辖境在秦汉时期同属一郡，且郡境较大，反映出秦汉时期朗、澧二州的开发处在起步阶段这一事实。秦黔中郡及汉武陵郡的郡治—临沅（治今湖南常德市），位于沅水流域，又说明秦汉时期沅水流

---

① （宋）乐史：（宋本）《太平寰宇记》卷一一八《江南西道一六》，中华书局2000年影印本，第221页下栏。
② （宋）沈辽：《澧阳大水》，《云巢编》卷一，《文渊阁四库全书》，台北商务印书馆1986年影印本，第1117册，第525页下栏。
③ （宋）胡寅：《澧州谯门记》，《斐然集》卷二〇，中华书局1993年点校本，第431页。
④ 根据出土的里耶秦简，秦代沅、澧流域又有洞庭郡一说，惟学界对该郡及其与黔中郡的关系等问题尚未形成较为一致的看法，且洞庭郡之说对于本书观点影响不大，故仍采用黔中郡的说法，见谭其骧《秦郡新考》《秦郡界址考》，收入《长水集》上，人民出版社1987年版。有关里耶秦简的研究，详参湖南省文物考古研究所等：《湖南龙山里耶战国—秦代古城一号井发掘简报》，《文物》2003年第1期，第4—35页；李学勤：《初读里耶简牍》，《文物》2003年第1期，第73—81页；陈伟：《秦苍梧、洞庭二郡刍论》，《历史研究》2003年第5期，第168—172页。

域的开发,较之澧水流域稍微深入一些。

魏晋南北朝时期,以孙吴在澧水流域设立天门郡为标志,澧水流域开始逐渐脱离沅水流域独立出来,进而又被细分。此后三百年间,政区变化紊乱,加上侨置郡县,澧水流域一度出现上下游天门、南及南义阳(侨置)三郡并立的局面,这种情况持续到隋平陈才发生较大变动。孙吴于永安六年(263),由武陵郡析置出天门郡,治零阳(治今湖南慈利县东)①。西晋太康四年(283),又将天门郡的治所由零阳向澧水下游移动到澧阳县(治今湖北石门县)②,此后东晋南朝的近三百年间,澧阳县一直都是天门郡的治所③。另外,孙吴时期,澧水入洞庭湖的尾闾地区的作唐、孱陵等县北隶南郡(治今湖北荆州市),至"晋武帝太康元年(280),分南郡江南为南平郡,治作唐,后治江安",晋末又在这里侨置义阳郡(今湖南安乡县西南)④,这种情形一直持续到隋平陈才发生重大变化。

按这一时期澧水下游在汉旧县的基础上,除增设江安、南安等县邑外⑤,还有统县政区——南平郡及南义阳郡的设置。南义阳郡设置的直接动因,是晋末北方流民南下聚集于安乡县,晋政府因之侨置。而南平郡由南郡析置出来,除移民南下、外来人口增加这种直接因素之外,也能够反映出该地区得到发展这一事实。值得注意的是,澧水下游这块地域的发展,应是基于这样一个事实,即魏晋南北朝时期洞庭湖水的面积虽然开始逐渐扩大,但是还远没有像唐宋时期那样浩渺⑥。澧水下游平原面积仍然较广,随着人类活动足迹的增多,行政区划的增设也就不足为奇了。此外,同一时期南面的武陵郡则变化不大,只是在南北朝后期,陈从武陵郡的西境析置出沅陵郡(治今湖南沅陵县)。

隋开皇九年(589)平陈以后,大量省并天下州县,对该地区的政区,特别是对澧水流域进行了整理。"废天门郡,以废州为石门县",南

---

① 《三国志》卷四八《吴书·三嗣主传第三》,中华书局1982年点校本,第1161页。
② 《宋书》卷三七《州郡志三》,中华书局1974年点校本,第1119页。
③ (唐)杜佑:《通典》卷一八三《州郡十三》,中华书局1988年点校本,第4883页。
④ 《宋书》卷三七《州郡志二》,中华书局1974年点校本,第1118页。
⑤ 同上书,第1118、1119页。
⑥ 张晓阳等:《全新世以来洞庭湖的演变》,《湖泊科学》第6卷第1期,1994年3月,第20页。

第五章 江南西道的内部亚区

朝时期的澧阳县更名为石门县，同时"改南义阳为澧州"①。隋澧州治所虽然仍旧名为澧阳，但城市的位置却移动到澧水下游今湖南澧县地了。这样，澧州便基本上将澧水流域纳入统辖范围。由前面所论可知，魏晋以来，随着洞庭湖水域面积的不断扩展，澧水下游地区不断受到湖水的侵蚀，原来澧阳以下县邑数量开始减少，有的甚至没于水下，魏晋时期的一些县治的今地存在争议，应与此有关。而澧水中上游地区统县政区的治所，由最初位于河谷两岸台地上的天门郡治零阳（治今湖南慈利县东），先是向下游移动今湖南石门县，至隋代澧州治澧阳县（治今湖南澧县），城市选址不断向下游移动。该地区城址两次向澧水下游迁移，可以证明这一地区统县政区的治所，其最初的功效主要在于军事守御，但随着地区的渐次开发，原先相对狭窄的河谷平原无法满足城市扩展的需求，不得不向下游平原面积较大、能够满足这种需求的地带迁移，特别是澧阳县除平原面积较大外，本身还具备的极佳的区位优势，势必成为澧水流域统县政区的所在地。原来两个统县政区的治所，只能降为普通县邑。此外，隋政府对于南朝陈由武陵郡析置出的沅陵郡，却并没有省入武陵郡，体现出随着原武陵郡开发的深入，其分置是势所必然。

唐初继承了隋代的这种建置，贞观元年（627）分天下为十道，朗、澧二州并属江南道。景云二年（711）前后，江南道析分江南东、西二道时，朗、澧二州划属江南西道②。至开元二十一年（733），又从江南西道析出黔中道后，朗、澧二州成为江南西道的西北边州。二州于"天宝初曾割属山南东道"③，安史之乱爆发后，唐肃宗于至德二年（757）置荆南节度使，领荆、澧、朗等10州，治所在荆州（治今湖北荆州市）④。乾元二年（759）又"置澧朗溆都团练使，治澧州"。⑤ 然而，澧朗溆都团练

---

① 《旧唐书》卷四〇《地理志三》，中华书局1975年点校本，第1614页。《隋书》卷三一《地理下》：澧阳郡"平陈置松州，寻改为澧州"，中华书局1973年点校本，第895页。

② 景云江南道分东、西一说，见严耕望《景云十三道与开元十六道》，《严耕望史学论文选集》，台北联经出版事业公司1991年版，第195—196页。

③ （宋）乐史：（宋本）《太平寰宇记》卷一一八《江南西道一六》，中华书局2000年影印本，第219页下栏。

④ 《新唐书》卷六七《方镇表四》："置荆南节度，亦曰荆澧节度，领荆、澧、朗、郢、复、夔、峡、忠、万、归十州，治荆州"，中华书局1975年点校本，第1870页。

⑤ 《新唐书》卷六七《方镇表四》，中华书局1975年点校本，第1871页。按《旧唐书》卷一一《代宗纪》：大历五年（770）"十二月乙未，改巫州为溆州"，中华书局1975年点校本，第297页。又巫（溆）州治今湖南洪江市，与澧、朗二州相距甚远，疑有误，待考。

使在第二年即被废，还属荆南节度使。唐末光化元年（898），又置"武贞军节度使，领澧、朗、溆三州，治澧州"①，武贞军一直存在至唐亡。唐代大部分时间里，朗、澧二州较为稳定，特别是承平时期，二州先是作为江南西道巡察的范围，后北属山南东道（治今湖北襄樊市）反映出二州又像魏晋南北朝时期一样，成为北面的附属。安史之乱以后设立荆南节度，领荆、澧、朗等10州，应是这种现象的延续。唐末雷满割据朗、澧二州，唐廷授其为武贞军节度，承认了这种割据状态。

五代时期，朗、澧二州大部分时间为马楚政权所占据。马殷"升朗州为永顺军"②，马氏败亡后，刘言于周广顺三年（953）称臣于后周，"又言长沙残破，不可居，请移治所于武陵。周太祖皆从之，乃升朗州为武平军，在武安军上"③。武安军，由潭州（治今湖南长沙市）升置，朗州的地位一度超过了潭州。三年后，刘言灭，马楚政权的朗州旧将周行逢占据朗州，建立割据政权，势力及今湖南地区④。北宋建隆四年（963），宋军灭周氏政权，朗、澧二州入赵宋版图。

朗、澧二州于宋"建隆四年（963）始脱僭窃之余，而为王土。乾德二年（964）始隶荆湖北路"，⑤此后终宋之世，朗（鼎）、澧二州一直隶属于荆湖北路。值得关注的是州名及其地位的变化。真宗大中祥符五年（1012），宋廷为"避圣祖讳"，改"朗州"为"鼎州"⑥。圣祖即道人赵玄朗，真宗崇信道教，尊其为"圣祖"⑦，朗州因之改名。北宋末年，鼎、澧二州的地位逐渐上升。先是在政和七年（1117），鼎州升为常德军，到了南宋"建炎四年（1130），升鼎、澧州镇抚使。绍兴元年（1131），置荆湖北路安抚使，治鼎州，领鼎、澧、辰、沅、靖州。三十二年

---

① 《新唐书》卷六七《方镇表四》，中华书局1975年点校本，第1893页。据《资治通鉴》卷二六一"昭宗光化元年"："秋七月，加武贞节度使雷满同平章事"，而《资治通鉴》卷二五九记雷满此前已为"朗州刺史"，中华书局1956年点校本，第8516、8451页。郁贤皓认为治所"澧州"应为"朗州"之误，《唐刺史考》，江苏古籍出版社1987年，第2205页。

② 《新五代史》卷六六《马殷传》，中华书局1974年点校本，第824页。

③ 《新五代史》卷六六《刘言传》，中华书局1974年点校本，第830页。

④ 《新五代史》卷六六《周行逢传》，中华书局1974年点校本，第831页。

⑤ （宋）楼钥：《澧阳楼记》，《攻愧集》卷五四，《文渊阁四库全书》，台北商务印书馆1986年影印本，第1153册，第6页下栏。

⑥ （宋）祝穆：《方舆胜览》卷三〇《常德府》，中华书局2003年点校本，第533页。

⑦ （明）陈邦瞻：《宋史纪事本末》卷二二《天书封祀》，中华书局1977年点校本，第171页。

(1162)，罢。乾道元年（1165）以孝宗潜藩，升府。八年（1172），依旧提举五州"。① 从北宋末年开始，鼎州的地位不断提升，绍兴时期荆湖北路的安抚使，治所甚至设在鼎州。除鼎、澧二州外，荆湖北路安抚使还领沅、澧二水流域的辰、沅、靖三州。乾道元年，升为常德府，并于八年恢复绍兴年间领五州的情形，南宋鼎州在沅、澧二水流域的地位由此可见。

三 "左包洞庭之险，右控五溪之要"

朗（鼎）、澧二州分别位于沅水下游及澧水流域，二州的治所正位于沅、澧二水尾闾地区，为海拔多在100米以下的平原地带。溯沅、澧二水及其支流上行，则可进入云贵高原、鄂西山地等唐代黔中及山南东道地区。黔中道的施（治今湖北恩施市）、溪（治今湖南永顺县东）、辰（治今湖南沅陵县）、巫（治今湖南洪江市）等州大量分布着所谓"五溪蛮"等非汉民族。二州又东邻洞庭，顺沅、澧二水东下是八百里洞庭，过洞庭便是岳州。因为这两条贯穿东西的通道，二州的区位优势首先便体现出"左包洞庭之险，右控五溪之要"的特点，② 宋人楼钥在谈到鼎州时也说："武陵（即鼎州），湖右奥区，外控五溪之徼。"③

朗（鼎）、澧二州与岳州（治今湖南岳阳市）之间的水路交通，宋人范致明在《岳阳风土记》中特别记载了夏季洞庭湖水涨时，由岳阳溯流而行的环湖水路：

> 大抵湖上舟行，虽溯流而遇顺风，加之人力，自旦及暮可行二百里。岳阳西到华容（治今湖南华容县），过大穴漠、汴湖一日程。又西到澧江口、鼎州江口，皆通大穴漠、赤沙，三日程。南至沅江，过赤鼻山湖四日程。又东至湘江，过磊石、青草湖两日程。夏秋水涨，其道如此。冬春水落，往往浅涩，江道回曲，或远或近，虽无风涛之患而常靠阁。④

---

① 《宋史》卷八八《地理志四》，中华书局1977年点校本，第2195页。
② （宋）祝穆：《方舆胜览》卷三〇《常德府》，中华书局2003年点校本，第534页
③ （宋）楼钥：《吕大麟知常德府》，《攻愧集》卷三五，《文渊阁四库全书》，台北商务印书馆1986年影印本，第1153册，第6页下栏。
④ （宋）范致明：《岳阳风土记》，中国地方志丛书，台北成文出版有限公司1976年影印本，第1册，第19页。

范氏按照舟船每日约行二百里计算,由岳州西行,先至华容,需一日。由华容抵澧、沅二水汇洞庭之处又各需三日。也就是说,由岳州前往朗(鼎)、澧二州,各需四日水程。这与《通典》及其他唐宋志书所记,朗、岳间的距离在"六百里"左右基本吻合[①]。又澧州与岳州之间,据志书所载多在三四百里,[②] 与范氏记四日水程不合。按澧州治所澧阳距澧江口距离稍远,由澧阳赴岳州,可以有两条途径:一是以由澧水入洞庭前往巴陵,全程水路;二是先由澧阳东南陆行至华容,由华容既可直接走洞庭水路至巴陵,也可以继续陆行至巴陵城正北的洞庭湖北岸,过水直接到巴陵城下。澧阳赴岳州的两条道路,第一条水路较远,超过四百里。第二条水陆兼行,仅三百里左右。

除去朗(鼎)、澧二州贯通沅、澧二水与洞庭湖东部地区间的东西交通线,在二州对外联系的诸条交通大道中,还有更为重要的,便是南北向的道路。作为南北交通大道的节点,朗(鼎)、澧二州北连荆襄,南下潭衡。由澧州陆行北上公安(治今湖北公安县西北),渡江后可抵荆州。由朗(鼎)州东南行至潭州(治今湖南长沙市),就进入了湘江水道,进而可以南下五岭。宋人在谈到澧州的区域特点时说:澧州"东接洞庭,西连施黔,武陵在其前,江陵在其北,为湖广之孔道。"[③] 又吴表臣所言长江的七处要津,其中公安、石首(治今湖北石首市)二津都位于澧州的北面,由二津渡江南下,走洞庭湖西地区,澧州是必经之地。

东西方向与南北方向的大道相结合,使唐宋时期朗(鼎)、澧二州处在一个四通八达的交通枢纽上,唐宋大部分时期里,来自北方的中央权

[①] (唐)杜佑:《通典》卷一八三《州郡一三》,中华书局1988年点校本,第4875页。(宋)王存:《元丰九域志》卷六《荆湖北路》"鼎州":"东至本州界三百五里,自界首至岳州二百四十五里",合五百五十里,中华书局1984年点校本,第269页。

[②] (唐)杜佑:《通典》卷一八三《州郡一三》记澧阳:"东至巴陵郡二百里";记巴陵:"西至醴(澧)阳郡四百八里",中华书局1988年点校本,第4882页。《元和郡县图志》卷二七《江南道三》:岳州"西至澧州四百四十里",中华书局1983年点校本,第656页。(宋)王存:《元丰九域志》卷六《荆湖北路》:澧州"东至本州界一百三十七里,自界首至岳州一百六十八里",合三百零五里。又唐宋地志载朗(鼎)、澧二州之间道里,在二百里左右,参照地图可以明确看出,澧、岳二州之间的道里,绝不止二百里,故《通典》所记澧阳、巴陵间道里"二"盖为"三"之误,澧、岳间的道里,或在三百里左右,或四百里有余,中华书局1984年点校本,第270页。

[③] (宋)楼钥:《澧阳楼记》,《攻愧集》卷五四,《文渊阁四库全书》,台北商务印书馆1986年影印本,第1153册,第6页下栏。

第五章　江南西道的内部亚区

力，通过二州向南延伸到五岭甚至更远的地区，向西、西南则沿着沅、澧二水流域渗透到黔中地区，朗（鼎）、澧二州，尤其是朗（鼎）州的区位优势得以充分体现出来。

唐安史之乱爆发后，为防遏当时正在蔓延的安史之乱，唐廷命吕諲于上元元年（760）赴江陵任荆州大都督府长史，兼澧、朗、荆、忠、硖五州节度观察处置使。吕氏考虑到江陵地处"吴蜀之冲"，又请求朝廷将江陵设置为"南都"，"诏可。于是更号'江陵府'，以諲为尹，置永平军万人，遏吴、蜀之冲。以湖南之岳、潭、郴、道、邵、连，黔中之涪，凡七州，隶其道"。[①] 以荆州领澧、朗二州辖境，并非首创，魏晋南北朝时期，就以荆州或郢州来统辖这一地区。这种情况反映出，无论是立国中原的统一王朝，还是定都江东的分裂政权，都要通过荆州由北而南地控制朗（鼎）、澧二州，进而通过这二州来控御更远的地方。立国中原的王朝势力，由中原（或关中）向南下至荆州，再由荆州过江南下朗（鼎）、澧二州；江东政权的政令，则先是溯长江西上至荆州，再转而南下到该地区。统一王朝与分裂政权这两种控御形式在两宋得到了充分体现，两宋通过朗（鼎）、澧二州实现对沅、澧二水流域的控制，使宋代荆湖北路的西南部一直延伸到沅水流域上游，与广南西路（治今广西桂林市）为邻。

宋代的荆湖北路的辖境向沅水流域延伸，来自北面江陵的政令，就要经过鼎、澧二州向该流域下达。鼎、澧二州这种联系的作用，将长江沿线数州与沅水流域各州整合成一个整体。鼎、澧二州以西、西南是溪峒等非汉民族聚居的地区，秦汉以来，汉人的势力并不深入，中央政府对于这些地区控制较为薄弱。即便唐代开始以羁縻州这种松散的制度来管理这些地区，虽然较前代有所进步，也仅仅使这些地区理论上纳入唐王朝的版图。中央政府在羁縻州中的影响，从宋代才开始发生较大改观。此外，鼎、澧二州境内，也存在溪蛮，"澧阳及溪蛮相抵，正控其出入道"[②]，本身也是需要重点防御的地区。

鼎州西面的辰州，是宋廷控御"诸蛮"的桥头堡，"诸蛮"与宋廷间的重要政治活动多在这里进行，例如：

[①] 《新唐书》卷一四〇《吕諲传》，中华书局1975年点校本，第4649页。
[②] （宋）郑獬：《礼宾使王君墓志铭》，《郧溪集》卷二〇，《文渊阁四库全书》，台北商务印书馆1986年影印本，第1097册，第299页下栏。

初，北江蛮酋最大者曰彭氏，世有溪州，州有三，曰上、中、下溪，又有龙赐、天赐、忠顺、保静、感化、永顺州六，懿、安、远、新、给、富、来、宁、南、顺、高州十一，总二十州，皆置刺史。而以下溪州刺史兼都誓主，十九州皆隶焉，谓之誓下。州将承袭，都誓主率群酋合议，子孙若弟、侄、亲党之当立者，具州名移辰州为保证，申钤辖司以闻，乃赐敕告、印符，受命者隔江北望拜谢。州有押案副使及校吏，听自补置。①

溪州治今湖南永顺县附近，位于沅水支流酉水流域。溪州彭氏归顺宋廷，要在辰州纳保，之后彭氏与宋廷间的政治活动，也几乎都在辰州进行。为在军事上防守"诸蛮"，从北宋开始就在汉蛮接壤的鼎、澧、辰、沅（治今湖南芷江县）、靖（治今湖南靖县）等州驻扎着包括"弓弩手"在内的大量军队，这从绍兴六年（1136）荆湖北路安抚使上奏可窥得一斑：

> （荆湖北路）帅司言："营田四州旧置弓弩手九千一百一十人，练习武事，散居边境，镇抚蛮夷，平居则事耕作，缓急以备战守，深为利便。靖康初，调发应援河东，全军陷没。今辰、沅、澧、靖等州乏兵防守，窃虑蛮夷生变叵测。若将四州弓弩手减元额，定为三千五百人，辰州置千人，沅州置千五百人，澧州、靖州各置五百人，分处要害，量给土田，训练以时，耕战合度，庶可备御。以所余闲田募人耕作，岁收其租，其于边防财赋，两得其便，可为经久之计。"诏从之。②

沅州为北宋于熙宁六年（1073）分辰州南境所置③，位于辰州沅水上游，这是北宋开"诸蛮"的结果。为防御"诸蛮"，宋廷曾在辰、沅、澧、靖四州部署的兵力超过九千，绍兴年间虽减为三千五百人，数量仍相当可观。而且，这三千五百人的分布，以沅州最多，辰州次之，澧、靖最

---

① 《宋史》卷四九三《西南溪峒诸蛮上》，中华书局1977年点校本，第14177、14178页。
② 《宋史》卷四九四《西南溪峒诸蛮下》，中华书局1977年点校本，第14188页。
③ 《宋史》卷四九三《西南溪峒诸蛮上》，中华书局1977年点校本，第14181页。

第五章　江南西道的内部亚区

少，体现出宋廷为控守"诸蛮"，在军事部署上是以沅州为核心，次向辰州，再向澧、靖等州逐级递减的。

唐宋朗（鼎）、澧二州的正南方，为"梅山蛮"聚居的地区，"梅山峒蛮，旧不与中国通。其地东接潭，南接邵，其西则辰，其北则鼎、澧，而梅山居其中"[①]，大体包括今安化县、宁乡县全境及娄底、怀化、邵阳等市的大部分地区，分布于今资水流域及涟水流域的梅山山脉中。唐代，梅山蛮见诸史籍的活动并不多，五代时，梅山蛮开始活跃起来。后汉乾祐三年（950），朗州刺史马希萼与弟马希广争权，遂联合辰、溆及梅山蛮攻益阳（治今湖南益阳市），陷迪田（今湖南湘乡市北）。次年十二月，陷长沙[②]。以致有北宋初年开梅山之举。梅山既开，"梅山蛮"正式纳入版籍，使其与内地百姓一样缴纳赋税，并在这里设县建制。开梅山蛮带来的另一成果，是北面的鼎、澧二州可以直接溯资水南下邵州。这样，作为南北大道，或者说"湖广孔道"的鼎、澧二州又多了一条南北方向的道路，二州与南北的联系势必随之加强，无怪乎南宋人胡寅称："武陵为郡，界于湖湘，控制蛮猺，以捍两路"[③]，鼎、澧二州的地位已经上升到保卫荆湖南、北两路的地步了。

又鼎、澧二州之间的交通，《通典》："澧阳郡，南至武陵郡一百八十里"[④]，而据《元丰九域志》：鼎州"北至本州界九十里，自界首至澧州九十里……东北至本州界三百三十里，自界首至澧州一百二十里"[⑤]。澧州治澧阳县（治今湖南澧县）在鼎州治武陵县（治今湖南常德市）正北，故言两州间距一百八十里应是陆路距离，《元丰九域志》所记四百五十里则极可能是水路路程。淳熙二年（1175），范成大由桂林赴成都，途经鼎、澧二州。范氏先是由湘江水道抵湘阴后，"顺流下沅江，溯流上澧

[①]《宋史》卷四九四《梅山峒》，中华书局1977年点校本，第14196页。
[②]（宋）司马光：《资治通鉴》卷二八九"后汉隐帝乾祐三年"，中华书局1956年点校本，第9425、9426、9445页。
[③]（宋）胡寅：《张礹直秘阁移鼎州》，《斐然集》卷一二，中华书局1993年点校本，第262页。
[④]（唐）杜佑：《通典》卷一八三《州郡一三》，中华书局1988年点校本，第4882页。
[⑤]（宋）王存：《元丰九域志》卷六《荆湖北路》，中华书局1984年点校本，第269、270页。

浦"①。这里的沅江是鼎州下属的沅江县，治今湖南沅江市。范氏由沅江西北行，在澧水汇入洞庭湖处转入澧水，逆流而上在澧阳县东登陆北上公安，渡江抵荆州后再转赴成都。范氏在鼎、澧二州境内，主要走的是洞庭湖水路，只在澧阳县东才弃舟登岸，虽然取道二州，却没有经二州州治。不过，北宋的祖无择在皇祐四年（1052），"自广南东路徙荆湖北路（治荆州），皆为提点刑狱"，时在"秋七月，按部道次鼎州"②，看来走的应是鼎、澧这条陆路。

"武陵控扼五溪猺，路入京城万国朝"，③ 宋人这句关于鼎州的诗句，将鼎州的区位特征形象地描述了出来。唐宋时期的朗（鼎）、澧二州，"民夷杂居"，④ 风俗"大同荆楚，然少杂夷獠之风"。⑤ 这种风俗特点也是二州区位特点的一种反映，即：北面荆，南临楚，西邻"夷獠"，朗（鼎）、澧二州恰好位于这个关节点上。由于这一区位特征，北面或东面的中央政府若要控制沅、澧二水流域，就先要将朗（鼎）、澧二州有效控制住，所以在相当长的时期里，二州经常成为北面荆州的附属，五代时，朗、澧二州属荆南，仍被时人视作"偏州"⑥。尽管如此，唐代将二州划属江南西道，已经体现出了些许变化，二州与以潭州为代表的湘水流域的关系开始密切起来。五代后期政权割据，朗州甚至一度取代潭州成为区域的中心城市。宋代为加强对沅、澧流域"诸蛮"的控制，几乎将两个流域整体纳入荆湖北路统辖，这种举措，在一定程度上为沅、澧二水流域的深入开发提供了便利。又宋开梅山蛮，使鼎、澧二州与南面以邵州为代表的资水流域的联系加强，"鼎、澧可以南至邵"，沅、澧二水与资水流域的联系开始加强，为后世湘、资、沅、澧四水流域的整合奠定了基础。

对于宋代该地区的发展，有学者特别关注到鼎州市镇的数量，比北宋

---

① （宋）范成大：《澧阳江》，《范石湖集》卷一五，上海古籍出版社1981年点校本，第201页。

② （宋）祖无择：《袁州庆丰堂记》，《龙学文集》卷七，《文渊阁四库全书》，台北商务印书馆1986年影印本，第1098册，第823页下栏。

③ （宋）潘自牧：《记纂渊海》卷一四《常德府》，《文渊阁四库全书》，台北商务印书馆1986年影印本，第930册，第336页下栏。

④ （宋）司马光：《资治通鉴》卷二九三"后周世宗显德三年"，中华书局1956年点校本，第9556页。

⑤ （宋）乐史：（宋本）《太平寰宇记》卷一一八《江南西道一六》，中华书局2000年影印本，第218页下栏。

⑥ 《旧五代史》卷一七《成汭传》，中华书局1976年点校本，第230页。

第五章 江南西道的内部亚区

时增长了约 4 倍[①],这一迅猛势头在南宋洞庭湖周围地区非常醒目。结合第三章对唐宋江南西道新增县邑的考察,可以得出与此相对应的另一事实便是,唐、五代至宋,该地区县邑数量的增长极其有限,而江南西道内部其他地区县邑数量却迅猛增长。这两个事实放在一起,是不是可以得出这样一个结论,即唐宋,特别是南宋时期,江南西道普遍得到了较快发展,但同时内部地区间又明显存在着发展水平上的差异,这个差异的突出表现,就是常德府地域发展的水平,较之江南西道内部其他地区要差一些。南宋时常德府市镇数量的迅猛增长,只能说明经过北宋对沅水流域的大力开发,常德府(鼎州)开始迅速发展这一事实,南宋常德府市镇的大量增加,昭示着朗(鼎)、澧二州县邑的大量增置,是后世必将发生的事情,朗(鼎)、澧二州所对应的沅、澧二水流域与湘、赣流域的最终整合,也是留待后世才完成。

---

① 杨果、郭祥文:《宋代洞庭湖平原市镇的发展及其地理考察》,《求索》2000 年第 1 期,第 117 页。

结　语

　　通过前面五个章节，本书对江南西道在唐宋六百多年间，地理环境的演变、政区的分化与整合、城市的发展、交通路线的拓展等要素进行了整体的探讨，又从子区的角度，对五个典型的地区进行了个案分析。实际上，唐宋江南西道的诸要素之间、诸要素与诸亚区之间并不是孤立存在的，而应是互相联系，紧密整合为一体的，下面就这几个要素，再一一进行论述。

一　唐宋江南西道分化整合的解析

　　地理环境是人类活动的基础，也是本书所涉及的几个研究要素演变的舞台。"关河近便"抑或"犬牙交错"，体现了行政区域划界与自然地理之间的密切关系。唐代无论"十道"还是"十五道"，都更多地体现了"关河近便"的原则，例如本书所讨论的江南西道，就是由十道中的江南道分化而来。十道的划分，以"关河近便"为原则自不待言。通过对江南西道辖境的分析，它的最初划分也基本体现了这一原则。"安史之乱"以后，江南西道又被析分为四个观察使辖区。在这四个观察使辖区仍然可以看到上述原则。这种划分在中央集权势力强大之时，是提高国家行政管理效率的有效途径，然而，一旦中央集权衰落，依山川形便划分的地方行政区域，离心力必然增加，山川之险为分裂势力所据，便会加速中央集权国家的败亡，对此欧阳修曾说：

> 唐之盛时，虽名天下为十道，而其势未分。既其衰也，置军节度，号为方镇。镇之大者连州十余，小者犹兼三四，故其兵骄则逐帅，帅强则叛上，土地为其世有，干戈起而相侵，天下之势，自兹而

结 语

分。然唐自中世多故矣,其兴衰救难,常倚镇兵扶持,而侵凌乱亡,亦终以此。岂其利害之理然欤?[①]

安史之乱后,江南西道分化成的四个观察使辖区,加上跨江而治的荆南节度,皆是方镇。虽然在唐中后期,该地区的战乱没有北方地区剧烈,却一样演变为五代十国割据政权的主体构成部分,正是这种应验。

降至赵宋,宋廷对于这一问题有了清醒的认识,并相应采取了有效的措施。宋代的"路"虽有承袭唐代"道"制之嫌,但若以唐江南西道在宋代的重新划分为例,便可以清楚地看出巨大的变化。单以大的地域区划而言,宋代的路制就跟唐代的道制有很大不同。差异之一:不仅开元末的江南西道地域空间分属两宋的江南东、西,荆湖南、北四路,就是安史之乱以后所分的四个观察使区,也被重新调整。最典型的莫过于,饶、信二州以及南康军划归江南东路,南康军就像楔子一样铆进江南西路,将江南西路的彭蠡湖入江水道拦腰截断。类似之例还有江南西路又跨过幕阜山,分割了过去的鄂州,把兴国军纳入江西中来,等等。差异之二:唐开元十五道可以视为监察区,唐末的节镇俨然已变成政区,可是两宋的转运使路既体现监察的功能又部分兼有对地方民事的管理,无论如何也难以用地方政区来冠之。不妨看作"社会变革"时期的一种非此非彼的过渡性变异,既有传承前一时代秩序的印痕,也在流动中不断产生出变革因素,从而孕育了新的社会秩序。

明末清初顾祖禹在论及历代对两湖地域空间的区划管理时说:"盖天下之形势,视建都者为推移。藩屏之疏密,视建都之向背。"[②] 顾氏认为历代王朝定都于何处,对于全国形势的变化,起到了决定性作用。军事防御的严密程度,也是以国都所处位置为中心,向外渐次减弱。这一点在历代对两湖地区的行政管理上,充分体现出来。而历朝之中,又以宋代最为突出。宋代对荆湖地区的管理,从前引胡安国的论议得到最直观的表述。北宋定都汴京,就要自北而南地考虑如何加固国都南面的这道屏障,从而在两湖地区产生了颇具特色的地域划分方案。这一考虑又基本被偏安东南

---

① 《新五代史》卷六〇《职方考第三》,中华书局1974年点校本,第713页。
② (清)顾祖禹:《读史方舆纪要·湖广方舆纪要序》,中华书局2005年点校本,第3487页。

一隅的南宋所继承，体现出这种方案对于南宋仍然起到了积极有效的作用。

宋代在地理位置险要以及交通要津之处，又有军这一特殊政区的设置。军虽然具有军事性质，主要用来在山川险要进行重点控守，却和唐代的方镇迥异。宋代的军辖境不仅远小于唐代的方镇，地位甚至比州还要低，权力比方镇小得多，因而构不成中央集权的离心力量。

二 东西两个亚区的比拼：交通发展与城市繁荣的差异

依自然地貌条件，唐宋江南西道以中部山区为界，分为东、西两个亚区。这两个亚区在地貌条件上有很多相似之处。但是由于区内外地理条件的不同，以及当时政治、经济及军事形势的差异，两个亚区的发展在不同的时代又存在一些差异。这些差异在交通和城市两个方面有突出表现。

东、西部两个亚区各有一条南北贯通的水道：赣江和湘江。掌状的湘水流域与树枝状的赣水流域，分属不同的地理单元，二水都北汇长江，使大江南北通过水道顺利实现对接。中原的势力跨江入湖，再溯二水而上，可达到五岭深处。穿越五岭，便进入珠江水系。因为灵渠的修筑，湘水甚至直接与珠江水系连接，全程水路使得这条过岭道路异常方便。而且，不仅湘水干流可以直接过岭，湘水上游还有多条支流，同样可以直达五岭深处。尽管溯支流过岭，最终都难免经由陆路，似乎不够方便，但诸条道路的道里都较湘水干流为近，所以也成为过岭的重要途径。相形之下，赣江水道多依靠支流章江这一条交通线过岭。照理湘江水道应比赣江水道繁忙得多，通过秦汉时期史实的分析，也确实存在这一现象。但是六朝以来，特别是唐宋时期，赣江水道的地位却飞速上升，主要原因就来自江南西道以外的因素，即东部大运河的修筑及国都的东移，使得由湘江水道过岭变得过于迂远，而东部赣江水道较为近便，逐渐成为南北往来，特别是漕运的主要道路。

区域开发的深入，生产得到发展才能为漕运提供充足的物资。唐宋时期的江南西道经济的发展，可从县邑的增置上看出来。通过对唐五代至宋江南西道增置县邑的分析，可以明显看出，东部亚区在唐宋六百多年间的发展和经济实力的增强。良好的经济腹地，为南北物资交流提供了充足的

结 语

支持。西部亚区虽然也有发展，却明显落后于东部亚区，势必对交通线路的繁忙与否产生重大影响。同理，"五岭之外，财赋盛于东禺，兵马出于西桂"的现象，① 也是赣江水道地位上升的体现。

东部亚区的发展，可从时人的论述中窥得一斑。崔椵谓：江西"钟陵奥区，楚泽全壤。控带七郡，襟连五湖。人推赋税之饶，俗擅鱼盐之利。"② 白居易亦谓："江西七郡，列邑数十，土沃人庶，今之奥区，财赋孔殷，国用所系。"③ 二人所言江西，都是指江西观察使辖区，即江南西道东部亚区。

唐代宣、歙地区是江南西道县邑增加最多的地区，其设置的直接动因，虽然多是为了平息"盗贼"，仍然能够反映这一地区经济发展的事实。宣、歙处江渚要地，同为江渚要地的鄂、岳二州为什么没有出现这种情况呢？除了宣、歙二州本身的自然条件较鄂岳优越外，外部因素同样值得考虑。宣歙与鄂岳虽然都处在交通枢纽的位置上，但其依靠的经济腹地却大有不同。元和二年（807）十二月，李吉甫等上国计簿十卷，称：

> 总计天下方镇四十八，州府二百九十三，县千四百五十三，见定户二百四十四万二百五十四。每岁县赋税倚办，止于浙西、浙东、宣歙、淮南、江西、鄂岳、福建、湖南等道，合四十州，一百四十四万户。④

由李吉甫所言可知，除宣歙与鄂岳本身为唐廷赋税的重要来源外，另外六道，有五道在宣歙之南，仅有湖南一道在鄂岳之南。尽管说地理的分隔，并不能阻断地区间的交通，唐中期东南赋税亦曾假道鄂岳向中央缴纳，但那毕竟是非常状态的行为。宣歙与鄂岳经济腹地的巨大差异，是导致两地发展不平衡的根源。

---

① （明）杨士奇：《历代名臣奏议》卷四七《治道》"宋高宗时中书舍人胡安国上时政论"，上海古籍出版社1989年影印本，第1638页下栏。

② （唐）崔椵：《授纥千臬江西观察使》，《全唐文》卷七二六，中华书局1983年影印本，第8册，第7481页上栏。

③ （唐）白居易：《白居易集》卷五五《除裴堪江西观察使制》，中华书局1979年点校本，第1156页。

④ （宋）王溥：《唐会要》卷八四《杂录》，中华书局1955年版，第1553页。

三 区域的发展与城市的分布

严耕望先生在论述唐代交通路线的布局时曾说："大抵唐代交通以长安、洛阳大道为枢轴，汴州（治今河南开封市）、岐州（治今陕西凤翔县）为枢轴两端之伸延点。由此两轴端四都市向四方辐射发展，而以全国诸大都市为区域发展之核心。"[1] 从唐代交通的布局以两都及地方中心城市为核心辐射发展，反映出国都及地方中心城市，在区域乃至全国的重要地位。辛德勇先生在论述长安交通地理时说："地处交通枢纽是长安城发展的主要地理条件之一……但并非每一交通路线对城址确立都具有等同作用。有的道路受自然条件限制很小，随着政治、经济、军事等人文因素的变化而变化，可称之为随机性道路；有的则严格受制于自然条件，稳定性甚强，对人文地理布局起着控制作用，可称之为控制性道路。"[2] 湘、赣两条水道，无疑属于"控制性道路"，江南西道的地方中心城市，如长沙、岳阳、南昌和赣州等，便沿这两条大道分布，成为区域发展的核心地带。

唐宋时期这些城市的面貌发生了很大变化，突出表现在城市面积的拓展，即城池的扩筑。这些扩筑的城池多为元明清所继承，可见在这些城市发展史上，唐宋这一历史阶段，具有特殊重义。城市面积的扩大，又可以证明城市经济的繁荣，进而昭示出中心城市所代表的区域的发展。

区域开发的深入，在新增县邑的分布上有着鲜明的体现。以流域开发论，唐宋时期江南西道新增县邑，多分布在湘、赣两大流域的支流流域中，县邑的增置又往往是从下游开始，逐渐延伸到中上游地区。最典型的例子，莫过于洪州建昌县一分为三了。建昌位居修水与潦河的汇流处，由于境内多山，故虽然靠近江西观察使治所洪州南昌县，却仍较为落后，县境较大，基本囊括修水与潦河这两个流域。随着唐初经济的发展，唐廷先是于永淳二年（683）在潦河上析置新吴县（治今江西奉新

---

[1] 严耕望：《唐代交通图考·序言》，台北"中研院"史语所1985年版，第5页。
[2] 辛德勇：《长安城兴起与发展的交通基础——汉唐长安交通地理研究之四》，《中国历史地理论丛》1989年第2辑，第131页。

∽ 结 语 ∽

县），21年后，又在修水中游析置武宁县（治今江西武宁县）。这种建置维持了近百年，到了贞元十六年（800）又在武宁县西境修水上游析置永宁县（治今江西修水县）。永宁的析置原因，便是因为地当要冲，物产豪富。

四 相似与差异：唐宋江南西道分合的根源

开元末年的江南西道这块区域，当其在景云二年（711）从江南道中析置出来，除有江南道辖境过大的原因之外，也反映出时人对南方地区的一种印象，即以今武夷、怀玉等山为界，东西部可以明显地分为两个亚区。这两个亚区的差异在当时就已经较为明显。再到开元年间从江南西道中析置出民族杂居、经济开发相对落后的黔中道，剩下的江南西道结合为一个完整的江南西道。从黔中道的析分，可以衬托出开元末年的江南西道，实际上是一块发展较为均衡的地区，因而在时人的眼中是可以划作一块完整的地理区域的。

不过，毕竟依山川之势，江南西道内部可以截然分为东、西两个面积相当的亚区。这两个亚区的独立性过强，导致经唐末五代至宋，开元江南西道被一分再分。这种分化体现出唐宋时期人类对该地区开发的深入，东、西两个亚区都得到了不同程度的发展。这种发展，包括两个亚区在发展程度上的差异，是江南西道分化的根源。唐宋时期该地区县邑大量增置，就反映出该地区经济的巨大发展。这种发展，使得宋代对该地区的管理，并没有重蹈唐代的轨迹，而是很快便确立了江南东、西路，荆湖南、北路这种面积相对较小的区划。

在唐、五代、两宋的600多年间，长江中下游以南、五岭以北的地域空间，在经历了唐初对汉魏六朝隋以来政区调整的基础上，萌发了新的管理创意，在湘赣地域中形成了新的地缘政治空间秩序。随着时代的推进，社会经济的发展，中央对地方控制力的强弱，各子区域间因自身条件的差异，也在不断调整、产生新的变化和组合。这种变化导致湘赣地区空间的地域整合进程从初唐一直到宋代都没有停止，宋人对这一地区的整合而形成的新空间秩序，又为后世元、明时期行省、省制的建立及省区的划分奠定了基础。

五 有待深入研究的问题

区域研究是地理学最基本的视角[1]，区域历史地理的研究是历史地理学的一个重要组成部分。谭其骧先生曾经说过："由于我国历史悠久、疆域辽阔，需要研究的问题实在太多，这样就规定了我们只能一个一个专题、一个一个时期、一个一个方面和一个一个地区去开展工作。""以中国疆域之辽阔，要想动手就写好一部完整、全面的中国历史地理，大概是不可能的。只有先从区域历史地理入手，一个地区一个地区地先做好具体而细致的研究，才有可能再综合概括成为一部有系统有理论的中国历史地理学。"[2] 谭先生对于开展区域历史地理的研究的必要性说得非常明白，即我国历史悠久、疆域辽阔，以个人之力难以完成系统的中国历史地理学研究。尽管谭先生阐述区域历史地理研究的必要性，意在最终建立起有系统有理论的中国历史地理学，这一观点对于进行某一时期区域历史地理的研究，也同样具有指导意义，本书以唐宋时期的江南西道为选题，便是受这个观点的影响。

按区域历史地理的研究，应该是对区域内进行全面的综合的研究[3]，限于个人能力及客观条件的约束，本书只对江南西道的政区、交通及城市等问题进行了重点讨论，只能算作初步尝试，还有相当多的问题亟待展开。不仅如此，就是已经重点探讨的几个问题及个案地区，仍有深入考察的必要。

1. 政区，特别是特殊的行政区划。文中仅对宋代江南西道的统县军设专节讨论，但是宋代仍然存在县级军。县级军的分布、数量以及演变等问题同样值得关注。此外，还有监、场及镇等特殊行政区划，如宋代信州弋阳县曾有宝丰县之设，"（弋阳县）宝丰镇，皇朝开宝八年（975）升为县，景祐二年（1035）省。康定元年（1040）复置。庆历三年（1043）

---

[1] 李孝聪：《唐代地域结构与运作空间·导言》，上海辞书出版社2003年版，第1页。
[2] 谭其骧：《东北历史地理·序》，黑龙江人民出版社1989年版，第1页。
[3] 鲁西奇：《历史地理研究中的"区域"问题》，《武汉大学学报》（哲社版）1996年第6期，第81—86页。

结 语

又省入弋阳"。① 宝丰一地，前后近数十年间，行政级别变化如此剧烈的背后，必然有其深刻的动因。从区域地理学的角度，对于这种史料进行全面的分析，才能更好地把握该区域发展的历史进程及特点。

2. 区域交通路线，与全国经济的发展，特别是经济重心演变的关系。蔡良军曾对过岭交通线路的变迁与岭南地区经济重心的转移进行过探讨②，将历代对过岭通道的整治与岭南经济重心的变迁联系起来，论述较为详尽，虽有值得商榷之处，却为进一步探讨五岭交通演变与其他方面的联系，如岭南地区的开发，特别是徐闻（治今广东徐闻县西南）、合浦（治今广西浦北县西南）的兴衰以及广州的兴起等，提供了新的思路。又据对"五岭"进行的考证，五岭，特别是都庞岭与部龙岭的问题，唐以前的记载，无论都庞还是部龙都在骑田西南，为五岭第三岭（从东往西数）。唐以后只有都庞一名，则移至萌渚以西，成为第四岭了。个中原因，值得多方面仔细考证。

3. 对已有城市地位变迁的研究。唐宋时期增置了相当多的县邑，本书曾专门讨论其设置的原因，但唐宋时期已有的县邑有变动的例子，有的甚至被废弃或省并，本书对这一问题的讨论还略显薄弱。

4. 其他相关问题。如人口问题，按县邑的增置，往往与户口的增加有内在联系。唐代宣、歙地区县邑的增加与移民的关系，已有学者给予了关注③。但对于移民与"土贼"的关系，移民与县邑的选址等问题仍有深入讨论的需要。又《旧唐书》卷三九载："自至德（756—758）后，中原多故，襄邓百姓，两京衣冠尽投江湘，故荆南井邑，十倍其初。"④ 根据这条史料，由于移民的南下江湘，势必导致江湘地区县邑的大量增置，但是通过对唐代江南西道新增县邑的考察，唐代鄂岳及潭州地区新增县邑数量极其有限。个中原因，是移民多至荆南，而未至湘水流域，还是其他因素，值得关注。又区域文化发展问题，华林甫先生通过对唐代宰相籍贯的

---

① （宋）欧阳忞：《舆地广纪》卷二四《江南东路》，四川大学 2003 年点校本，第 699 页。又（宋）高承：《事物纪原》卷七《州郡方舆部第三十五·镇》："宋朝之制……民聚不成县而有课税者，则为镇"，中华书局 1989 年点校本，第 357 页。

② 蔡良军：《唐宋岭南联系内地交通线路的变迁与该地区经济重心的转移》，《中国社会经济史研究》1992 年第 3 期，第 33—42 页。

③ 葛剑雄、吴松弟：《中国移民史》第三卷第九章，福建人民出版社 1997 年版，第 275 页。

④ 《旧唐书》卷三九《地理志二》，中华书局 1975 年点校本，第 1552 页。

地理分布的考述，认为："在唐代宰相籍贯的分布上，城市与交通干线起着非常巨大的吸附作用。"① 这种城市和交通干线之间对人才分布的巨大吸附作用，在江南西道中是如何体现的？江南西道内部东西两个亚区，是否像县邑的增置那样存在明显差别？对其他人才，以及相关文化因子，同样值得进行深入探讨，所有这些，都有待未来进一步展开研究。

---

① 华林甫：《论唐代宰相籍贯的地理分布》，《史学月刊》1995年第3期，第35页。

参考文献

一 古籍

（汉）司马迁：《史记》，中华书局1959年点校本。
（汉）班固：《汉书》，中华书局1962年点校本。
（南朝宋）范晔：《后汉书》，中华书局1965年点校本。
（晋）陈寿：《三国志》，中华书局1982年点校本。
（唐）房玄龄等：《晋书》，中华书局1974年点校本。
（梁）沈约：《宋书》，中华书局1974年点校本。
（梁）萧子显：《南齐书》，中华书局1972年点校本。
（唐）姚思廉：《梁书》，中华书局1973年点校本。
（唐）姚思廉：《陈书》，中华书局1972年点校本。
（唐）魏征等：《隋书》，中华书局1973年点校本。
（后晋）刘昫等：《旧唐书》，中华书局1975年点校本。
（宋）欧阳修等：《新唐书》，中华书局1975年点校本。
（宋）薛居正：《旧五代史》，中华书局1976年点校本。
（宋）欧阳修：《新五代史》，中华书局1974年点校本。
（元）脱脱等：《宋史》，中华书局1977年点校本。
（汉）刘安著，何宁集释：《淮南子集释》，中华书局1998年点校本。
（汉）许慎：《说文解字》，中华书局1963年影印本。
（汉）刘熙：《释名》，中华书局1985年影印本。
（梁）释慧皎：《高僧传》，中华书局1992年点校本。
（唐）白居易著，朱金城笺校：《白居易集笺校》，上海古籍出版社1988年点校本。
（唐）杜牧：《樊川文集》，上海古籍出版社1978年点校本。
（唐）杜佑：《通典》，中华书局1988年点校本。

（唐）李白：《李太白全集》，中华书局1977年点校本。
（唐）李吉甫：《元和郡县图志》，中华书局1983年点校本。
（唐）李林甫等：《唐六典》，中华书局1992年点校本。
（唐）李肇：《唐国史补》，上海古籍出版社1979年点校本。
（唐）张九龄：《曲江集》，商务印书馆1937年版。
（清）董诰等：《全唐文》，中华书局1983年影印本。
（清）彭定求等：《全唐诗》，中华书局1960年版。
（宋）蔡戡：《定斋集》，《文渊阁四库全书》，台北商务印书馆1986年影印本。
（宋）范成大：《范石湖集》，上海古籍出版社1981年点校本。
（宋）范致明：《岳阳风土记》，中国地方志丛书，台北成文出版有限公司1976年影印本。
（宋）高承：《事物纪原》，中华书局1989年点校本。
（宋）洪迈：《容斋随笔》，中华书局2005年点校本。
（宋）洪迈：《夷坚志》，中华书局1981年点校本。
（宋）洪适：《隶释》，《文渊阁四库全书》，台北商务印书馆1986年影印本。
（宋）胡寅：《斐然集》，中华书局1993年点校本。
（宋）黄裳：《演山集》，《文渊阁四库全书》，台北商务印书馆1986年影印本。
（宋）李昉：《太平广记》，中华书局1961年版。
（宋）李昉：《太平御览》，中华书局1960年影印本。
（宋）李昉：《文苑英华》，中华书局1966年影印本。
（宋）李心传：《建炎以来系年要录》，中华书局1956年版。
（宋）李焘：《续资治通鉴长编》，中华书局1995年点校本。
（宋）李曾伯：《可斋杂稿续稿》，《文渊阁四库全书》，台北商务印书馆1986年影印本。
（宋）楼钥：《攻媿集》，《文渊阁四库全书》，台北商务印书馆1986年影印本。
（宋）罗愿：《罗鄂州小集》，《宋集珍本丛刊》，线装书局2004年影印本。
（宋）梅尧臣：《宛陵先生文集》，《宋集珍本丛刊》，线装书局2004年影印本。

参考文献

（宋）欧阳忞：《舆地广记》，四川大学2003年点校本。

（宋）欧阳修：《欧阳修全集》，中华书局2001年点校本。

（宋）潘自牧：《记纂渊海》，《文渊阁四库全书》，台北商务印书馆1986年影印本。

（宋）沈辽：《云巢编》，《文渊阁四库全书》，台北商务印书馆1986年影印本。

（宋）司马光：《资治通鉴》，中华书局1956年点校本。

（宋）滕甫（元发）：《孙威敏征南录》，《全宋笔记》第一编八，郑州大象出版社2003年版。

（宋）王存：《元丰九域志》，中华书局1984年点校本。

（宋）王溥：《唐会要》，中华书局1955年版。

（宋）王钦若：（宋本）《册府元龟》，中华书局1989年影印本。

（宋）王象之：《舆地纪胜》，中华书局1992年影印本。

（宋）王炎：《双溪类稿》，《文渊阁四库全书》，台北商务印书馆1986年影印本。

（宋）王应麟：《通鉴地理通释》，四川大学出版社2009年版。

（宋）王应麟：《玉海》，江苏古籍出版社、上海书店联合出版1987年影印本。

（宋）叶适：《水心先生文集》，《宋集珍本丛刊》，线装书局2004年影印本。

（宋）余靖：《武溪集》，《文渊阁四库全书》，台北商务印书馆1986年影印本。

（宋）乐史：（宋本）《太平寰宇记》，中华书局2000年影印本。

（宋）乐史：《太平寰宇记》，中华书局2007年点校本。

（宋）郑獬：《郧溪集》，《文渊阁四库全书》，台北商务印书馆1986年影印本。

（宋）周密：《癸辛杂识》，中华书局1988年点校本。

（宋）周去非著，杨武泉校注：《岭外代答校注》，中华书局1999年点校本。

（宋）朱熹：《朱子全书》，上海古籍出版社、安徽教育出版社2002年点校本。

（宋）祝穆：《方舆胜览》，中华书局2003年点校本。

（宋）庄绰：《鸡肋编》，中华书局1983年点校本。

（宋）祖无择：《龙学文集》，《文渊阁四库全书》，台北商务印书馆1986年影印本。

（元）胡炳文：《云峰集》，《文渊阁四库全书》，台北商务印书馆1986年影印本。

（元）刘埙：《隐居通议》，《丛书集成初编》，中华书局1985年版。

（明）陈邦瞻：《宋史纪事本末》，中华书局1977年点校本。

（明）李贤：《明一统志》，《文渊阁四库全书》，台北商务印书馆1986年影印本。

（明）杨士奇：《历代名臣奏议》，上海古籍出版社1989年影印本。

（清）顾祖禹：《读史方舆纪要》，中华书局2005年点校本。

（清）郝懿行：《尔雅义疏》，上海古籍出版社1983年影印本。

（清）王念孙：《广雅疏证》，上海古籍出版社1983年影印本。

（清）徐松：《宋会要辑稿》，中华书局1957年影印本。

（清）杨守敬：《水经注疏》，江苏古籍出版社1989年点校本。

（清）张自烈：《正字通》，中国工人出版社1996年影印本。

（清）赵一清：《水经注释》，《文渊阁四库全书》，台北商务印书馆1986年影印本。

（清）康熙《湖广通志》，文渊阁四库全书本，台北商务印书馆1986年影印本。

（清）雍正《江西通志》，文渊阁四库全书本，台北商务印书馆1986年影印本。

（清）乾隆《长沙府志》，《中国方志丛书》，成文出版社有限公司1976年影印本。

［日］真人元开：《唐大和上东征传》，中华书局1979年点校本。

二 近人论著

1. 论文

卞鸿翔：《湖南古代水利初探》，《农业考古》1995年第3期。

蔡良军：《唐宋岭南联系内地交通线路的变迁与该地区经济重心的转移》，《中国社会经济史研究》1992年第3期。

曹家启：《唐宋地志所记"四至八到"为道路里程考证》，《中国典籍与文化》2001年第4期。

岑仲勉：《评〈秦代初平南越考〉》，载《中外史地考证》，中华书局1962年版。

陈峰：《试论唐宋时期漕运的沿革与变迁》，《中国经济史研究》1999年第3期。

陈伟：《秦苍梧、洞庭二郡刍论》，《历史研究》2003年第5期。

陈湘源：《巴陵古城考》，《云梦学刊》2001年第6期。

成一农：《唐代的地缘政治结构》，李孝聪：《唐代地域结构与运作空间》，上海辞书出版社2003年版。

邓振胜：《江西道路分布的特点》，《赣江经济》1986年第6期。

冯汉镛：《宋朝国内海道考》，《文史》第26辑，中华书局1986年版。

傅举有：《有关马王堆古地图的几个问题》，《文物》1982年第2期。

高伟浓：《唐宋时期中国东南亚之间的航路综考》，《海交史研究》1987年第1期。

葛承雍：《唐代移民与社会变迁特征》，《中国经济史研究》2000年第4期。

郭峰：《唐代道制改革与三级制地方行政体制的形成》，《历史研究》2002年第6期。

郭胜斌：《商时期洞庭湖东岸青铜文化的年代分期与文化性质》，何介钧：《考古耕耘录——湖南省中青年考古学者论文选集》，岳麓书社1999年版。

何旭红：《长沙"汉临湘故城"及其"宫署"位置考析》，《南方文物》1998年第1期。

韩国磐：《唐代江西道的经济和人文活动一瞥——读唐史札记》，《江西社会科学》1982年第4期。

韩茂莉：《论宋代小麦种植范围在江南地区的扩展》，《自然科学史研究》1992年第4期。

韩振飞：《赣州城的历史变迁》，《南方文物》2001年第4期。

侯仁之：《历史地理学刍议》，《历史地理学的理论与实践》，上海人民出版社1979年版。

湖南省文物考古研究所等：《湖南龙山里耶战国—秦代古城一号井发掘简报》，《文物》2003年第1期。

华林甫：《论唐代宰相籍贯的地理分布》，《史学月刊》1995 年第 3 期。
黄秉维：《中国综合自然区划纲要》，《地理集刊》第 21 卷《自然区划方法论》，科学出版社 1990 年版。
黄盛璋：《论历史地理学一些基本理论问题》，《地理集刊》第七号，科学出版社 1964 年版。
李昌宪：《宋代诸路的辖区与治所沿革研究》，《历史地理》第十七辑，上海人民出版社 2001 年版。
李昌宪：《宋代的军、知军、军使》，《上海师范大学学报》（哲社版）1990 年第 3 期。
李刚：《唐代江西道教考略》，《世界宗教研究》1992 年第 1 期。
李恒贤：《江西古农具定名初探》，《农业考古》1981 年第 2 期。
李科友：《东周时期江西地区的楚文化及其有关问题》，《中国考古学会第二次年会论文集（1980）》，文物出版社 1982 年版。
李萍：《从明代墓志谈江西的婚姻习俗》，《南方文物》1994 年第 3 期。
李学勤：《初读里耶简牍》，《文物》2003 年第 1 期。
梁国昭：《都庞岭何在？对祝鹏先生有关古都庞岭考证的补充与修正》，《热带地理》1989 年第 1 期。
廖国一：《论古代南越与中原的关系》，《广西师范大学学报》2002 年第 4 期
刘柏修：《江西通志述略》，《中国典籍与文化》1999 年第 2 期。
刘良群：《论汉代江西经济的发展》，《江西社会科学》1994 年第 3 期。
林荣贵：《五代十国的辖区设治与军事戍防》，《中国边疆史地研究》1999 年第 4 期。
鲁西奇：《历史地理研究中的区域问题》，《武汉大学学报》（人文社会科学版）1996 年第 6 期。
鲁西奇：《再论历史地理研究中的"区域"问题》，《武汉大学学报》（人文社会科学版）2003 年第 3 期。
牟发松：《唐代草市略论——以长江中游地区为重点》，《中国经济史研究》1989 年第 4 期。
宁静、唐江：《近十年江西佛、道教研究现状述略》，《江西社会科学》1995 年第 10 期。
欧阳小桃：《东汉、六朝儒学在江西地区的传播和发展》，《江西社会科

学》1994 年第 11 期。

彭明瀚：《道教对江西唐宋以来葬俗的影响》，《南方文物》1998 年第 5 期。

彭适凡：《江西地区出土的商周青铜器的分析与分期》，收入《中国考古学会第一次年会论文集（1979）》，文物出版社 1980 年版。

彭适凡：《古代南昌城的变迁与发展概述》，《江西历史文物》1980 年第 1 期。

彭适凡：《再论古代南昌城的变迁与发展》，《南方文物》1995 年第 4 期。

戚敏：《从墓志看明代江西地区的社会习俗》，《南方文物》1995 年第 3 期。

覃圣敏：《五岭辨正》，《文史》第三十二辑，中华书局 1990 年版。

任荣荣：《都庞岭小记》，《地理知识》1979 年第 12 期。

申浩：《〈明清江南城隍考〉补证》，《中国社会经济史研究》1999 年第 4 期。

石泉、鲁西奇：《东晋南朝西阳郡沿革与地望考辨》，《江汉考古》1996 年第 2 期。

史念海：《隋唐时期运河和长江的水上交通及其沿岸的都会》，《中国历史地理论丛》1994 年第 4 期。

史念海：《说唐代经过庐州的二京路》，《中国历史地理论丛》1994 年第 4 期。

史念海：《唐代历史地理研究》，中国社会科学出版社 1998 年版。

任爽：《南唐时期江西的经济与文化》，《求是学刊（黑龙江大学）》1987 年第 2 期。

孙宜志：《江西境内赣方言区述评及再分区》，《南昌大学学报》（人文社会科学版）2001 年第 2 期。

谭其骧：《马王堆汉墓出土地图所说明的几个历史地理问题》，《文物》1975 年第 6 期。

谭其骧：《二千一百多年前的一幅地图》，《文物》1975 年第 2 期。

汤漳平：《初唐中原移民入闽与闽台文化之形成》，《许昌师专学报》2002 年第 1 期。

田范芬：《宋代湖南方言初探》，《古汉语研究》2000 年第 3 期。

王根泉、魏佐国：《江西古代农田水利刍议》，《农业考古》1992 年第

3 期。

王文楚：《北宋诸路转运司的治所》，《文史》第二十八辑，中华书局 1987 年版。

王振忠：《江西填湖广》，《读书》1997 年第 4 期。

王仲殊：《汉代的墓葬》，《汉代考古学概说》，中华书局 1984 年版。

温锐：《背离与错位——近代江西衰落原因的再认识》，《江西师范大学学报》2000 年第 4 期。

邬文玲：《区域文化研究中应注意的两个问题》，《文史杂志》1998 年第 5 期。

吴庆洲、李海根：《中国城市建设史的活教材——历史文化名城赣州》，《古建园林技术》1995 年第 2 期。

吴旭霞：《宋代江西农村商品经济的发展》，《江西社会科学》1990 年第 6 期。

武廷海：《中国城市文化发展史上的"江南现象"》，《华中建筑》2000 年第 3 期。

肖红颜：《赣州城市史及其保护问题》，《华中建筑》2000 年第 3 期。

肖红颜：《赣州城市史及其保护问题（续）》，《华中建筑》2001 年第 1 期。

肖华忠：《隋唐以前江西地区的建置与沿革概述》，《江西师范大学学报》（哲社版）1994 年第 3 期。

肖华忠、刘有鑫：《江西古代的政区建置与历史沿革》，《江西师范大学学报》（哲社版）1995 年第 3 期。

肖华忠：《略论宋代的人才分布》，《晋阳学刊》1987 年第 6 期。

谢庐明：《明清赣南农村墟市的发展与社会经济的变迁》，《赣南师范学院学报》1998 年 5 期。

辛德勇：《长安城兴起与发展的交通基础——汉唐长安交通地理研究之四》，《中国历史地理论丛》1989 年第 1 辑。

许智范：《江西文物概述》，《南方文物》1999 年第 3 期。

严耕望：《景云十三道与开元十六道》，《严耕望史学论文选集》，台北联经出版事业公司 1991 年版。

颜森：《江西方言研究的历史与现状》，《江西师范大学学报》（哲学社会科学版）1995 年第 1 期。

参考文献

杨果：《北宋时期主户与客户的地理分布——以今湖北地区为例》，《湖北大学学报》（哲学社会科学版）1998年第6期。

杨果、郭祥文：《宋代洞庭湖平原市镇的发展及其地理考察》，《求索》2000年第1期。

杨鹏程：《古代湖南水灾研究》，《湘潭大学学报》（社会科学版）2003年第1期。

余家栋：《江西赣州市古城墙试掘简报》，《南方文物》1995年第1期。

余琦：《江西考古新发现集锦》，《南方文物》1998年第3期。

张家驹：《宋代分路考》，《禹贡》1935年第4卷第1期。

张伟然：《汉晋下隽县地望辨》，《中国历史地理论丛》1996年第1期。

张晓阳等：《全新世以来洞庭湖的演变》，《湖泊科学》第6卷第1期，1994年3月。

周尚兵：《唐代长江流域土地利用形式及自然灾害原因》，《中南民族学报》（人文社会科学版）2001年第5期。

周绍林：《赣文化的辉煌与再创》，《南昌大学学报》1995年第3期。

周兆望：《六朝时期江西地区的大开发》，《江西社会科学》1991年第2期。

周振鹤：《行政区划研究的基本概念与学术用语刍议》，《复旦学报》2001年第3期。

周振鹤：《中国历史上自然区域、行政区划与文化区域相互关系管窥》，《历史地理》第十九辑，上海人民出版社2003年版。

朱瑞熙、徐建华：《十至十三世纪湖南经济开发的地区差异及原因》，《徐规教授从事教学科研工作五十周年纪念文集》，杭州大学出版社1995年版。

朱瑞熙、徐建华：《十至十三世纪湖南地区的经济开发》，《庆祝邓广铭教授九十华诞论文集》，河北教育出版社1997年版。

朱玉龙：《五代时期今安徽地区建置统属考》，《安徽史学》1992年第2期。

竺可桢：《中国历史上气候之变迁》，《东方杂志》1925年第22卷第3期，收入《竺可桢文集》，科学出版社1979年版。

庄道树：《从流民南迁看唐朝的人口政策——兼谈唐廷对江南的开发》，《石油大学学报》（社会科学版）1996年第1期。

邹劲风：《从地理形势变迁论六朝初期南京城市兴起的原因》，《南京晓庄学院学报》2001年第3期。

2. 著作

包伟民：《宋代地方财政史研究》，中华书局1995年版。

曹家启：《宋代交通管理制度研究》，博士学位论文，杭州大学，1997年版。

曹家启：《唐宋时期南方地区交通研究》，博士后研究出站报告，浙江大学，2001年11月。

岑仲勉：《中外史地考证》，中华书局1962年版。

陈星：《江西通观》，人民日报出版社1987年版。

程民生：《宋代地域文化》，河南大学出版社1997年版。

程志、韩滨娜：《唐代的州和道》，三秦出版社1987年版。

邓美成、屈运炳：《湖南省地理》，湖南出版社1994年版。

冻国栋：《唐代人口问题研究》，武汉大学出版社1993年版

杜信孚、漆身起：《江西历代刻书》，江西人民出版社1994年版。

杜瑜：《舆地图籍：〈异域录〉与〈大清一统志〉》，辽海出版社1997年版。

段晓华、刘松来：《红土·禅床 江西禅宗文化研究》，中国社会科学出版社2000年版。

方积六、吴冬秀：《唐五代五十二种笔记小说人名索引》，中华书局1992年版。

傅筑夫：《中国封建社会经济史》（第四、五卷），人民出版社1986年版。

高冠民、窦秀英：《湖南自然地理》，湖南人民出版社1981年版。

高介华、刘玉堂：《楚国的城市和建筑》，湖北教育出版社1996年版。

葛剑雄、曹树基、吴松弟：《中国移民史》，福建人民出版社1997年版。

龚胜生：《清代两湖农业地理》，华中师范大学出版社1996年版。

郭涌琴等：《中国综合地图集》，中国地图出版社1990年版。

郭正忠：《宋代盐业经济史》，人民出版社1987年版。

傅宗文：《宋代草市镇研究》，福建人民出版社1989年版。

韩茂莉：《宋代农业地理》，山西古籍出版社1993年版。

侯甬坚：《区域历史地理的空间发展过程》，陕西人民教育出版社1995

年版。

何汝泉：《唐代转运使初探》，西南师范大学出版社 1987 年 11 月。

侯仁之：《北京城市历史地理》，北京出版社 1999 年版。

侯仁之：《侯仁之文集》，北京大学出版社 1998 年版。

《湖南省志》编纂委员会：《湖南省志》第二卷《地理志》，湖南人民出版社 1982 年版。

黄玫茵：《唐代江西地区开发研究》，台湾大学出版社委员会 1996 年版。

冀朝鼎：《中国历史上的基本经济区与水利事业的发展》，中国社会科学出版社 1981 年版。

江西农业地理编写组：《江西农业地理》，江西人民出版社 1982 年版。

蒋赞初：《长江中下游历史考古论文集》，科学出版社 2000 年版。

李才栋：《江西古代书院研究》，江西教育出版社 1993 年版。

李孝聪：《唐代地域结构与运作空间》，上海辞书出版社 2003 年版。

李之亮：《宋两湖大郡守臣易替考》，巴蜀书社 2001 年版。

李之亮：《宋两广大郡守臣易替考》，巴蜀书社 2001 年版。

李治安：《唐宋元明清中央与地方的关系研究》，南开大学出版社 1996 年版。

李志庭：《两浙地区开发探源》，江西教育出版社 1997 年版。

刘锡涛：《宋代江西文化地理研究》，博士学位论文，陕西师范大学，2001 年。

刘希为：《隋唐交通》，台北新文丰出版公司 1992 年版。

刘馨珺：《南宋荆湖南路的变乱之研究》，台湾大学出版委员会 1994 年版。

赖青寿：《唐后期方镇建置沿革研究》，博士学位论文，复旦大学，1999 年。

鲁西奇：《区域历史地理研究：对象与方法——汉水流域的个案考察》，广西人民出版社 2000 年版。

马正林：《中国城市历史地理》，山东教育出版社 1998 年版。

梅莉：《两湖平原开发探源》，江西教育出版社 1995 年版。

彭适凡：《江西先秦考古》，江西高校出版社 1992 年版。

饶宗颐：《饶宗颐潮汕地方史论集》，汕头大学出版社 1996 年版。

任美锷：《中国自然地理纲要》，商务印书馆 1999 年版。

阮明道：《中国历史与地理论考》，巴蜀书社2002年版。
石泉：《古代荆楚地理新探》，武汉大学出版社1988年版。
史念海：《黄土高原历史地理研究》，黄河水利出版社2001年版。
史念海：《唐代历史地理研究》，中国社会科学出版社1998年版。
史念海：《中国的运河》，陕西人民出版社1988年版。
漆侠：《宋代经济史》（上、下册），上海人民出版社1987年、1988年版。
沈兴敬：《江西内河航运史（古、近代部分)》，人民交通出版社1991年版。
全汉昇：《唐宋帝国和运河》，上海商务印书馆民国35年（1946）版。
司徒尚纪：《广东政区体系：历史·现实·改革》，中山大学出版社1998年版。
司徒尚纪：《岭南史地论集》，广东省地图出版社1994年版。
谭其骧：《长水集》（上、下），人民出版社1987年版。
谭其骧：《长水集》（续编），人民出版社1994年版。
谭其骧：《中国历史地图集》，中国地图出版社1982年版。
王力：《同源字典》，中华书局1982年版。
王社教：《苏皖浙赣地区明代农业地理研究》，陕西师范大学出版社1999年版。
王仲殊：《汉代考古学概说》，中华书局1984年版。
韦正：《长江中下游、闽广地区六朝墓葬的分区和分期》，博士学位论文，北京大学，2002年。
魏嵩山：《洞庭湖流域开发探源》，江西教育出版社1993年版。
魏嵩山、肖华忠：《鄱阳湖流域开发探源》，江西教育出版社1995年版。
温福钰：《长沙》，中国建筑工业出版社1989年版。
翁俊雄：《唐朝鼎盛时期政区与人口》，首都师范大学出版社1995年版。
翁俊雄：《唐初政区与人口》，北京师范学院出版社1990年版。
翁俊雄：《唐代区域经济研究》，首都师范大学出版社2001年版。
翁俊雄：《唐代人口与区域经济》，台北新文丰出版公司1995年版。
翁俊雄：《唐后期政区与人口》，首都师范大学出版社1999年版。
吴春明、林果：《闽越国都城考古研究》，厦门大学出版社2000年版。
吴官正主修，江西省地方志编纂委员会：《江西省交通志》，人民交通出版社1994年版。

参考文献

吴宣德：《江右王学与明中后期江西教育发展》，江西教育出版社1996年版。

徐望法、陈征一：《浙江古代道路交通史》，浙江古籍出版社1992年版。

徐效钢：《庐山典籍史》，江西高校出版社2001年版。

许怀林：《江西史稿》，江西高校出版社1998年版。

严耕望：《唐代交通图考》，台北"中研院"史语所1985年版。

杨果：《宋代两湖平原地理研究》，湖北人民出版社2001年版。

杨怀仁、唐日长：《长江中游荆江变迁研究》，中国水利水电出版社1999年版。

伊永文：《宋代市民生活》，中国社会出版社1999年版。

易宜、曲贤：《江西省经济地理》，新华出版社1990年版。

余悦等：《江西民俗文化叙论》，光明日报出版社1995年版。

郁贤皓：《唐刺史考全编》，安徽大学出版社2000年版。

曾一民：《唐代广州之内陆交通》，国彰出版社1987年版。

张承宗：《江南文化与经济生活研究》，江苏古籍出版社2000年版。

张德意、李洪：《江西古今书目》，江西人民出版社1996年版。

张家驹：《两宋经济重心的南移》，湖北人民出版社1957年版。

张剑光：《唐五代江南工商业布局研究》，江苏古籍出版社2003年版。

张伟然：《湖北历史文化地理研究》，湖北教育出版社2000年版。

张伟然：《湖南历史文化地理研究》，复旦大学出版社1995年版。

张泽咸：《隋唐时期农业》，台北文津出版社1999年版。

张泽咸：《唐代工商业》，中国社会科学出版社1995年版。

张泽咸：《中国航运史》，台北文津出版社1997年版。

赵效宣：《宋代驿站制度》，台北联经出版公司1983年版。

周銮书：《江西古文精华丛书》，江西人民出版社1996年版。

周文英：《江西文化》，辽宁教育出版社1993年版。

周振鹤：《中国历史文化区域研究》，复旦大学出版社1997年版。

朱瑞熙：《嚜城集》，华东师范大学出版社2001年版。

朱玉龙：《五代十国方镇年表》，中华书局1997年版。

竺可桢：《竺可桢文集》，科学出版社1979年版。

《中国大百科全书》编委会：《中国大百科全书·中国地理》卷，中国大百科全书出版社1993年版。

中国科学院《中国自然地理》编辑委员会：《中国自然地理历史自然地理》，科学出版社 1982 年版。

中国科学院地理研究所：《中国省（区）地理》，商务印书馆 1977 年版。

邹逸麟：《黄淮海平原历史地理》，安徽教育出版社 1993 年版。

中华人民共和国民政部：《中华人民共和国行政区划简册》（2001），中国地图出版社 2001 年版。

3. 国外相关文献

［日］滨岛敦俊：《明清江南城隍考——商品经济的发达与农民信仰》，《中国社会经济史研究》1991 年第 1 期。

［日］川胜守：《明清江南市镇社会史研究——空间与社会形成的历史学》，东京汲古书院 1999 年版。

［日］斯波义信：《南宋米市场分析》，《日本学者研究中国史论著选译》第五卷《五代宋元》，中华书局 1993 年版。

［日］斯波义信：《宋代江南经济史研究》，东京汲古书院 1988 年，方健、何忠礼译本，江苏人民出版社 2001 年版。

［日］田边健一：《都市的地域结构》，东京大明堂 1982 年版。

［美］韩森著：《变迁之神：南宋时期的民间信仰》，包伟民译，浙江人民出版社 1999 年版。

［美］黄宗智：《长江三角洲小农家庭与乡村发展》，中华书局 1992 年版。

［美］施坚雅主编：《中华帝国晚期的城市》，叶光庭等译，陈桥驿校，中华书局 2000 年版（G. William Skinner ed, *The City in Late Imperial China*, Stanford University Press, Stanford, California, 1977）。

［美］普林斯顿·詹姆斯：《地理学思想史》，李旭旦译，商务印书馆 1982 年版。

［美］拉尔夫·亨·布朗：《美国历史地理》，秦士勉译，商务印书馆 1973 年版。

［法］鄂卢梭（L. Aurouseau）：《秦代初平南越考》，冯承钧译，《西域南海史地考证译丛》第二卷第九编，商务印书馆 1962 年版。

［苏联］B. C. 热库林：《历史地理学：对象与方法》，韩光辉译，北京大学出版社 1992 年版。

后　记

　　呈献在读者面前的这本书，是我 2004 年毕业于北京大学历史系的博士论文。不少内容已经以论文的形式发表，其中两篇被中国人民大学复印报刊资料《地理》转载。岁月荏苒，一部博士论文 11 年后才得以出版，作为一个依然从事研究工作的人来说，实在惭愧。从 2001 年读博至今，一晃已过去近 15 年。眼看即将进入不惑之年，回首这么多年生活与学术的历程，尽管经历了太多人生坎坷，却总会遇到善良的人无私地给予我各种形式的帮助，让我可以用不断的"幸运"来描述这么多年的经历，而这又让我如此感恩今天的生活。

　　我自幼就不被认作是一个天赋优异的学生，又没有主动学习的动力，高中时成绩实在一般，稍有不同的就是偏好历史和地理，以至于时常向历史老师杨列硕先生求教。进入大学，大一下学期有幸聆听了复旦大学葛剑雄教授的讲座，这对我之后的人生影响深远，可以说决定了我一生的学术道路。此后又有幸遇到余同元和任士英两位启蒙老师。他们在历史地理学和政治制度史方面给我以亲切指导。1997 年，当我决定报考研究生时，非常幸运地联系上了南京大学历史系的胡阿祥教授。1998 年 9 月，我有幸成为胡师的开门弟子，专业方向为历史地理与地名学。三年的硕士生涯，胡先生和师母牛勇女士对我倾注了大量心血。每篇习作先生都会一字一句地修改，告诉我怎么写才规范恰当，有时会在先生家受业到很晚。凌晨北京西路二号新村小区的路口，师徒二人散步的身影至今还深深印在脑海之中。

　　2001 年 9 月，我来到北京，有幸成为李孝聪教授的学生，攻读历史地理学博士学位。老师时常强调，作为历史专业出身的学生，除文献研读外，更要注重实地考察。其后有幸跟随环境学院岳升阳老师和北京社会科学院尹钧科研究员，多次对北京郊区进行野外实地考察。2002 年春，更有幸和北京大学中古史中心师生 18 人，赴山西开展为期 8 天的实地踏察。

考察期间，白天李老师边走边讲，处处提醒我们要以地理学的眼光来观察和分析沿途所见，晚上入住后还要召集同门，结合大比例尺地图有针对性地对当天的考察进行回顾总结、对第二天的行程进行指导。同行的还有荣新江、邓小南、罗新、刘浦江、张帆、李新峰、叶炜、朱玉麒老师及文物出版社的葛承雍先生。8天的朝夕相处，老师们渊博的知识与文化修养，常让我如沐春风。现在回想起来，这次考察具有里程碑式的意义，它开拓了我的视野，对我之后的教学与研究工作，起了至关重要的作用。工作后我一直努力遵行老师的教导，坚持带同学对北京及周边地区开展不同程度的野外实地考察。

我硕士阶段的学习时段为秦汉魏晋南北朝，李老师希望我在博士阶段下延至唐宋，以与他的研究更好地契合。加之我在南方学习过，硕士论文做的也是江南一带，区域重心毫无疑问还是要放在南方。那时老师正在编著《中国区域历史地理》，我就承担起长江中下游区域的资料搜集与初步撰写工作。在老师的指点下，我注意到唐代江南道的地域演变，由唐初的江南道到开元江南分道，安史之乱后的观察使，五代割据再到两宋的路，非常值得关注。以此为思路，我开始查找材料并经常与老师交流，最终选定唐开元末的江南西道作为博士论文的研究区域，以"唐宋湘赣地域发展与政区演变研究"为题，在"唐宋变革论"背景下展开讨论，于2004年5月通过答辩。答辩委员韩茂莉、辛德勇、王小甫、张希清教授和中国科学院地理所的王守春研究员对论文提出了非常宝贵的建议和意见。论文写作过程中，还得到唐晓峰教授，成一农、钟铁军师兄的指点，王颖、毕琼和覃影三位师妹甚至亲自参与文字校订。

2004年7月，我进入中国人民大学历史系工作，27年顺利的人生看来还会继续，生活却似乎同我开起了玩笑，家境的中落、家庭的变故、父亲的意外与母亲的离世，一系列不幸接踵而来，压得我喘不过气，极度低潮之时甚至觉得生无可恋。然而，来自李老师和师母战若英女士、亲朋好友以及同人一次次无私的帮助，使我在逆境中不断感受到人世间的温暖，提醒我重拾工作和生活的信心。

华林甫教授是中国人民大学历史地理学的学科奠基和带头人，他对人大建立与发展历史地理学有着系统的规划与设计。作为学科第一个引进的应届毕业生，我能来人大正是得到他的首肯。这么多年来，以严谨和严厉著称的华老师待我如师如兄，一直体谅我的难处，时常鼓励和督促我的工

后 记

作。刘后滨教授待我亲若长兄，黄朴民教授亦师亦友，经常解我燃眉之急，孙家洲、魏坚及包伟民等先生让我感受到长者的关怀。韩树峰、孟宪实、李全德、马利清、张林虎、张耐冬、张明东、赵珍、丁莉婷、崔守军及孙宗伟等同人，在我需要帮助时及时施以援手。我于2010年9月校内调动到国学院，两届学院领导都对我十分关心，徐飞书记，乌云毕力格、梁涛、诸葛忆兵、杨庆中以及沈卫荣教授都给予了我工作上的最大便利。《国学学刊》编辑部主任常伯工老师为我的论文付出了很多心血。

本书能够顺利出版，还要特别感谢学院同人李萌昀老师和中国社会科学出版社的吴丽平编辑。两位老师不仅为本书的出版付出了大量辛苦的工作，还多次因为我的工作需要额外付出，真是感激不尽。

我还要用这本小书告慰母亲的在天之灵。母亲一生任劳任怨，供养我们姐弟三人念书乃至出国。作为教师出身的她，没有机会享受节假日和退休后的闲暇时光，拖着病体跟随父亲终日奔波劳顿，不得片刻休闲，终于在花甲中岁便撒手人寰。她没有看到我事业和爱情上的起色，带着满满的遗憾和悔恨离开。母亲去世后，二舅和二舅妈不辞辛苦，全力接管了老家烦琐而又无谓的事务，小姑妈一家则承担起照顾父亲的任务，为的就是确保我在北京可以安心工作。中央财经大学经济学院的史宇鹏副教授，与我相识近18年，每每于关键时刻伸以援手外，还在专业上与我常有交流，是终生莫逆之交。远在海外的大姐，20年来始终以老大的义务要求自己，为这个家无限地付出，从没有要求一丝回报。

最后要感谢我的夫人张煜坤女士。也许是上天怜悯，终于在我浑浑噩噩了这么多年后突然就把她赐给了我。没有她的出现，我依然是一颗飘荡在帝都的尘埃。我至今难以相信，一位时尚靓丽、文艺清新的都市女青年，转眼间就可以变成任劳任怨、朴实无华的家庭"煮妇"。每当我遭遇困境，她总能在宽慰开导之余给予我充分的信任，素手相携，庭户无声，让我从此不惧怕任何困难。

人生就是修行，有爱才能远行，还有太多人没有办法——提及，在这里一并致谢。感谢你们的支持与帮助，让我的人生从此不再孤单迷茫，可以充实幸福地过好每一天。

是为记。

刘新光
2016年1月2日凌晨于翠微路寓所